René

Die Frau in der Literatur

Carola Hansson / Karin Liden

Unerlaubte Gespräche mit Moskauer Frauen

Aus dem Schwedischen von
Maria Faulmüller
Mit einem Vorwort von
Susanna Kubelka
und einem Nachwort
der Autorinnen

Ullstein Taschenbuch

Die Frau in der Literatur
Lektorat: Hanna Siehr

Ullstein Buch Nr. 30198
im Verlag Ullstein GmbH,
Frankfurt/M – Berlin

Ungekürzte Ausgabe

Schwedischer Originaltitel:
›Samtal med kvinnor i Moskva‹
Umschlagentwurf: Theodor Bayer-Eynck
unter Verwendung eines Ausschnitts
aus dem Gemälde von Max Kaus:
›Apfelsinenschälerin‹, 1924
Privatbesitz
Archiv für Kunst und Geschichte,
Göpel Berlin

Taschenbuch-Ausgabe mit
freundlicher Genehmigung
des Lev Roitman Verlags

Potsdamer Straße 9
8000 München 40

Printed in Germany 1987
Druck und Verarbeitung:
Ebner Ulm
ISBN 3 548 30198 3

September 1987

CIP-Kurztitelaufnahme der Deutschen Bibliothek

Unerlaubte Gespräche mit Moskauer Frauen /Carola Hansson;
Karin Liden. Aus d. Schwed. von Maria Faulmüller. Mit e. Vorw.
von Susanna Kubelka u. e. Nachw. d. Autorinnen. – Ungekürzte Ausg. –
Frankfurt/M; Berlin: Ullstein 1987.
(Ullstein-Buch; Nr. 30198: Die Frau in der Literatur)
Einheitssacht.: Samtal med kvinnor i Moskva ‹dt.›
ISBN 3-548-30198-3
NE: Hansson, Carola [Mitverf.]; EST; GT

INHALT

Vorwort Susanna Kubelka 7

Einleitung der Autoren 11

L I S A 13
»ES IST SCHON SCHLIMM, WENN FRAUEN EINMAL SPRECHEN.«

DIE ROLLE DER FRAU IN DER ARBEITSWELT 40

L J A L J A 43
»EIN MÄDCHEN SOLLTE IMMER NETT SEIN.«

LÖHNE UND LEBENSHALTUNGSKOSTEN 55

A N N A 57
»ES IST HEUTE SO SCHWER, WEIBLICH ZU BLEIBEN.«

MOSKAUER ALLTAG 70

S O N J A 72
»HIER BEI UNS SUCHT NIEMAND NACH DEN URSACHEN FÜR DAS LEBEN, DAS WIR FÜHREN MÜSSEN.«

TAGESHEIME FÜR KINDER 85

M A S C H A 87
»EINE EHE IST DANN GLÜCKLICH, WENN MAN SICH LIEBT UND EINE EIGENE WOHNUNG HAT.«

N A D E S H D A   P A W L O W N A   96
»IN DIESEM BESTREBEN HAT DIE FRAU LETZTLICH DOCH EINE BERECHTIGTE FORM DER EMANZIPATION ERREICHT.«

FRAUENPOLITIK UND FRAUEN IM POLITSCHEN LEBEN   110

L I D A   112
»MANCHMAL SAGT MEIN KLEINER SOHN SIE ZU MIR.«

VERHÜTUNGSMITTEL UND SCHWANGERSCHAFTSABBRUCH   130

N I N A   133
»ICH MÖCHTE IMMER DAS GLEICHE LEISTEN WIE EIN MANN.«

EIN KIND ODER MEHRERE?   142

J E L E N A   S T E P A N O W N A   U N D
A L E W T I N A   G E O R G I J E W N A   144
»DIE FRAUEN UND VIELLEICHT DIE GESAMTE NACHKRIEGS-GENERATION HABEN MIT SICHERHEIT SCHADEN GENOMMEN.«

DIE RENTEN   152

L J U B A   153
»UNGERECHTIGKEIT ERZEUGT NICHT IMMER ZORN.«

EHESCHEIDUNGEN   172

N A T A S C H A   173
»WEIBLICHKEIT IST DIE FÄHIGKEIT, ZÄRTLICH ZU SEIN UND BLUMEN ZUM BLÜHEN ZU BRINGEN.«

T A N J A   192
»JEDE MUSS SICH ANPASSEN, SO GUT ES EBEN GEHT.«

NACHWORT   202

Kommentare und Erläuterungen   209

Literatur   212

Die Autoren   213

VORWORT

Wer sich für Frauenprobleme interessiert, wird festgestellt haben, daß man über die moderne Russin so gut wie nichts weiß. Es ist traurig, aber wahr: Informationen über Frauen der Kopfjäger im hintersten Winkel Neuguineas sind leichter zu bekommen als harmlose Details aus dem Leben der Russin von heute. Selbst in Standardwerken wie Hedrick Smith's »Die Russen« kommen Frauen zu kurz. Der Autor widmet ihnen zwar ein ganzes Kapitel, mit Statistiken über Abtreibungen, Geburten, Schulen und Scheidungen, aber er hat sich nicht hingesetzt und mit einer Durchschnittsfrau in ihrem vollgestellten Einzelzimmer in einer vollgestopften Gemeinschaftswohnung über die Probleme des täglichen Lebens gesprochen.

Carola Hansson und Karin Liden aber haben es getan. Die beiden schwedischen Journalistinnen hielten sich drei Wochen lang in Moskau auf, kontaktierten Frauen aller Berufsklassen, trafen sie heimlich in stark frequentierten U-Bahnstationen und gingen ihnen auf Schleich- und Umwegen in die Wohnungen nach. Die Kassetten, auf denen die Interviews aufgenommen wurden, ließen sie sich nachschicken. Sie trafen sechs Monate später in Stockholm ein. Bei der Ausreise wurden die beiden Journalistinnen sorgfältig durchsucht. Hätte man die Kassetten gefunden, dann wäre dieses Buch nie geschrieben worden. Und das wäre wirklich schade gewesen. Wir haben hier nämlich zum ersten Mal ein Werk, das über Liebe, Erotik, Sexualität, Kinder, Ehe, Familienverhältnisse und Einstellung der modernen Russin ins Detail geht. Die Gespräche sind locker und heiter geführt, und die erstaunlichsten Dinge kommen zum Vorschein. Es ist ein Buch, das jede aufgeschlossene Europäerin interessieren wird, denn es gibt Aufschluß darüber, was es wirklich heißt, im letzten Viertel des zwanzigsten Jahrhunderts eine Russin zu sein.

Um es gleich zu sagen: Leicht ist es nicht. Die Autoren haben zwar jede Schwarzmalerei vermieden und wo immer es ging, das Positive aufgezeigt, aber die Unterschiede zu Westeuropa sind doch zu kraß. Russische Frauen sind mehr überfordert. Sie arbeiten nicht nur im Beruf, sie müssen sich nach Feierabend auch noch stundenlang um Lebensmittel anstellen und anschließend zu Hause Mann und Kinder versorgen. »Frauen sind immer müde!« Dieser Satz zieht sich wie ein Leitmotiv durch sämtliche Interviews. Kein Wunder, daß Aeroflot-Stewardessen kaum lächeln und daß Verkäuferinnen und Kellnerinnen unfreundlich und unbeholfen sind. Wer müde ist, hat keine Energie, höflich und zuvorkommend zu sein. Wir Westeuropäerinnen haben keine Vorstellung davon, was es heißt, in einer einzigen Wohnung mit vier anderen Familien zu wohnen, Küche, Bad und Toilette (falls überhaupt vorhanden) mit so vielen Leuten zu teilen. Welche Energie man aufbringen muß, um die Familie unter solchen Umständen auch nur sauber zu halten, ist klar.

Kein Wunder, daß die Scheidungsziffern so hoch und die Geburtenzahlen so niedrig sind. Für mehr als ein Kind ist einfach kein Platz vorhanden! Liest man, was diese Frauen über ihr Eheleben erzählen, so fragt man sich, wie es unter derartigen Umständen überhaupt zu Intimitäten kommen kann. Das Schlafzimmer wird nämlich nicht nur mit den Kindern, sondern in vielen Fällen auch mit den Eltern, Schwiegereltern oder einer Großmutter geteilt. Zu Hause ist es einfach nicht gemütlich. Wen überrascht es da, daß die russischen Männer abends häufig ausgehen und trinken.

»Frauen werden sehr schnell alt,« bekamen die Autorinnen immer wieder zu hören, »viele sind mit dreißig schon verhärmt, werden dick und laufen im Hauskittel herum.«

Männer, da sind sich alle einig, haben es in Rußland leichter. Trotz aller Propaganda über die Befreiung der Frau und die Gleichheit der Geschlechter ist die Sowjetunion ein Männerstaat. Männerarbeit wird besser bezahlt, wird höher geschätzt, und Männer werden leichter eingestellt als Frauen. Ein Schweißer verdient doppelt soviel wie eine Ärztin, Lehrerinnen und Kindergärtnerinnen verdienen Hungerlöhne – weshalb auch kaum ein Mann in diesen Berufen zu finden ist. Und weil Männer mehr verdienen, finden sie es ganz in Ordnung, daß ihre berufstätigen Frauen auch die Hausarbeit alleine machen und sich um die Kinder kümmern.

»Mutterschaftsurlaub für Männer?« fragt eine junge Frau entsetzt, »bei uns nicht! Hier sind die Männer anders. Bis die Kinder zwei Jahre alt sind, sind sie für die meisten Väter nur uninteressante Wäschebündel!«

Das Männerbild ist denn auch entsprechend – wie bei uns vor ca. hundert Jahren: Männer sind stark, sind nicht immer müde, haben selbstverständlich mehr Interesse am Beruf als an der Familie und haben deshalb auch mehr Rechte. Trinken ist männlich, aber ein Mann, der seine Wäsche selbst wäscht, verliert seine Ehre. Väter dürfen nicht lieb zu den Kindern sein, denn diese brauchen den harten, »männlichen« Einfluß. Untreue wird oft schweigend toleriert, denn, so eine jungverheiratete Russin: »Ein Mann findet immer eine neue Frau und kann neue Kinder bekommen.«

Klingt alles sehr bekannt, man braucht nur über die Anfänge der modernen, westlichen Frauenbewegung nachzulesen!

Die Russin aber scheint in dieser Richtung nichts im Sinn zu haben. Gesetzlich ist sie bereits gleichberechtigt, man betet ihr das auch immer wieder vor, und eine Frauenbewegung, so meinten viele der Interviewten, würde sowieso gleich verboten werden. Es stört sie zwar, daß zwischen Theorie und Praxis so ein großer Unterschied besteht, aber, so Ljuba, eine junge Künstlerin: »Ungerechtigkeit erzeugt nicht immer Zorn. Sie erzeugt Unterwürfigkeit!«

Für uns befremdlich ist auch das Beispiel Nataschas, einer jungen Mutter, die mit ihrem Mann und ihrem Kind ein Zimmer einer Moskauer Gemeinschaftswohnung bewohnt. Da in allen anderen Räumen alleinstehende Männer leben, ist es vollkommen klar – auch für Nataschas Mann –, daß sie für alle kocht, jeden Tag! Natascha beschwert sich zwar, aber sie wehrt sich nicht. Sie hat nie gelernt, Eigeninitiative zu entwickeln, hat ständig gehört, daß ein Einzelner sowieso nichts ändern kann, und bis der Staat eine Verbesserung herbeiführt, wird sie eben leiden.

Für uns faszinierend sind die Argumente, mit denen die Russinnen eine Frauenbewegung ablehnen. Man müsse Rücksicht auf die Traditionen nehmen (in einem Land, das mit sämtlichen Traditionen gebrochen hat!). Man müsse die Rückständigkeit der Landbevölkerung und die allgemeine Trägheit in Betracht ziehen! Frauen müssen ihre Probleme alleine lösen. (Klingt ebenfalls sehr bekannt!) Und der immer wiederkehrende Satz: »Wir haben es nicht so eilig. Wir sind zu wenig aktiv, wir haben uns daran gewöhnt, alles dem Staat zu überlassen!«

Von Seite zu Seite mehr fasziniert und ergriffen, liest man, was diese Frauen über ihr Leben erzählen. Über ihre Kindheit, ihre ersten Liebschaften, über Ehe, Schwangerschaft, Scheidung und Freundschaft. Man kommt ihnen sehr, sehr nahe. Sie sind gar nicht so anders als wir. Im Gegenteil. Wir im Westen können viel von ihnen lernen, in erster Linie ein bißchen Großmut und Bescheidenheit.

Und wenn man die letzte Seite fertiggelesen hat, hat man Sonja, Natascha, Tanja, vor allem aber Ljuba wirklich liebgewonnen!

SUSANNA KUBELKA

EINLEITUNG

Im Frühjahr 1978 veranstalteten wir eine Reihe von Interviews mit Frauen in Moskau.

Von den Frauen, die wir trafen und interviewten, haben wir 13 in dieses Buch aufgenommen. Allen sind wir mit Hilfe privater Kontakte begegnet, nicht auf offiziellem Weg. Die Interviews haben wir auf Band aufgenommen.

Aus dem, was wir gelesen und auf unseren früheren Reisen in der Sowjetunion selbst gesehen haben, glaubten wir zu wissen, daß der Prozeß der Verselbständigung der Frau auf halbem Wege festgefahren war. Wir wußten, daß in der Sowjetunion die Frauen wohl in stärkerem Umfang berufstätig sind als in irgendeinem anderen Land der Welt. Auch wußten wir, daß durch eine hartnäckig weiterlebende Vorstellung von den Aufgaben der Geschlechter, trotz allen Geredes über Gleichstellung, die gesamte Verantwortung für die Kinder und den Haushalt den Frauen aufgebürdet wird, was diese auch im Beruf benachteiligt.

Wir hatten gesehen, wie aufreibend das tägliche Leben war infolge schlechter Wohnverhältnisse, langer, ermüdender Fahrten zwischen Wohnung und Arbeitsplatz, eines meist schlechten Warenangebots und ständigen Anstehens. Wir haben viele Frauen getroffen, uns mit ihnen angefreundet und waren voller Bewunderung für ihre Ausstrahlung von Stärke und Selbstvertrauen.

Aber war das nicht in sich ein Widerspruch? Hatten wir uns von der Situation der sowjetischen Frauen ein falsches Bild gemacht? Oder sahen sie ihre Lage in einem völlig anderen Licht als wir es taten?

Was uns vor allem interessierte, war die Frage, wie die Frauen selbst ihre Lage beurteilten. Waren sie sich ihrer Situation bewußt und diskutierten sie hierüber? Was war für sie problematisch und welche Lösungen konnten sie sich denken? Waren sie überhaupt gewillt, mit den überlieferten Anschauungen über die Rollenverteilung zwischen den Geschlechtern aufzuräumen? Wie kamen die Frauen mit ihrer Doppelrolle zurecht? Wir sind allen, denen wir im Zusammenhang mit unserer Interviewarbeit begegneten, sehr zu Dank verpflichtet. Ohne ihre Aufgeschlossenheit und Großzügigkeit hätten wir dieses Buch nicht schreiben können.

DIE AUTOREN

L I S A

»ES IST SCHON SCHLIMM, WENN FRAUEN EINMAL SPRECHEN. DIE WIRKLICHKEIT KOMMT DANN ZU WORT UND SIE IST VOLLER SCHMERZEN.«

Lisa, 28, Verlagsredakteurin. Wir lernen sie bei ihrem Bruder kennen. Sie trägt einen bodenlangen und tiefausgeschnittenen, roten Morgenrock, sie hat blonde Locken, getuschte Wimpern, blaue Augenlider und dunkelrosa Lippen.

Sie kommt nicht einfach herein, nein, sie tritt auf. Sie setzt sich uns gegenüber, mustert uns neugierig und amüsiert und fängt sofort an, uns auszufragen.

Unser Interview mit Lisa soll eines Abends in ihrer Wohnung stattfinden. Sie läßt uns mit fröhlichen kleinen Ausrufen herein und ist ganz offensichtlich nicht nur über unser Erscheinen erfreut, sondern auch über die Gelegenheit, Hausfrau spielen zu dürfen. Heute trägt sie ein langes, eng anliegendes Kleid im Stil der Jahrhundertwende und Sandalen mit hohen Keilabsätzen. Sie bittet uns in die Küche, und wir sehen einen unglaublich unpraktischen Raum. Der Herd und die kleine Spüle stehen weit auseinander und dazwischen der Eßtisch, um den man ständig herumgehen muß. An der Wand sind mit Reißnägeln einige Aquarelle befestigt. Auf ihnen blüht der russische Sommer in dieser kahlen Hochhausküche.

Lisa schenkt uns Wein ein, während sie selbst hin- und herhuscht und das Essen vorbereitet. Mit Hilfe einer Freundin will sie uns Fleisch und Salat vorsetzen. Sie behauptet, daß sie zum ersten Mal Fleisch zubereitet, daß sie sehr unpraktisch ist und eigentlich das Kochen haßt. Immer wieder gießt sie ein wenig Wasser in die Pfanne, trinkt einen Schluck Wein, sucht die Gabeln, die sich verkrochen haben, will von uns über das Leben im Westen hören, versucht ihre Freundin zum Singen russischer Volkslieder zu überreden und setzt sich dann plötzlich an den Tisch, um tiefernst und sehr konzentriert ein selbstverfaßtes Gedicht aufzusagen.

Bei unserem Gespräch nimmt sie sich sehr zusammen. Sie ist sichtlich bewegt, und ihre Stimmung wandelt sich ständig. Mal erzählt sie schelmisch und voll ironischer Distanz, lacht und macht lebhafte Gesten, mal spricht sie ernst und leise. In einem Augenblick ist sie erregt und empört, im nächsten kommen ihr die Tränen.

Erzähl' ein wenig von dir selbst.

Ich bin 28 Jahre alt, bin Magister der Literatur und arbeite in einem Verlag. Ich habe einen Sohn, der Emil heißt, und ich hatte auch einmal einen Mann, einen Künstler. Wir haben 1970 geheiratet und ließen uns dann scheiden. Es war wohl 1975.

Ich habe eine eigene Wohnung, die mir mein Vater gekauft hat. Weil es bei uns so schwierig ist, eine eigene Wohnung zu bekommen, ja in meinem Alter ist es ganz unmöglich, hat mein Vater mir die Wohnung gekauft, als ich noch verheiratet war. Ich habe hier mit meinem Mann gelebt und jetzt wohne ich allein.

Erzähle uns von deinem Alltag. Was hast du zum Beispiel gestern gemacht?

Ich bin um sieben Uhr aufgestanden und zur Arbeit gefahren. Ich muß fast immer fahren, wenn Berufsverkehr ist. In der Strassenbahn waren so viele Leute, daß ich fast umgestoßen wurde, es war scheußlich. War gestern eigentlich Montag? Ach nein! Ich bin ja um sechs aufgestanden, habe das Kind aus dem Bett gerissen und einen Koffer mit seinen Sachen für eine ganze Woche gepackt. Dann sind wir beide zur U-Bahn gefahren und sind zusammen fast umgestoßen worden. Da saß eine Frau und las in einem Buch. Sie gab uns nicht ihren Platz, obwohl die Leute meinen Jungen gegen die Wand und gegen die Türen drückten... Man drückte ihn so, und er fiel fast über die Frau, und ich hielt ihn, ich spannte alle Kräfte an, damit er nicht fiel und sich wehtat, und die Frau hat nur weitergelesen. Da habe ich meinen Jungen erzogen. Ich sagte: »Schau, Emil, man könnte ein Kind vor den Augen dieser Frau umbringen, und sie würde nur weiterlesen. So ein Mensch darfst du später nicht werden, mein Junge.«...

Wir brauchten 50 Minuten zur Kindertagesstätte. Ich ging mit dem Jungen hinein, zog ihn aus, denn ich mußte ja sofort zur Arbeit laufen. Er weinte und sagte: »Mami, ich will nicht, ich will nach Hause!« Ich sagte: »Emil, Liebling, bitte geh' jetzt hinein, ich hole dich bald wieder, ich komme am Freitag.« Und gestern war ja erst Montag. Es war schrecklich, aber ich mußte ja zur Arbeit. Als ich wegging, hat er geweint. Eine Erzieherin nahm ihn am Arm und brachte ihn zur Gruppe. Ich hatte ja gar keine Zeit, ihn zu trösten. Ich packte meine Sachen und machte mein Kopftuch fest. Draußen tobte immer noch der Berufsverkehr, und ich mußte ans andere Ende von Moskau. Ich war schon spät dran und hatte noch eine ganze Stunde zu fahren. Als ich aus dem U-Bahn-Schacht herauslief, dachte ich, ich würde jeden Augenblick einen Herzschlag kriegen. Dann lief ich dem Bus nach, der mir davonfuhr, und statt Bus zu fahren, bin ich zur Arbeit gelaufen. Ich habe immer gedacht, 'ach Gott, jetzt werde ich noch ausgeschimpft, weil ich zu spät komme.' Schnell, ganz schnell überlegte ich, was tun. Am liebsten hätte ich durch das offene Fenster meine Sachen geworfen und wäre dann selbst ins Büro hineingekrochen und keiner hätte gemerkt, daß ich zu spät kam. Aber alle Fenster waren zu, und ich lief schnell in die Redaktion hinein... Und dann, was habe ich dann getan? Ja, es gab eine Menge Arbeit. Ich wurde von Arbeit geradezu überhäuft. Ich mußte sofort einen Wochenbericht machen und dann kamen ganze Stöße von Papier und Korrekturen, alles mußte ich lesen und bearbeiten. Nachher rannte ich schnell zu verschiedenen Kollegen, um Papiere zu holen usw. Dann kam die Mittagspause. Nach dem Essen war ich fürchterlich schläfrig, weil ich ja in der Nacht kaum geschlafen hatte. Emil schläft so schlecht, und ich mußte doch so früh aufstehen, um ihn zur Kindertagesstätte zu bringen. Ich konnte überhaupt nicht mehr denken. Ich habe ständig Fehler gemacht. Dann, als ich es nicht mehr aushielt, schickten wir jemand, um Wein zu holen. Das machen wir manchmal so gegen Ende der Arbeitszeit. Wir trinken dann ein großes Glas Portwein, um einen einigermaßen klaren Kopf zu bekommen. Dann fuhr ich müde und kaputt zu meinen Eltern, weil ich zuhause nichts zu essen hatte. Ich hab' bei den Eltern gegessen, dann sah ich einen Fernsehfilm, so eine Serie, wißt ihr, denn ich konnte buchstäblich nicht mehr denken. Ich konnte auch nicht mehr lesen, es war ein zu furchtbar mühsamer Tag gewesen. Und dabei hatte ich eins von den Büchern, die man so schwer bekommt. Aber am Samstag und am Sonntag habe ich in dem Buch gelesen, bis in die Nacht hinein. Ja, so war gestern mein Tag. Es war ein typischer Montag. An den anderen Tagen muß ich ja Emil nicht in die Kindertagesstätte bringen, er ist ja schon dort.

Ist er die ganze Woche in der Kindertagesstätte, auch nachts über?

Ja, man nennt das ein Wochenheim. Man kann die Kinder auch am Mittwoch nach Hause nehmen, aber das paßt mir gar nicht, denn wenn ich ihn am Mittwoch nach der Arbeit hole, heißt das, daß ich abends um acht mit ihm nach Hause komme, ihn um neun ins Bett tun kann und dann um sechs wieder aufstehen muß, um ihn zur Kindertagesstätte zu bringen, und dann sind wir wieder im Berufsverkehr und im Gedränge. Das ist überhaupt nicht gut. Er kann sich anstecken, er kann Grippe kriegen, denn er hat ja seinen Pelz an. Er hat seinen kleinen Pelz draußen an und auch in der U-Bahn, obwohl es dort furchtbar heiß ist, und er ganz verschwitzt ist, wenn er hinauskommt auf die Straße. Darum ist er auch fast den ganzen Winter erkältet.

Ist er gerne in der Kindertagesstätte?

Ja, freitags, wenn ich ihn hole, ist alles in Ordnung. Er ist fröhlich und spielt mit seinen Freunden, er kann sich gar nicht trennen, er hat sich eben an alles gewöhnt. Aber am Montag geht die ganze Geschichte wieder von vorne an.

Ist er nie bei seinem Vater?

Nein, er ist ganz selten bei seinem Vater, weil . . . meine Situation ist so schwierig . . . Als der Junge geboren wurde, bekam er meinen Familiennamen. Ich fand, weil ich so viel durchgemacht hatte, so viel gelitten hatte, sollte das Kind auch meinen Namen tragen. Es hat eben seinen Vater sehr beeinflußt, daß das Kind einen anderen Namen trägt. Sie sehen sich fast nie. Dabei ist Emil seinem Vater sehr ähnlich. Ja, er ist eine kleine Kopie von ihm. Er bekommt nie etwas von seinem Vater. Aber ich bekomme Unterhalt, 35 Rubel* (siehe Kommentare und Erläuterungen) im Monat.

Was machst du in deiner Freizeit?

Am Samstag und am Sonntag hüte ich das Kind. Ja, wenn es schläft, kann ich ein wenig lesen. Aber er macht mich furchtbar müde . . . Freizeit? Frei bin ich an den Wochentagen, am Abend nach der Arbeit. Ich bin natürlich müde, aber ich lebe doch wie ich will. Wenn ich mal während der Woche Zeit für mich habe, schreibe ich immer etwas, denn ich kann mir gar nicht vorstellen, nicht zu schreiben. Ich werde sicher schreiben, solange ich lebe. Ich weiß aber nicht, ob ich regelmäßig dazu kommen werde, denn zum Schreiben habe ich ja eigentlich überhaupt keine Zeit . . . Aber wenn ich einmal alleine bin, wenn ich einen Abend frei bin, dann schreibe ich Gedichte.

Wieviel Zeit brauchst du für die Hausarbeit, z. B. zum Einkaufen?

Ja, darin habe ich es besser als viele andere, denn ich habe meine Eltern. Ich halte es einfach nicht aus, in Geschäfte zu gehen, denn bestimmt entdecke ich dabei irgendeine Ungerechtigkeit und gerate mit jemand in Streit oder beklage mich beim Geschäftsinhaber. Ja, ich bin nun einmal so. Und wenn ich die vielen Leute und das Gedränge absolut nicht sehen kann, sondern allein sein will, dann fahre ich zu meinen Eltern, und meine Mutter gibt mir zu essen.

Ich habe ein so wunderbares Verhältnis zu meinen Eltern. Natürlich streiten wir uns. Aber meist tun wir es mit viel Verständnis füreinander. Weil ich ähnlich denke wie sie. Es ist für mich immer interessant, sie zu sehen und mit ihnen zu sprechen. Ich kann ihnen eben alles sagen, besonders gerne spreche ich mit meinem Vater, und dabei merke ich gar nicht, daß er älter ist als ich. Unsere Seelen sind gleich alt. In meiner Kindheit war das noch viel ausgeprägter. Wir haben uns auf weite Entfernung wahrnehmen können. Es heißt, daß Blok* seine Mutter so wahrnahm, wie ich meinen Vater. Einmal hatte mein Vater eine schwere Zeit. Ich war damals wohl fünf Jahre und war draußen auf dem Land in einer Kindertagesstätte. Und ich fühlte, daß mein Vater es schwer hatte. Ich konnte nicht schlafen und war unruhig. Da brachte man mich nach Moskau, und ich fragte: »Vater, ist dir was geschehen?« Und wirklich, ... ich kann mich noch genau erinnern ... Es gab einen Poeten, einen Dichter, der ist jetzt gestorben, aber damals hatte er gegen meinen Vater einen Artikel geschrieben ... Ich verstand nichts davon, ich konnte ja nicht lesen, aber ich fühlte, wie schwer es mein Vater hatte. Wir haben also schon immer gut miteinander sprechen können. Bis zu meiner Heirat standen wir uns besonders nahe und reisten oft zusammen. Mein Vater ist Dichter und liest öffentlich aus seinen eigenen Werken. Er hat mich oft mitgenommen, und ich habe dann seine Gedichte vorgetragen.

Bei uns verlassen die Kinder die Familie und kümmern sich nur selten um die Eltern. Meine Familie ist darin eine Ausnahme. Meist verstehen sich Kinder und Eltern nicht, und die Kinder ziehen mit 17 oder 18 Jahren aus. Wenn Eltern und Kinder zusammenleben müssen, weil es nicht anders geht, wohnen sie als Nachbarn zusammen in einer Gemeinschaftswohnung.*

Man muß aber seinen Eltern gehorchen, das darf man nie vergessen. Bei uns sagt man: »Wer das Alter bespuckt, bespuckt sein Vaterland, und wer seine Eltern bespuckt, spuckt sich selbst ins Gesicht.«

Bist du hier in Moskau geboren?

Ja, das bin ich. Wir wohnten zu sechst in einem Zimmer von 20 qm. Das Zimmer gehörte außerdem zu einer Gemeinschaftswohnung mit vielen Nachbarn. Es war Mutters Zimmer, Vater kam ... ja, er kam von der Front, er war nicht Moskauer, er war auf dem Lande geboren. Er kam, heiratete, und zog auch in dieses Zimmer. Wir waren also zu sechst in dem Zimmer, Mutter, Schwester, meine Großmutter, ich und dann mein Bruder Aljoscha. Dieses Zimmer wurde meiner Mutter zugeteilt, denn sie hatte schon vor ihrer Heirat in einer Wohnung gelebt. Dann wurde ihr Vater 1937 verhaftet. Wenn meine Großmutter sich damals von ihm getrennt hätte, dann wäre sie nie ins Gefängnis gekommen, sondern hätte mit ihren drei Kindern in der Wohnung bleiben können. Aber sie ließ sich nicht scheiden, sie hielt es für ein Unrecht, daß ihr Mann im Gefängnis saß. Und deshalb kam sie selbst ins Gefängnis als Familienmitglied eines Volksfeindes. Acht Jahre lang war sie im Gefängnis, und ihre Kinder waren allein. Sie mußten die Wohnung verlassen. Sie hatte übrigens nur zwei Zimmer, obwohl ihr Vater einen hohen Posten hatte. Jetzt wurden sie einfach hinausgeworfen, und meine Mutter, die 16 Jahre alt war, mußte allein für zwei Kinder sorgen. Ihre jüngste Schwester war drei Jahre alt, und man wollte sie in ein Kinderheim stecken, aber die Geschwister baten für sie, und so durfte sie bei ihnen bleiben. Sie hat nachher ein sehr interessantes Schicksal gehabt, aber jetzt sollte ich ja von mir erzählen . . .

Was weißt du noch von deiner Kindheit?

Ich hatte eine sehr glückliche Kindheit. Ich war so glücklich, daß . . . Kennen Sie das Gedicht von Marina Zwetajewa*, in dem sie schreibt, ihre Kindheit sei so glücklich gewesen, daß sie mit 16 Jahren habe sterben wollen . . . Aber wir lebten unter wirklich schwierigen Verhältnissen. Wenn Vater sich zum Schreiben zurückzog, schirmte er einen Teil des Zimmers ab, und der ganze Raum sah entstellt aus. Da saß er dann und schrieb seine wichtigsten Werke, genau in diesem kleinen Eck . . . Und die Nachbarn waren so zänkisch, sie haben ständig Geige gespielt oder Kontrabaß, es war ein fürchterlicher Krach, und trotzdem schrieb er . . . Wir hatten überhaupt nichts. Jetzt haben meine Eltern ein Sommerhaus und ich weiß nicht was alles. Aber damals hatten wir nichts. Als ich geboren wurde, hatten sie so wenig Geld, daß sie zur Feier meiner Geburt nur Kartoffeln auf den Tisch bringen konnten. Und sie konnten sich keinen Kinderwagen für mich leisten. Sie legten mich in einen Korb, und Vater hängte den Korb mit mir vor dem Fenster auf. Wir wohnten im zweiten Stock, und die Straßenjungen warfen Steine hinauf, denn sie glaubten, daß im Korb Obst oder sonst etwas war, aber darin lag ich.

Ich kann mich überhaupt nur an eine glückliche Zeit erinnern. Ich hatte es wirklich gut, und meinem Vater stand ich besonders nahe. Heute noch bin ich zu Tränen gerührt, wenn ich daran denke. Er ging z.B. mit mir in die Kirche, obwohl er selbst nicht gläubig war. Unsere Kirche lag in einem alten Kloster, und in dieses Kloster fahre ich heute noch manchmal, denn dort habe ich meine tiefsten Wurzeln. Mein Vater half mir, die Literatur zu entdecken, die Musik, alles habe ich durch ihn kennengelernt. Aber vielleicht habe ich es gerade deshalb später so schwer gehabt, weil er mir immer Märchen erzählte. Als ich später die Wirklichkeit entdeckte, war es schlimm, denn die Märchen fielen wie Kartenhäuser zusammen. In der 8. Klasse hatte ich eine schwere Zeit. Ich wollte mir damals das Leben nehmen. Im Vergleich mit dem, was mir mein Vater gegeben hatte, war alles so schmutzig. Er hat mir aber doch eine gewisse Kraft mitgegeben. Er stammt aus einer Bauernfamilie, und Bauern bringen sich selten um, denn was auch geschieht, sie sind mit der Erde und dem Leben verbunden.

Aber die Schule war schrecklich, ich habe nur schlimme Erinnerungen an sie. In unseren Schulen wird der einzelne so viel wie möglich erniedrigt. Wenn ein Kind originell ist, wenn es sich von der Masse unterscheidet, wird es gleich gezüchtigt und auf das gleiche Maß wie die anderen zurechtgestutzt. Ich träume manchmal davon, über unsere Schule zu schreiben. Es kamen eigentümliche Sachen vor. Kinder, die immer schlechte Zeugnisse bekamen, entpuppten sich z. B. später als hochbegabt. In unseren Schulen paukt man auswendig und lernt, sich lieb Kind zu machen.

Es gibt natürlich auch gute Lehrer. Ich kann mich an eine sehr gute Lehrerin für Literatur erinnern. Wir haben uns gut verstanden; ich mochte sie gerne und sie mich auch. Aber sie ist auch die einzige, an die ich mich aus der Schulzeit erinnern kann. Auch meinem Bruder fiel die Schule schwer, obwohl es ihm nachher auf der Universität sehr gut ging. Das lag aber vielleicht an mir, an meinem Einfluß. Ich weiß, daß ich Menschen mit meinen Ansichten beeinflussen kann, und als ich kleiner war, sagte ich zu ihm: »Die Schule ist das Letzte.« Es kommt bei uns oft vor, daß die Lehrer nicht richtig Russisch können. Wie kann man von einem Kind verlangen, daß es einem Lehrer zuhört, der nicht einmal richtig sprechen kann!

Als ich in der 7. oder 8. Klasse war, gab es einen großen Skandal an der Schule, denn meine Klassenkameraden tranken Wein und feierten Feste, obwohl sie alle dem Komsomol* angehörten.

Damals wollte ich in einem Erziehungslager arbeiten. Bei uns schickt man schwererziehbare Kinder in solche Lager, und ich wollte dort als Lehrer arbeiten. Davon träumte ich, obwohl ich schon seit der 1. Klasse Gedichte schrieb.

Wovon hast du damals noch geträumt, als ganz junges Mädchen?

Als junges Mädchen? Ja, mit 15, glaube ich, liebte ich schon Dostojewskij, und mein Ideal war Fürst Myschkin.* Ich verliebte mich in einen Jungen und bildete mir ein, daß er Fürst Myschkin ähnlich war, aber das stimmte natürlich nicht. Damals liebte ich klassische Musik und konnte Jazz überhaupt nicht leiden, obwohl ich ihn jetzt gerne mag ... Einmal, als ich klassische Musik hörte ... es ist ein wenig schwer zu erklären, wie alles kam ... aber der Junge holte seine Freunde, und ich saß in seinem dunklen Zimmer und hörte Musik, und er zeigte auf mich und sagte: »Die ist nicht ganz gescheit.« Er liebte nämlich die Beatles, die damals pupulär waren, und das war das Ende unserer Liebe. Ich verliebe mich sehr leicht, und ich habe mich schon in der Kindertagesstätte und in der Vorschule ganz fürchterlich verliebt.

Ich hatte eine Freundin, die ich sehr liebte. Meine Eltern verboten mir den Umgang mit ihr, weil sie aus einer sogenannten schlechten Familie war. Ihr Vater war ständig auf Dienstreise, und ihre Mutter hatte Liebhaber. Aber ich war trotzdem mit ihr befreundet und sagte zu meinen Eltern, daß ich sie »aus der Gosse ziehen wollte«. Sie saß neben mir in der Schule, und einmal schimpfte mich die Lehrerin aus. Da stand meine Freundin auf und sagte: »Bitte, lassen Sie mich woanders sitzen, ich will nicht mehr neben ihr sitzen.« Das wäre beinahe das Ende unserer Freundschaft gewesen. Später haben wir dann die Verbindung verloren. Sie kam ja aus einer ganz anderen Gesellschaftsschicht, aus einer Arbeiterfamilie, und ging nur bis zur 8. Klasse in die Schule. Ich abe später sogar eine Geschichte über sie geschreiben. Sie arbeitete in der Fabrik und hatte immer neue Verhältnisse, genau wie ihre Mutter. Mich hat sie überhaupt nicht verstanden. Wenn ich sie einlud, hat sie zwar den Wodka ausgetrunken, aber wenn ich ein Gedicht vorlesen wollte, da sagte sie: »Nein, du weißt ja, daß ich von Gedichten nichts verstehe.«

Ich hatte noch eine Freundin, die ich heute noch ab und zu sehe.

Aber auf sie war auch kein Verlaß, denn einmal, als ich in Schwierigkeiten war und sie um Rat fragte, da hat sie mich im Stich gelassen.
Ich kam überhaupt immer besser mit Jungen aus. Ich war immer von Jungen umschwärmt. Dann, ich glaube, es war in der 6. Klasse, las ich 'Martin Eden' von Jack London. Ich habe das Buch sehr gemocht. Es gab auch einen Martin Eden, der in mich verliebt war. Es war ein Schüler, ein richtiger Strolch und Raufbold. Ich fing an, ihn zu erziehen, gab ihm Bücher usw. Und heute ist er an der Universität und will promovieren. Obwohl er aus einer ganz gewöhnlichen Arbeiterfamilie ist, brachte ich ihn soweit, daß er weiterstudieren konnte. Ein anderer Junge ging meinetwegen von der Schule ab. Jetzt ist er alkoholgeschädigt und ein Junge ist er auch nicht mehr.

Ich weiß auch nicht, warum, aber als Kind war ich immer lieber mit Jungen zusammen.

Aber vom Sex wußte ich lange nichts und alle meine Freundinnen sagten: »Es ist doch nicht möglich, daß du derart unerfahren bist!« Ich habe immer gefunden, daß sich im Sex die Liebe am schönsten zeigt und daß er ohne Liebe, ohne wirkliche Liebe, gar nicht möglich ist. Einmal verliebte ich mich in einen Geiger, der schon verheiratet war. Er war 30 Jahre alt und ich nicht mehr als 17. Aber ich wollte niemals so weit gehen und . . . ja irgendein Sexleben kannte ich erst mit meinem Mann. Ich finde, so soll es sein. Obwohl es bei uns auf diesem wichtigen Gebiet gar keine Informationen gibt, lernen die Kinder trotzdem alles, aber in einer verzerrten Weise, und oft fallen sie. Ja, wir nennen es so, sie fallen früh, und ihr Leben wird zerstört und verfehlt. Aber ich glaube, daß mein Vater, obwohl wir nie davon sprachen, mir genau die richtige Auffassung hierüber gab, also über den Sex als den höchsten Ausdruck der Liebe, etwas, was nicht mißbraucht werden darf, wenn man sich nicht liebt.

Es gibt also in der Schule gar keine Sexualkunde?

Nein, in der Schule lernt man darüber nichts. Die Kinder kichern nur und lachen. Meine Mutter hat mir auch nichts beigebracht, sie hat aber auch nichts verboten. Ich hab' bemerkt, wenn eine Mutter ihre Tocher schon in der Schule ständig mißtrauisch beobachtet, dann fängt das Mädchen früher mit dem Sex an. Aber meine Mutter sagte: »Na und, du wirst das Ganze eines Tages schon über kriegen.«

Was hat dich bei deiner Berufswahl beeinflußt?

Ja, ich lebte ja in einer literarischen Familie, die Technik, Physik und Mathematik verachtete. Ich habe mich zwar in der Schule eine Zeitlang für Mathematik interessiert, aber das ganze Gebiet blieb mir doch recht fremd, weil es bei uns zu Hause nicht üblich war. Dort klapperte ständig die Schreibmaschine, jemand schrieb ständig, jemand hat ständig schöpferisch gearbeitet. Und ich fing auch früh an, Gedichte zu schreiben, weil ich schon sehr früh viele Gedichte auswendig konnte und viele Schriftsteller liebte.

Wenn du ein Mann wärst, hättest du einen anderen Beruf gewählt?

Ich weiß nicht. Vielleicht hätte ich nicht im Verlag gearbeitet. Ich wäre vielleicht durch Rußland gereist, denn im Institut* sagte man mir immer, das Russische müsse man erleben. Das könnte man nicht nur durch Hörensagen kennenlernen, das müsse man sehen. Das russische Wesen zu verstehen, ist nur mit einer gewissen Begabung möglich. Wäre ich ein Mann, dann würde ich versuchen, möglichst viel zu sehen. Ich würde durch ganz Rußland fahren, und ich würde oft den Job wechseln. Aber als Frau hat man es sehr schwer, das alles zu tun. Sie verstehen ja selbst, was mich daran hindert.

Aber ich hätte natürlich auch als Mann geschrieben . . .

Gibt es hier typische Frauenberufe?

Ja, das gibt es. Die Textilarbeiter sind meistens Frauen. Auch die Ärzte, alle Therapeuten sind Frauen, und fast alle Lehrer sind es. In den Tagesstätten arbeiten nur Frauen, Putzen ist bei uns reine Frauensache und überhaupt werden alle Dienstleistungsberufe von Frauen ausgeübt.

Warum ist es so, was glaubst du?

Warum, ja weil die Löhne so niedrig sind, daß man damit keine

Familie ernähren kann. Unsere Frauen haben es furchtbar schwer. In den Fabriken müssen sie so schwere Sachen heben, daß man gar nicht verstehen kann, wie sie nachher noch Kinder gebären können. Auf dem Lande arbeiten meist Frauen auf den Kolchosen. Das Prestige spielt natürlich auch eine gewisse Rolle. Ein Mann geniert sich, wenn er putzt. Bei uns waschen nur Frauen ab. Auch Lehrer sind sehr schlecht bezahlt und darum sind es meist Frauen.

Haben Frauen im Arbeitsleben Schwierigkeiten, die Männer nicht kennen?

Ja, man vertraut ihnen ungern wichtige Arbeiten an. Ein Chef kann z. B. sagen: »Warum soll ich eine Mutter von zwei Kindern einstellen? Sie wird ja doch nur zu Hause bleiben wegen der Kinder.« So ist es eben. Und was soll sie antworten? Er hat ja recht. Die Kinder werden wirklich krank, und sie wird oft gezwungen sein, zu Hause zu bleiben; und sie kann sich wesentlich weniger der Arbeit widmen als ein Mann. Obwohl das Gesetz es erlaubt, bleiben hier die Väter nicht zu Hause, wenn die Kinder krank sind.

Könntest du dir einen Mann als Erzieher in der Kindertagesstätte vorstellen?

Ja, das könnte ich schon. Aber es gibt wenig Männer, die sich eignen. Es gibt bei uns wenig wirkliche Väter. Hier trinken sie alle zu viel. Es ist schwierig für die Frauen, die Kinder einem Mann zu überlassen, auf den man sich nicht verlassen kann, der vielleicht trinkt. Das kommt vor allem in der Arbeiterklasse vor.

Magst du deine Arbeit?

Ja, das tu ich. Vor allen Dingen mag ich den schöpferischen Teil der Arbeit. Weil ich selber schreibe, liegt es mir auch, zu redigieren, was andere schreiben. Ich hasse technische Arbeit, aber etwas Schöpferisches tun, lesen oder redigieren, das liegt mir.

Könntest du dir auch vorstellen, nur zu Hause zu arbeiten?

Wenn ich einen reichen Mann hätte, könnte ich mir das schon vorstellen. Ich würde dann zu Hause bleiben, um zu schreiben, nicht um Hausarbeit zu machen. Ja, um zu schreiben. Ich habe so viele Ideen, aber es ist so schwer, sie zu verwirklichen. Ich habe so wenig Zeit.

Haben Männer und Frauen im Leben das gleiche Ziel, was glaubst du?

Doch . . . aber ich glaube, Frauen sind ehrlicher als Männer, das glaube ich. Als Christus nach Golgatha gebracht wurde, gingen Frauen mit ihm, aber keiner der Apostel war an seiner Seite. Für einige Zeit haben sie ihn verraten, vielleicht taten sie es für eine große Sache, denn wenn sie auch gekreuzigt worden wären, wären die Evangelien nie geschrieben worden. Aber trotzdem, es waren Frauen, welche mit Christus gingen, und das ist für mich ein Symbol. Unsere Frauen sind ehrlicher. In den 30er Jahren z.B., als alle im Land gelogen und verraten haben, da haben die Frauen weniger gelogen. Die Achmatowa* und die Zwetajewa z. B., sie waren nur 'schwache Frauen', aber sie haben nicht gelogen. Sie waren vielleicht ohne Geld, sie haben gehungert, sie haben sich vielleicht sogar erhängt wie die Zwetajewa, aber gelogen haben sie nicht. Frauen sind ehrlicher, sie sind keine Verräter, sie stehen Gott näher und darum sind es bei uns gerade die Frauen, welche die Religion und den Glauben weitertragen. Als es uns verboten wurde, an Gott zu glauben, kamen die Soldaten hinaus aufs Land und wedelten mit ihren Pistolen. »Na, glaubt ihr, glaubt ihr noch?«, fragten sie. »Nein, nein«, antworteten alle. Aber trotzdem gingen die Frauen in die Kirche, und sie haben die Religion bis auf den heutigen Tag am Leben erhalten.

Aber ich habe nicht euere Frage wegen dem Lebensziel beantwortet. Ja, es hängt davon ab, um welchen Mann und um welche Frau es sich handelt. Es gibt Männer, die Karriere machen wollen, Geld verdienen und ins Ausland fahren wollen, und es gibt auch Frauen, die das gleiche Ziel haben. Aber außerdem gibt es tatsächlich Männer, die nach einer echten Aufgabe suchen, und es ist wunderbar, wenn ein solcher Mann und eine solche Frau sich finden und zusammenarbeiten. In diesem Sinn mag ich sehr den Roman von Bulgakow* 'Der Meister und Margarita'. Das ist die richtige

Liebe, wenn Frauen und Männer das gleiche Ziel haben, die gleichen Sorgen und die gleichen Freuden. Ich hasse die Liebe zwischen Romeo und Julia, ich finde, in der Form kann keine wirkliche Liebe existieren. Es ist für mich gar kein Symbol für die Liebe. Ich finde, das Symbol der Liebe sind Menschen, welche wirklich gelitten haben, welche sich ohne Worte verstehen, wie in 'Der Meister und Margarita'. Eine ganz andere Frage ist es, wohin das alles führt. Manchmal geschieht das gleiche wie bei Bulgakow; sie verlassen zusammen diese Welt und gehen in eine bessere.

Aber haben die Kinder einen Platz in dieser idealen Liebe? Kannst du dir ein Leben ohne Kinder vorstellen?

Nein, nein, wenn ein Mann und eine Frau bereits in den 40ern sind und man immer noch nicht Kinderstimmen in ihrem Haus hört, dann ist das ganze Leben sinnlos, es ist das Ende. Und natürlich ist die Frau dabei am unglücklichsten.

Bei den Bauern war es früher so, daß man sich deswegen scheiden lassen konnte, und das finde ich richtig. Ich finde, man muß Kinder haben. Wie schwer es auch sein mag, weil die Frauen doch sehr leiden müssen. Gerade weil bei uns die Geburtenzahlen so niedrig sind und die russische Nation am Aussterben ist, finde ich es so wichtig. Auch wenn ich selbst kein zweites, drittes oder viertes Kind werde.

Möchtest du mehr Kinder haben?

Ja, ich möchte. Aber ich habe ja keinen Mann. Wenn ich einen Mann hätte, würde ich ein zweites oder drittes Kind bekommen. Ich hätte so gerne eine Tochter, weil ich glaube, daß eine Tochter ihrer Mutter viel näher steht als die Söhne.

Aber wie könntest du das schaffen?

Ich würde die Kinder in einem Wochenheim lassen. Was soll man denn tun? Die Zwetajewa hatte drei Kinder und trotzdem hat sie geschrieben.

Du sagtest gerade, daß die Geburtenzahlen in der Sowjetunion sehr niedrig sind. Was glaubst du, könnte man tun, um sie zu erhöhen?

Für höhere Geburtenzahlen müßte man auch die Löhne erhöhen. So niedrig wie sie jetzt sind, können sich die Frauen den den Luxus von zwei oder drei Kindern überhaupt nicht leisten.

Wie findest du, sollte eine gute Mutter sein?

Ja, . . . es ist natürlich wichtig, daß sie das Kind pflegt und es an die frische Luft bringt, damit es körperlich kräftig wird. Ich glaube aber doch, eine gute Mutter ist diejenige, die ihr Kind geistig führen und ihm ein Gefühl für geistige Werte geben kann. Und wenn eine Mutter das nicht kann, . . . ich weiß nicht recht, aber ich finde alle Mütter sollten so sein. Aber man kann ja andererseits niemandem verbieten, Kinder in die Welt zu setzen.

Jedenfalls finde ich, daß eine Mutter, die nur Mutter ist, eine schlechte Mutter ist, besonders, wenn sie sich nur darum kümmert, daß das Kind gesund bleibt. Ich halte es für selbstverständlich, daß eine Mutter ein soziales Leben führt, daß sie an den Sorgen ihres Volkes teilnimmt, dann wird auch ihr Kind normal.

Und was hälst du für einen guten Vater?

Ein guter Vater? Ich weiß ein Beispiel für einen guten Vater. Es ist mein eigener Vater. Es ist bei uns so wie überall, der Vater liebt seine Frau mehr als die Kinder. Aber ein guter Vater sollte die Kinder mehr lieben. Mein Vater hat mich als Kleinkind nachts herumgetragen. Er hat mich ständig bei sich gehabt. Es tat ihm nicht leid um seine Zeit, obwohl er so viel schreiben mußte. Er hat mich dabei auf dem Arm gehalten. Seine wichtigsten Werke schrieb er damals, aber das habe ich ja schon erzählt.

Ich finde, ein guter Vater ist jemand, der sich so viel wie möglich um sein Kind kümmert und es nicht nur wie ein Kind behandelt, sondern wie einen Erwachsenen. Mein Mann hätte vielleicht ein guter Vater sein können, aber er war nur ein halbes Jahr lang Vater, dann wurde er einberufen. Er war 27 Jahre und es war seine letzte Zeit beim Militär. Er wurde für ein Jahr einberufen, und ich bekam 15 Rubel im Monat. Als er zurückkam, war das Kind schon eineinhalb Jahre alt, und es war ihm von vornherein fremd. Wir verstanden uns immer schlechter, bis wir uns scheiden ließen.

Seinem Sohn muß ein Vater sehr viel geben. Ich spreche nicht aus eigener Erfahrung, weil ich meinem Vater so sehr viel näher stand als meiner Mutter, aber für einen Sohn ist ein Vater absolut notwendig. Ich kann mir allerdings meine Kindheit ohne meinen Vater überhaupt nicht vorstellen. Er hat mir einfach alles gegeben.

Bist du selbst eine gute Mutter?

Nein, ich bin eine ganz schlechte Mutter. Ich erziehe meinen Sohn nur so nebenher, ich werde müde, wenn ich mich mit ihm beschäftigen muß. Ich gebe ihm dann einen Bleistift, damit er irgend etwas zeichnet und sich selbst beschäftigt, aber ich versuche, ihm doch Freude an der Arbeit beizubringen, das ist fast das Wichtigste, was man einem Kind beibringen kann. Mein Kind kennt aber keine Arbeitsfreude, und deshalb halte ich mich für eine schlechte Mutter. Ich hätte ihm das beibringen müssen.

Findest du, daß man Jungen und Mädchen verschieden erziehen soll?

Nein, nein, ich finde, man sollte Mädchen das Kochen und Putzen beibringen, aber auch die Jungen müssen es lernen. Ich glaube, die Menschen sollten selbständig und frei sein, aber nicht hochmütig, und man muß sie vor allem zu richtigen Menschen erziehen. Ich will noch einmal betonen, daß eine Mutter ihrem Kind vor allem geistige Werte geben muß und dabei ist zwischen einem Jungen und einem Mädchen kein großer Unterschied. Ein Junge muß allerdings körperlich trainiert werden und das ist Sache des Vaters.

Was wünscht du dir für die Zukunft? Wovon träumst du?

Ich möchte nach Schweden fahren! Träumen . . . ? Ich möchte ein

Buch schreiben, ich möchte so furchtbar gerne ein Buch schreiben. Ein Buch über meine Kindheit, ein Buch über mein ganzes Leben. Und dann möchte ich noch meinen Sohn mit in den Süden nehmen, das ist sehr schwierig, weil es viel Geld kostet und man eine Reisegenehmigung* braucht. Ich hoffe jedenfalls, daß meine Träume in Erfüllung gehen. Bald werde ich ein besseres Gehalt kriegen und dann muß ich nicht mehr jeden Tag zur Arbeit gehen, und vielleicht schaffe ich es dann, das Buch zu schreiben.

Du hast uns recht viel über die Frau als Mutter erzählt. Jetzt beschreibe uns mal dein Frauenideal.

Die ideale Frau ist . . . selbständig. Bei uns gibt es eine Anschauung, über die Tschechow in einer Erzählung geschrieben hat. Da paßt sich eine Frau ihrem Mann an, der Mann stirbt, und sie paßt sich dem nächsten an usw. Ich finde, das ist keine Idealfrau. Man muß zu allem seine eigene Ansicht haben. Es ist einfach notwendig. Auch für eine Mutter ist es notwendig, aber es ist wohl kaum zu verwirklichen.

Und sie muß schön sein. Auch wenn sie von Natur aus nicht schön ist, muß sie es verstehen, sich schön zu machen. Und ich glaube, die schönste Harmonie, ja die Krönung der Schöpfung, das kann nur eine Frau erreichen, weil ja die Frauen so viel schöner als Männer sind. Wenn sie dann noch innere Schönheit hat, eine eigene Ansicht, Selbständigkeit – dann ist sie die ideale Frau.

Was bedeutet für dich der Begriff 'Weiblichkeit'?

Weiblichkeit – das ist mir ein sehr wichtiger Begriff. Ich finde sogar, daß es ohne Weiblichkeit im höchsten philosophischen Sinn dieses Wortes keine Genialität geben kann. Ich glaube sogar, daß alle Genies – bisher waren ja die Genies immer Männer, aber so wird es nicht ewig bleiben – in sich sowohl ein männliches als auch ein weibliches Element vereinen. Meiner Ansicht nach gab es bei Puschkin* einen starken weiblichen Einschlag und auch bei Dostojewskij.

Was verstehst du unter 'Weiblichkeit'?

'Das ewig Weibliche' in der schönsten Bedeutung dieses Wortes. Weiblichkeit ist für mich... es ist so schwer, darüber zu sprechen, weil es so wichtig ist... ist für mich sowohl Selbstaufopferung als auch Selbständigkeit in Ansichten, sie ist sowohl Schwäche als auch Kraft. In Weiblichkeit sind Gegensätze enthalten, ganz gegensätzliche Eigenschaften, Weichheit und gleichzeitig Härte.

Wie möchtest du, daß dich andere sehen?

Ich möchte . . . daß andere nicht sehen, wenn es mir schlecht geht, daß sie meine Leiden nicht sehen. Alle sollen mich nur fröhlich und glücklich sehen, auch wenn es mir schlecht geht, aber ich kann so etwas nur schlecht verbergen, auch wenn ich es gerne möchte. Ich finde, daß die Tiere weise sind: Wenn sie leiden, verkriechen sie sich irgendwo. Das halte ich für sehr weise, denn man soll den Leuten seine Sorgen nicht zeigen. Aber gleichzeitig möchte ich, daß die Menschen in meiner Umgebung verstehen, was ich sagen will, nicht nur mich und meine Schwierigkeiten, sondern wie ich über Sachen denke, und sie sollen es dann auch sehen wie ich. Ich möchte etwas so darstellen und erklären können, daß die Menschen mich verstehen. Ich möchte möglichst viele schöpferische Menschen um mich haben, schöpferische Menschen müssen nicht unbedingt Künstler sein.

Ein schöpferischer Mensch ist für mich jemand, der andere versteht... Alle Kinder sind schöpferisch. Bis 30 sind wir alle schöpferisch, wir verstehen und wir können zuhören. Nach 30 können viele nicht mehr zuhören. Irgend etwas ist in ihnen so erstarrt, daß sie sich nicht mehr verändern können.

Welchen Eindruck möchtest du mit deiner äußeren Erscheinung machen? Spielen z. B. Kleider für dich eine große Rolle?

Ja, das tun sie allerdings. Man sagt bei uns, die Menschen würden nach ihren Kleidern beurteilt und danach behandelt. Also spielen die Kleider bei uns eine große Rolle. Ich habe auch bemerkt, wenn ich gut angezogen bin beim Einkaufen, dann werde ich von den Verkäufern höflich behandelt, und wenn ich schlecht angezogen bin, werde ich überhaupt nicht beachtet. Eine ent-

angezogen bin, werde ich überhaupt nicht beachtet. Eine entscheidende Rolle spielen die Kleider wohl nicht, aber trotzdem, die Männer mögen es ja, wenn die Frauen nett angezogen sind. Ich sehne mich nicht leidenschaftlich nach irgendwelchen Dingen zum Anziehen, aber ich finde, Kleider sind ein Mittel zur Schönheit. Sie sind ein notwendiger Bestandteil der Schönheit. Ich finde, Frauen sollten es mit ihrer Kleidung genau nehmen. Ich habe mir neulich ein Paar Jeans zugelegt. Ausländische. Davon hatte ich schon lange geträumt, denn bei uns sind sie sehr schwer zu kriegen. Mein Mann gab sie mir als Unterhaltsbeitrag! Er zahlte mit Jeans statt mit Geld, und ich habe sie mit größter Zufriedenheit entgegengenommen. Es ist nicht nur schwierig, nein, es ist unmöglich, bei uns Jeans zu bekommen. Vor einigen Tagen kaufte ich ein Paar Hosen. Jemand hatte sie in einem Berjoska-Geschäft* gekauft und sie dann an eine Freundin von mir verkauft, und sie gab sie an mich weiter. Ich freue mich sehr über die Hosen und über die Jeans. In diesem Sommer kann ich Hosen tragen.

Ich kaufe niemals etwas in gewöhnlichen Geschäften. Es gibt bei uns Geschäfte, wo man Antiquitäten und schöne gebrauchte Kleidung kaufen kann, und dort kaufe ich ein. Dort ist es billiger, es gibt Sachen aus dem Ausland, und sie sind besser, von besserer Qualität, und außerdem schöner, deshalb gehe ich hin.

Ich kaufe nicht in gewöhnlichen Geschäften, weil ich anders sein will, weil ich nicht wie andere angezogen sein will. Ich möchte nicht wie alle anderen aussehen.

Sind Kleider teuer?

Ach, ich nehme das mit dem Geld nicht so ernst. Aber das liegt vielleicht daran, daß ich Eltern habe, die mir helfen können. Wenn ich nur von meinem Gehalt leben müßte, würde ich wahrscheinlich anders denken.

Wir wollen jetzt ein neues Thema anschneiden und von der Sexualität sprechen. Bei uns wird viel über die sexuelle Freiheit gesprochen. Was bedeutet dir sexuelle Freiheit?

Sexuelle Freiheit? Wißt ihr, ich bin ein Mensch mit Schuldgefühlen; besonders jetzt, in dieser Situation . . . der Mann, den ich liebe, ist schon verheiratet und hat ein Kind. Ich finde die Situation so qualvoll, daß ich ständig mit ihm brechen möchte, mich von ihm trennen möchte. Ich habe ständig Schuldgefühle. Ich weiß nicht, ob man es sexuelle Freiheit nennen kann, denn sogar wenn wir uns lieben, fühle ich mich im Unrecht.

Ich glaube, es kommt sehr häufig vor, daß Mädchen mehrere Verhältnisse haben, bevor sie heiraten. Bei uns sagt man sogar, daß die Prostituierten die besten Mütter sind. Frauen sind oft auch nicht treu, oder sie heiraten einen Mann, ohne ihn zu lieben, nur wegen der Kinder. Das ist mir völlig unbegreiflich. Wie kann man mit einem Mann leben, ohne ihn zu lieben . . . und ihn dann noch betrügen. Ich könnte das niemals. Als ich merkte, daß ich meinen Mann nicht mehr liebte, habe ich mich sofort von ihm getrennt, obwohl wir ein Kind zusammen hatten. Ich konnte nicht mehr mit ihm zusammenleben.

Du hältst also Untreue nicht für richtig?

Ich halte die Untreue für etwas Unerlaubtes. Muß sie denn überhaupt sein? Wir leben nur einmal, und warum sollen wir uns dann verzetteln? Aber vielleicht brauchen die Kinder wirklich ihren Vater. Das ist eine schwierige Frage, wie ich schon sagte. Vielleicht ist der Vater unbedingt notwendig, und vielleicht muß man die Verstellung ertragen, muß man mit einem Mann zusammenleben, den man nicht liebt, damit die Kinder einen Vater haben. Vielleicht ist es wirklich so. Ich weiß es nicht, aber ich kann so nicht leben.

Gibt es jemanden, mit dem du offen über sexuelle Fragen sprechen kannst?

Ich spreche nur selten mit meinen Freundinnen über den Sex. Ich spreche überhaupt nur selten über intime Fragen. Aber ich sage offen, wie ich über meine Beziehungen zu anderen Menschen denke, ich spreche sehr viel, besonders mit meinen Freundinnen, ja, sogar mehr, als mit einem Geliebten.

Wie steht es bei euch mit den Verhütungsmitteln?

Verhütungsmittel? Ja, es gibt die Spirale, die wird bei uns verwendet, aber nicht oft. Manche Frauen, welche eine Spirale wollen, stehen lange darum an. Wir versuchen, die Pillen zu lassen, sie sind gefährlich. Sie sollen auch für die ungeborenen Kinder gefährlich sein. Und manche verwenden Aspirin, aber auch das soll gefährlich sein. Bei uns treibt man vor allen Dingen ab. Es ist einfach fürchterlich, es ist furchtbar, es ist mehr als furchtbar, aber was soll man tun? Bei uns sind die Verhütungsmittel ganz unzureichend und dann ist man ja gezwungen, abzutreiben. Es gibt also die Spirale, die nur selten verwendet wird, Aspirin, das manche verwenden, und dann Pillen, die nur wenige nehmen. Auch ich tue das nicht. Und dann gibt es ja noch, wie nennt man das, ja, es gibt Kondome. Aber die sind so widerlich und schlecht, daß wir lieber abtreiben. Man kann nur darüber lachen. Die ersten Christen taten 'es' nur, um Kinder zu kriegen. Darum glaube ich, ist das Abtreiben die Strafe für unsere Sünden.

Hast du schon abgetrieben?

Ja, ich habe mehrmals abgetrieben, siebenmal. Es war schwer, sowohl körperlich als auch seelisch. Heute wird es in der Narkose erledigt, man fühlt keinen Schmerz, aber seelisch ist es schwer.

Wie reagieren die Frauen in dieser Situation?

Die Frauen sind sehr belastet, besonders während der Wartezeit. Man muß ja zwei Monate auf den Eingriff warten, und das ist das Schlimmste von allem. Auch die Folgen der Schwangerschaft sind schwer. Man spürt sie nicht nur in der Liebe, sondern im Leben überhaupt. Manchmal glaube ich plötzlich, daß ich wieder schwanger bin, und da kann ich an nichts anderes mehr denken. Ich kann nicht schreiben, nicht lesen, nichts.

Es heißt, wenn eine Frau ein Kind zur Welt bringt, wird sie jünger, und wenn sie abtreibt, wird sie auf einmal doppelt so alt. Ich bin also siebenmal doppelt so alt geworden . . . Aber das einzige, was die Ärzte bei uns interessiert, ist eine möglichst schmerzlose Schwangerschaftsunterbrechung zu machen. Früher bekam man ja überhaupt keine Schmerzlinderung. Die Angst vor einer Schwangerschaft belastet mich und alle anderen Frauen am meisten.

Wie hast du auf deine erste Schwangerschaft reagiert?

Ich wurde hysterisch. Es kam so unerwartet, ich glaubte nicht . . . ich konnte mir nicht vorstellen, daß ein Kind so schnell entsteht. Man hatte mir nichts erzählt. Ich war mit meinem Mann zusammen und wurde sofort schwanger. Es war so seltsam und so unerwartet, daß ich sofort abgetrieben habe, obwohl ich natürlich das erste Kind hätte zur Welt bringen sollen. Und bei der zweiten Schwangerschaft habe ich nicht abgetrieben. Ich fühlte mich recht normal, obwohl mir in den ersten Monaten schlecht war, und dann . . . Schwangerschaftstoxikose . . . ich wurde bewußtlos. Auch die Entbindung war sehr schwierig. Bei uns gibt es keine schmerzstillenden Mittel, kein Gas, gar nichts. Die Frauen verlangen diese Mittel auch nicht, aber ich habe verlangt, daß sie mich aufschneiden sollten, ich hielt es nicht mehr aus. Ich verlangte einen Kaiserschnitt. Ich hatte geradezu tierische Schmerzen. Ich schrie, bis . . . Ich hatte schwache Wehen und man gab mir eine Tropfinfusion, um die Wehen zu verstärken. Und sie wurden derart, daß ich schreien mußte, bis ich im Mund Blutgeschmack spürte. Eine Freundin von mir bekam vor zwei Monaten ein Kind, und sie erzählte, daß die einzige Hilfe bei der Entbindung eine alte Frau war, nicht etwa eine Hebamme, sondern jemand, der nur drei Monate ausgebildet wurde. Sie erklärte nur, wie man liegen soll, ich meine, in welcher Stellung. Massage bekommt man auch, aber die hilft einem ja nicht. Man kommt sich vor wie ein armes Tier. Ich bekam mein Kind in einem Spezialkrankenhaus und trotzdem . . . Ich bekam einen großen Riß, und sie haben mich nicht einmal genäht. Als ich neulich bei einem Gynäkologen war, fragte er mich, ob ich irgendwo draußen auf dem Lande entbunden hätte. Aber dabei hatte ich ja mein Kind in einem Spezialkrankenhaus in der Hauptstadt bekommen.

Haben die Schmerzen dein Verhältnis zum Kinde beeinflußt?

Nein, das kann ich nicht sagen. Für mich war alles ganz natürlich. Ich wußte ja, daß es wehtun würde. Sobald ich meinen Jungen gesehen habe, habe ich alles vergessen, so sehr habe ich mich gefreut.

Bei uns sind die Väter bei der Entbindung dabei, was hältst du davon?

Das finde ich nicht richtig. Ich glaube, die Frau sollte dem Mann irgendwie ein Geheimnis bleiben, ja, das glaube ich wirklich. Sie sollte dem Mann etwas Göttliches bedeuten, und außerdem kann er diese Schmerzen nicht mit ansehen. Ich habe ja schon früher gesagt, ich finde, man sollte sich mit seinen Schmerzen im Wald verkriechen. Ich möchte nicht, daß mich jemand leiden sieht und das gilt auch für meinen Mann.

Wie war es im Krankenhaus? Wieviele wart ihr z.B. im Zimmer?

Bei uns liegen in jedem Krankensaal zwölf Personen. Für mich war es eine sehr glückliche Zeit, als ich dort mit allen diesen Frauen zusammen in einem Zimmer lag. Nach einer Entbindung ist man so empfindlich, und alle waren ganz offen und empfindsam, gerade diese beiden Eigenschaften liebe ich so bei Menschen. Sie hörten mir zu, und ich habe natürlich wie immer zu ihnen gesprochen, viel gesprochen, nicht etwa über Kinder oder über das Kinderkriegen, sondern über meine gewöhnlichen Themen, und alle waren aufmerksam, und wir haben eifrig diskutiert. Mir wird ganz warm ums Herz, wenn ich an diese Zeit denke.

Habt ihr über Frauenfragen diskutiert?

Nein, wir sprachen über Literatur, über Politik, aber sehr wenig über Kinder.

Welche Probleme machen dir als Frau besondere Schwierigkeiten?

Mein großes Problem liegt darin, daß der Mann, den ich liebe, verheiratet ist und ein Kind hat. Er kann seine Familie nicht verlassen, weil . . . Und damit wären wir wieder bei dem Thema, daß man wegen der Kinder zusammenleben muß, so leben muß, wie ich es nicht kann. Ich bin also eine sogenannte freie Frau und er lebt bei seiner Frau. Er sagt, es wäre wunderbar, wenn wir beide zusammenleben könnten, aber es ist ja unmöglich, und ich werde mich nie von den Schuldgefühlen befreien.

Ich möchte auch nicht hier in Moskau wohnen, sondern irgendwo auf dem Lande. Ich möchte unterrichten und mit Kindern arbeiten, oder Bücher schreiben, und mein Sohn würde an der frischen Luft gesund. Aber das läßt sich ja alles nicht durchführen. Die Umstände sind eben stärker als ich. Nichts wird so, wie man es möchte. Mein Kind hängt in mancher Weise von meinen Eltern ab, und ich bin außerdem keineswegs auf das Landleben vorbereitet, ich käme einfach nicht zurecht. Ich bekomme niemals die Erlaubnis, aufs Land zu ziehen. Es ist alles so schwierig, aber ich möchte gerne auf dem Land leben.

Welches Frauenproblem ist hier das wichtigste?

Ein Frauenproblem im allgemeinen? Ja, für die meisten Frauen ist das schlechte Einkommen des Mannes ein Problem. Und außerdem, daß sie so wenig Zeit für ihre Kinder haben. Die allermeisten Frauen interessieren sich gar nicht für ihren Beruf. Sie möchten ihre Kinder normal erziehen, aber das können sie nicht, denn sie sind ständig mit Geldverdienen beschäftigt. Überhaupt leiden unsere Frauen an der Gleichstellung. Ich finde, man kann es so ausdrücken. Sie hätten es lieber anders, aber es ist nicht möglich, weil die Männer so schlecht verdienen. Man kann unmöglich von nur einem Lohn leben. Außerdem trinken bei uns alle Männer fürchterlich, und das ist ja dann hauptsächlich ein Frauenproblem. Man sagt bei uns, wenn der Preis für Wein und Wodka erhöht wird, dann trifft das in erster Linie die Kinder. Warum die Kinder? Ja, weil je mehr Geld man für Wodka ausgibt, um so weniger Geld bringt man nach Haus, und um so weniger bleibt für die Kinder übrig.

Du kennst sicher die Erzählung von Natalja Baranskaja 'Eine Woche wie alle anderen'.* Hältst du diese Schilderung des Lebens einer Frau für richtig?

Ja, ich halte die Erzählung der Baranskaja für typisch, völlig typisch.

Ist es auch typisch, daß in der Erzählung Olga sich keine Gedanken darüber macht, wie man die Situation verändern könnte?

Daß sie darüber nicht nachdenkt, ist typisch, davon bin ich völlig überzeugt. Aber normal ist es keinesfalls! Aber so ist es nun einmal, sie haben keinen Überblick über ihr Leben, sie sind glücklich, daß sie wenigstens einen Mann haben und die Kinder einen Vater. Und auch wenn sie arbeiten müssen, wenn sie nach der Arbeit Einkaufstaschen nach Hause schleppen und wenn es dann mit dem Mann zum Streit kommt, ist alles ganz in Ordnung, denn sie haben wenigstens einen Mann. Und es gibt ja so viele, die es schlechter haben, die ohne Mann leben müssen. Diese Frauen nehmen einfach nicht Stellung, und außerdem verachten sie Frauen, die keinen Mann haben.

Was möchtest du selber ändern?

Meint ihr, im ganzen Land ändern? Ja, ich würde natürlich die Löhne erhöhen. Und ich finde, man müßte von den Männern, von den Vätern, mehr verlangen, als man es jetzt tut. Sie sollten mehr Pflichten gegenüber ihren Kindern haben, als nur 25 % ihres Lohns zu zahlen, wie es üblich ist. Sie sind einfach verpflichtet, mehr zu tun, und wenn sie selber nicht auf ihr Gewissen hören, dann finde ich, das Gesetz müßte strenger werden.

Was war die größte Belastung deines Lebens?

Ich glaube, die größten Schwierigkeiten liegen noch vor mir. Aber ich glaube auch, daß ich es besser habe als viele andere. Die größte Schwierigkeit für mich ist, daß, wenn ich lange Zeit nicht geschrieben habe und mich dann an den Tisch setze, die Arme wie gelähmt sind und ich nichts schreiben kann. Das ist für mich das Allerschlimmste. Es sind Schöpferqualen. Daß ich für mein Kind sorgen muß, ist ja recht normal. Das tun ja fast alle Frauen.

Denkst du oft über die Zunkunft nach?

Ich denke an die Zukunft, aber am meisten denke ich an die Vergangenheit. Ich fühle mich irgendwie sehr mit der Vergangenheit verbunden. Ich liebe meine Vorfahren und stehe irgendwie in ihrer Schuld . . . und möchte mich sogar für sie rächen. Ich kann eben einfach nicht verzeihen, und mein Leben muß dem Gedächtnis meiner Großeltern gehören, sonst ist es völlig verfehlt. Ich muß irgendwie das Schicksal meiner Großeltern rächen . . . Und was die Zukunft betrifft, ja, ich lebe in ständiger Ungewißheit, ob überhaupt ein Morgen kommen wird. Ich kaufe jetzt nicht einmal Sommerkleider, obwohl ich es jetzt tun müßte, denn bei uns muß man die Sommerkleider im Winter kaufen, im Sommer gibt es keine mehr. Aber ich kaufe keine. Ich weiß ja nicht, ob ich im Sommer noch lebe.

Manchmal geht es mir schlecht, und dann sehne ich mich nach der Nähe eines starken Mannes, eines Bogatyr,* bei dem ich mich verstecken könnte und an nichts mehr denken müßte. Manchmal fühle ich so. Obwohl ich mich für eine selbständige Frau halte, habe ich manchmal das Bedürfnis, mich bei jemandem zu verbergen; besonders wenn ich krank bin, wenn ich Fieber habe, wünsche ich so sehr, ich hätte jemanden, den ich liebe, bei dem ich mich verbergen kann, bei dem ich an nichts denken muß, der für alles verantwortlich ist. Aber leider habe ich . . . einen so stolzen Charakter, daß es fast unmöglich ist.

Was bedeutet dir die Gleichstellung von Mann und Frau?

Gleichheit von Mann und Frau? Ich weiß überhaupt nicht, was das ist. Ich denke keineswegs, daß die Menschen gleich sind. Und zwischen Männern und Frauen . . . Gleichheit zwischen Mann und Frau ist überhaupt nicht möglich, weil – ja, ich finde, die ideale Familie ist eine, wo die Frau sich um die Kinder kümmern muß, kümmern darf, und der Mann sich um die Frau kümmert. Das ist schön. Das ist wirkliche Gleichheit, denn der Mann soll die Frau lobpreisen und sie auf Händen tragen, und er soll alles Schwere auf sich nehmen . . . In dem Sinn kann es keine Gleichheit geben. Aber hier bei uns gibt es jetzt eine Gleichheit, die bedeutet, daß die Frauen die schwerste Last tragen. Meiner Ansicht nach ist Gleichheit dann vorhanden, wenn die Frauen wirklich frei sind. Das ist echte Gleichheit. Die Gleichheit bei uns heute kann ich nicht anerkennen. Die Frau ist wirklich frei, wenn der Mann die schwerste Last trägt und wenn sie sich selbst verwirklichen kann und sich selbst verstehen lernt. Denn der Mensch ist dazu geboren, sich selbst zu verstehen, aber bei uns ist das Leben der Frauen vorbei, bevor sie es selber merken. Zuerst sind sie jung, dann sind sie alt, und dann werden sie begraben, ohne daß sie überhaupt verstanden haben, warum sie hier auf Erden leben. Damit eine Frau denken lernt und sich entwickeln kann, muß also eine Gleichheit existieren, bei welcher der Mann die schwerste Last trägt.

Kennst du die Frauenbewegung im Westen?

Ja, ich kenne sie. Dort gibt es eine Bewegung, welche die Schwangerschaftsunterbrechung durchgesetzt hat und für die Freiheit der Frau kämpft. Ich weiß das alles, aber was z.B. das Wahlrecht betrifft... Bei uns haben alle Frauen das Wahlrecht. Bei uns gibt es gar keinen Bedarf an einer Frauenbewegung. Alle sind überzeugt, daß alles bestens in Ordnung ist und bleiben muß, wie es ist. Außerdem glaube ich, daß, als bei uns die Frauen befreit wurden, es eigentlich eher um die Befreiung des Mannes von der Familie ging. Die Männer bekamen weniger Pflichten und das ist keine Gleichstellung.

Möchtest du zum Abschluß noch etwas sagen?

Ja! Es ist schon schlimm, wenn Frauen einmal sprechen. Die Wirklichkeit kommt dann zu Wort und sie ist voller Schmerzen. Anna Achmatowa hat geschrieben: 'Und sie lehrte die Frauen sprechen, aber Gott, wie soll man sie zum Schweigen bringen?' Und ein berühmter Mann, ich weiß aber nicht mehr wer, hat gesagt, daß der Zustand einer Gesellschaft sich an den Lebensbedingungen der Frauen ablesen läßt.

DIE ROLLE DER FRAU IN DER ARBEITSWELT

In der Sowjetunion begann die industrielle Revolution eigentlich erst 1928 mit dem ersten Fünf-Jahres-Plan. Die expandierende Industrie brauchte Arbeitskräfte, und es war nicht nur aus ideologischen, sondern auch aus wirtschaftlichen Gründen notwendig, die Frauen ins Berufsleben einzuführen. Die Aktivierung der Frauen ist gut gelungen, denn 1928 waren 24 % der Berufstätigen in der Sowjetunion Frauen, 1972 waren es 51,5 %.

In der Sowjetunion ist das Recht auf Arbeit im Grundgesetz verankert, und offiziell gibt es seit 1939 keine Arbeitslosigkeit. Das Gesetz schreibt auch gleichen Lohn für gleiche Arbeit vor, und deshalb herrschen für die Frauen und Männer der gleichen Berufsgruppe die gleichen wirtschaftlichen Bedingungen.

Trotzdem ist die Frau in der Sowjetunion auf dem Arbeitsmarkt diskriminiert. Es gilt das gleiche Muster wie in den meisten anderen Ländern: Die Frauen üben Dienstleistungsberufe aus und machen Routinearbeiten, die Männer führen qualifizierte Arbeit aus und haben die Chef-Posten inne. Auch in den von den Frauen beherrschten Berufen sind die Chefs fast immer männlich.

Die Frauen arbeiten hauptsächlich in der leichten Industrie (Textil, Konfektion, Lebensmittel), in der Krankenpflege und auf dem Unterrichts- und Dienstleistungssektor. Die folgende Liste der Frauenberufe wurde 1970 erstellt und hat sich ein Jahrzehnt lang kaum verändert.

Krankenschwestern	99 %
Stenotypistinnen	99 %
Erzieherinnen in Kindertagesstätten	98 %
Sekretärinnen	95 %
Bibliothekarinnen	95 %
Kassiererinnen	94 %
Konfektionsarbeiterinnen	88 %
Laborpersonal	85 %
Hebammen	83 %
Telefonistinnen	83 %
Wirtschaftspersonal	82 %
EDV-Operatorinnen	77 %
Ärztinnen	74 %
Kinderärztinnen	98 %
Arbeiterinnen in der Lebensmittelindustrie	74 %
Lehrerinnen	72 %
Textilarbeiterinnen	72 %

In allen diesen Berufen ist die Bezahlung schlecht. Ein Lehrer hat z. B. einen Anfangslohn von 100 Rubel im Monat und kann erst nach sehr langer Zeit auf 145 Rubel kommen, während ein Bergmann normalerweise mehr als 200 Rubel verdient. 1972 wurde ein Entwurf zu einem Haushaltsplan für eine sowjetische Arbeiterfamilie veröffentlicht. Dabei ging man davon aus, daß der Lohn des Mannes 50 % höher als derjenige der Frau war – es war also selbstverständlich, daß die Frau arbeitete, aber ebenso selbstverständlich, daß sie wenig verdiente.

Für die berufstätigen Frauen wurde ein umfassendes Arbeitsschutzgesetz geschaffen. Sie dürfen z. B. nirgends eingesetzt werden, wo die Gefahr von Strahlungsschäden besteht. Frauen dürfen auch nicht ohne weiteres zu Überstunden herangezogen werden. Schwangere und stillende Frauen dürfen zwischen 22 und sechs Uhr nicht arbeiten. Vom 5. Schwangerschaftsmonat an dürfen die Frauen nicht Überstunden leisten oder an Feiertagen arbeiten. Das gleiche gilt für stillende Frauen. Die Frau hat noch viele andere Rechte, wie z. B. das gesetzliche Recht auf Teilzeitarbeit, das Recht, sich krankschreiben zu lassen, wenn sie Kinder unter zwei Jahren hat und das Recht auf vier Monate bezahlten Urlaub und auf ein Jahr unbezahlten Urlaub, wenn sie ein Kind bekommt.

Wenn man wie die sowjetischen Experten die Rolle der Geschlechter als biologisch bedingt betrachtet, dann sind diese Sondergesetze natürlich als Priviligien zu betrachten. Aber solange sich auf dem Arbeitsmarkt der Männer nichts verändert, solange es für Väter keine Sonderrechte geben kann, bleibt die derzeitige Machtstruktur unverändert. Die Frau bleibt weiterhin diskriminiert und weicht in der Arbeitswelt von der Norm ab. Solange man nur bestrebt ist, die Doppelarbeit der Frau zu erleichtern und niemals das ganze System des Arbeitsmarktes in Frage stellt, können keine echten Veränderungen zustandekommen.

In der Sowjetunion weichen statistische Angaben je nach der verwendeten Quelle stark voneinander ab. Man weiß nicht, welche Angaben die richtigeren und welche die am wenigsten falschen sind.

Wenn Sie über die Sowjetunion mehr wissen wollen als wir in unseren kurzen Tatsachenberichten bringen, informieren Sie sich über weiterführende Literatur bitte in unserem Literaturverzeichnis, das wir im Anhang aufführen.

LJALJA

»EIN MÄDCHEN SOLLTE IMMER LIEB UND NETT SEIN«.

Wir klopfen an eine Zimmertür in der riesigen Studentenstadt der Moskauer Universität. Das Zimmer liegt wie tausend andere in dem bekannten Stalin-Komplex auf den Lenin-Bergen. Ohne die Hilfe unserer Freunde hätten wir unser Ziel niemals gefunden, denn diese Häuser sind wie Labyrinthe mit Treppen, Gängen und Korridoren verbunden, in denen man sich nur allzu leicht verirrt.

Wir wollen zu Ljalja, die wir noch nicht kennen. Sie wohnt mit ihrem Mann Sergej und ihrem neugeborenen Sohn in einem Zimmer von 11qm. Dieser Wohnraum steht verheirateten Studenten zu. Das Zimmer gehört zu einer Zweizimmerwohnung und sie teilen sich Diele, WC und Dusche mit einem Nachbarn. Die Küche ist für das gesamte Stockwerk gemeinsam. Das Zimmer von Ljalja und Sergej ist zum Brechen voll. Außer dem Kinderbett stehen dort ein schmales Doppelbett, ein Bücherregal, ein kleiner Tisch, der gleichzeitig Eßtisch, Schreibtisch und Wickelkommode ist, und zwei Stühle. An Bewegungsraum bleiben nur wenige qm.

Ljalja ist 22 Jahre alt. Sie ist aus Usbekistan, hat schwarze Haare und schwarze Augen. Sie ist klein, schmal und blaß. Während des Interviews sitzt sie auf dem Bett neben dem Ton-

bandgerät und hält die Hände im Schoß. Sie spricht sehr leise, aber klar und einfach: So ist es, so geht es uns, das ist meine Ansicht. Sie ist freundlich und weich und antwortet voller Interesse auf unsere Fragen, während sie das Baby tröstet und füttert. Sie bietet uns Kognak und Gebäck an und wird gar nicht nervös, obwohl wir sehr lange bleiben. Es stört sie auch nicht, daß der Kühlschrank in der Diele mehrere Stunden ohne Strom ist, weil wir den Transformator für das Tonbandgerät brauchen.

Ljalja ist in Samarkand aufgewachsen. In Moskau wohnt sie, seitdem sie vor fünf Jahren aus der Schule entlassen wurde. Sie kennt nur Studentenzimmer. Sergej hat noch drei Jahre bis zum Examen, sie hat selbst ein Forschungsstipendium. Beide rechnen damit, daß sie in ihrer Studentenwohnung noch zwei Jahre wohnen werden.

Wir bitten Ljalja, uns zu erzählen, wie für sie ein ganz gewöhnlicher Tag verläuft. Sie sagt, er bestehe darin, daß sie stillt, schläft, stillt, kocht, stillt und vergeblich versucht, für sich ein wenig Zeit zu finden.

Es hat sich für dich wahrscheinlich viel verändert, seitdem du den Jungen hast?

Ja, das stimmt.

Findest du es mühsam, Mutter zu sein?

Ach nein, es ist nicht schlimm. Er ist ja so lieb. Manchmal kann ich ganz ruhig dasitzen und lesen. Das Schlimme ist, daß ich fast niemals jemanden treffe, mit dem ich sprechen kann.

Du bist allein.

Ja, nur manchmal kommt jemand hierher. Ich gehe fast nie aus. Ich war nur einmal im Kino, seitdem der Junge auf der Welt ist, und ich habe vielleicht zwei Bücher gelesen! Früher war es ja umgekehrt, ich lernte, habe Bücher gelesen, traf Leute, ging ins Kino und ins Theater . . .

Wie lange wirst du bei dem Jungen zu Hause bleiben?

Ja, ich werde ihn jedenfalls nicht in ein Tagesheim geben.

So?

Nein. Ja vielleicht doch, wenn er zwei Jahre alt ist. Bis dahin werde ich hier zu Hause bleiben.

Warum willst du ihn nicht im Tagesheim anmelden?

Ich will nicht. Die Kinder sind dort fast ständig krank. Und dann sind die ersten Jahre eine so wichtige Lebensperiode. Er muß sich entwickeln. Er braucht jemanden, der mit ihm spricht und im Tagesheim sind so viele Kinder, daß sie für das einzelne nur wenig Zeit haben. Hier sind nur er und ich, und ich beschäftige mich nur mit ihm. Ich glaube, es ist für ihn das beste. Ob es für mich das beste ist . . . ich weiß nicht so recht, aber wenn er zwei Jahre alt ist, werde ich ihn schon ab und zu verlassen.

Könntest du dir ein Leben ohne Kinder vorstellen?

Nein, man muß Kinder haben, aber vielleicht nicht unbedingt sofort.

Glaubst du, daß du dir viele Kinder zulegen wirst?

Nein, das werde ich gar nicht können. Ich möchte drei haben, aber . . . es wird einfach nicht möglich sein. Wir werden nicht das Geld dazu haben, und auch die Zeit wird nicht reichen.

Wieviele glaubst du, daß du eines Tages haben wirst?

Höchstens zwei, bestenfalls. Vielleicht werden wir uns niemals ein zweites Kind leisten können.

Aber wenn ihr es doch tut, was wird dann?

Ja, dann wird es notwendig sein, alles noch schneller zu machen. Es wird noch weniger Zeit für alles bleiben, es gibt mehr Hetze und schlechtere Nerven. Wir Frauen haben es viel zu schwer.

Was meinst du damit?

Ja, man muß sich nur die Frauen ansehen. Wie geht es ihnen? Sie arbeiten zu Hause und tun nichts anderes. Nur ganz selten erreichen sie etwas im Leben, z. B. innerhalb der Forschung. Wenn die Frau irgend etwas erreichen will, dann muß sie die Familie verlassen. Hier heißt es, entweder – oder. Es ist schon schwierig, eine ganz gewöhnliche Arbeit mit der Familie zu vereinbaren. Es stimmt, daß bei uns fast alle Frauen berufstätig sind, aber sie arbeiten nur für den Lohn und weil sie müssen.

Ich z. B., ich werde arbeiten, bestenfalls sieben bis acht Stunden am Tag, und die gesamte übrige Zeit wird draufgehen, um den Jungen zu pflegen und den Haushalt zu machen. Im großen und ganzen kann ich mit keiner Freizeit rechnen.

Meiner Mutter geht es genauso. Jetzt, wo ich nicht mehr bei ihr wohne, hat sie im Haushalt nicht so viel zu tun, aber sie arbeitet hart, um Geld zu verdienen, weil sie mir helfen muß, jetzt, wo wir das Kind haben. Sie schickt uns jeden Monat Geld.

Es scheint hier üblich zu sein, daß junge Leute von ihren Eltern wirtschaftlich abhängig sind.

Ja, das stimmt. Es geht gar nicht anders. Wir kämen nicht zurecht. Trotzdem haben wir es ungewöhnlich gut, weil ich ein Stipendium von 120 Rubeln habe, obwohl ich mit dem Kind zu Hause bin. Es geht nicht vielen so gut. Und auch mein Mann hat ein Stipendium, 70 Rubel im Monat, aber es bleiben ihm nur 50, weil er schon mal verheiratet war und für ein Kind zahlen muß. Wir haben also 170 Rubel im Monat und damit kommen wir nicht zurecht. Also helfen uns seine Eltern und meine Mutter.

Wie hoch ist eure Miete?

Sie ist sehr, sehr niedrig. Es ist ja eine Studentenwohnung. Wir zahlen also nur zehn Rubel im Monat.

Wie groß ist die Wohnung?

Sie hat wohl 11 qm. Eine gewöhnliche Wohnung ist aber auch billig. Meine Mutter hat eine Zweizimmerwohnung und bezahlt nicht viel mehr Miete als wir. Wir haben hier eben niedrige Mieten. Aber alle jungen Leute sind von ihren Eltern abhängig. Ich kenne keine Familie, wo die Eltern die Kinder finanziell nicht unterstützen würden.

Du meinst, während des Studiums?

Während sie studieren und auch später, wenn sie arbeiten. Die ältere Generation verdient ja mehr als wir. Sergej und ich z. B., wir werden zwischen 105 und 130 Rubel verdienen, wenn wir zu arbeiten anfangen, und man kann mit solchen Löhnen keine Familie ernähren, also müssen die Eltern helfen.

Wieviel müßt ihr für das Essen und andere notwendige Anschaffungen zahlen?

Augenblick, ich muß nachdenken . . . Also, nur für das Essen brauchen wir . . . 150 bis 170 Rubel im Monat. Das Essen für den Kleinen kostet ja noch nicht viel, sagen wir also 150 im Monat. Nun gibt es noch mehrere kleine Ausgaben, Reisen, die Miete, irgendeine Reparatur, chemische Reinigung . . . das macht sicher 50 Rubel, also insgesamt 200. Aber da sind keine Kleider berücksichtigt, und die Kleidung kostet am meisten. Jedes Jahr braucht man etwas. Im nächsten Jahr braucht Sergej einen Wintermantel, und ich brauche auch einen Mantel und ein Paar Schuhe. Ein Mantel für mich kostet ungefähr 80 Rubel und ein Überzieher für Sergej kostet bestimmt 200. Und Schuhe sind wahnsinnig teuer bei uns, ein Paar Stiefel aus Leder kosten sicher 90 Rubel. Das finde ich enorm teuer. Dann braucht man noch Unterwäsche, Strümpfe, Kosmetika, . . . all das braucht man ja, und alles ist so teuer. Dabei habe ich noch gar nicht berücksichtigt, daß wir einen Kinderwagen brauchen, oder z. B. ein Auto kaufen möchten, einen Kühlschrank oder Geschirr . . . alles ist sehr, sehr teuer. Aber im Durchschnitt brauchen wir ungefähr 250 Rubel im Monat, vielleicht sogar 300.

Wie kommt es, daß ihr eine Waschmaschine habt?

Die bekamen wir von meinem Großvater. Er schickte uns Geld dafür. Als ich klein war, haben übrigens meine Großeltern meiner Mutter auch geholfen.

Sind deine Eltern geschieden?

Ja, sie trennten sich, als ich vier Jahre alt war.

Kannst du uns ein wenig über deine Jugend erzählen?

Ja ... ich bin ein Einzelkind. Nach der Scheidung der Eltern wohnte ich bei meiner Mutter. Dann kam ich in ein Internat. Mutter wollte nicht, daß ich am Nachmittag alleine zu Hause war. Ich blieb in der Schule bis acht Uhr abends. Dann holte Mutter mich ab. Nach der 5. Klasse kam ich in eine gewöhnliche Schule. Ich habe recht viel Englisch gelernt. In der 8. Klasse wollte ich Kunsthistorikerin werden und in der 9. Journalistin. Aber das ist doch eine Männerarbeit. Ich glaube, Männer setzen sich in diesem Beruf besser durch, und ich verlor jede Lust auf den Journalistenberuf, als ich die Zeitungen las. Sie schrieben ja alle das gleiche. Wenn einer etwas Originelles brächte, würde es wohl kaum veröffentlicht. Nein, der Beruf war gar nicht interessant. Ich ging also nach der 10. Klasse von der Schule ab und kam auf die Hochschule.

Hier in Moskau?

Ja, ich habe fünf Jahre lang hier studiert. Pharmakologie. Ich habe nichts Auffallendes geleistet. Ich habe viel Zeit für meine Freunde und für Vergnügungen gebraucht. Es war so schön, nicht mehr zu Hause zu wohnen und das Milieu ist hier so, daß man sich eben viel vergnügt. Aber im Examen hatte ich recht gute Noten, lauter Einser und Zweier.

In den ersten zwei Jahren wohnten wir zu fünft im gleichen Zimmer, und das war gar nicht groß. Wir waren drei Russinnen und zwei Mädchen aus Bulgarien. Im ersten Jahr hatten wir es wunderbar zusammen. Wir feierten Feste, tranken Wein und tanzten fast jeden Abend. Aber nach diesem ersten Jahr war es nicht mehr ganz so lustig. Wir störten uns allmählich gegenseitig. Nach drei Jahren zog ich in ein Zimmer, das ich mit einer Freundin teilte, und als sie heiratete und zu ihrem Mann zog, bekam ich ein kleineres Zimmer, in dem ich allein wohnte.

Im zweiten Studienjahr traf ich meinen Mann. Wir haben erst vor kurzem geheiratet. Da kam erst die Frage auf, wie wir alles arrangieren sollten, wo wir wohnen sollten. Sergej sollte weiterstudieren, ich sollte irgendwo arbeiten. Ich bekam in Taschkent Arbeit. Es war gar nicht einfach, aber es ging. Und jetzt bin ich beurlaubt und werde hier zwei Jahre bleiben. Was dann ist, wissen wir noch nicht.

Aber wie glaubst du, daß es wird?

Ja, ich weiß nicht. Ich überlege ja alles mögliche. Ob wir wohl eine Wohnung bekommen werden? Ich glaube, es wird sehr lange dauern. Wo wir arbeiten werden? Lauter konkrete Probleme, und dann . . . denke ich über die Zukunft im allgemeinen nach. Was wird z. B. in der Sowjetunion geschehen, was wird sich hier ändern? Wird es besser oder schlechter werden? All das hängt mit der Zukunft des Jungen zusammen. Wie wird sein Leben hier? Man möchte ihm so viel geben, daß er Englisch lernt, Musik studiert . . . Der Junge ist jetzt für mich das Allerwichtigste. Ich wünsche ihm eine schöne Kindheit, und dann wünsche ich mir eine schöne Arbeit, später, in zwei Jahren.

Wird dein Mann auch nach zwei Jahren arbeiten?

Nein, er studiert noch drei Jahre.

Was geschieht, wenn ihr an verschiedenen Orten eine interessante Arbeit bekommt?

Du meinst, wenn wir wählen müssen zwischen einer guten Arbeitsstelle für ihn oder für mich?

Ja.

Dann wählen wir natürlich seinen Job. Selbstverständlich.

Haben Frauen im Leben nicht das gleiche Ziel wie Männer?

Das glaube ich nicht, die Frauen erziehen ja die Kinder, und das ist ihr Lebensziel – Kinder zu haben. Das Ziel der Männer ist, etwas zu leisten, z. B. in der Wissenschaft. Was ein Arbeiter für ein Ziel hat, weiß ich nicht. – Ich treffe nie Arbeiter. Aber die männlichen Studenten wollen ja alle etwas in ihrem Fach erreichen, wollen etwas entdecken, wollen selbst etwas Neues schaffen. Ich habe keine Lust, eine Karriere zu machen. Ich will einfach arbeiten.

Wenn du aber ein Mann wärst, wäre es da anders?

Ja, da hätte ich bestimmt andere Ziele. Ich würde sicher versuchen, als Forscher etwas zu leisten. Aber jetzt ist es für mich wichtiger, das Kind zu pflegen, es zu einem guten Menschen zu erziehen, das ist wichtiger als Karriere zu machen.

Und dein Mann?

Für ihn ist es wohl am wichtigsten, im Beruf voranzukommen. Aber das Kind bedeutet natürlich auch ihm viel.

Wirst du auf deinen Mann nicht eifersüchtig sein, wenn er Karriere macht und du nicht?

Im Gegenteil! Ich werde froh sein, daß er mein Mann ist und daß er Erfolg hat, und darüber, daß ich ihm irgendwie helfen kann. Mein Beruf und meine Arbeit machen mir auch Freude, aber an erster Stelle steht doch für mich mein Kind.

Du denkst also, daß Männer und Frauen im Leben verschiedene Ziele haben? Wird das die Erziehung deines Jungen beeinflussen?

Ich glaube nicht, daß man in der Erziehung von Jungen und Mädchen einen Unterschied machen muß. Ein Junge ist natürlich mehr nach außen gerichtet, er ist kühner und stärker, und Mädchen sollten vielleicht eher lernen, sich nett anzuziehen und sich zu pflegen. Ein Mädchen sollte immer lieb und nett sein. Das paßt zu Mädchen besser. Aber im großen und ganzen finde ich, daß die Erziehung gleich sein sollte, zumindest in der ersten Zeit. Was dann notwendig ist, habe ich mir noch nicht überlegt.

Was verstehst du unter der ersten Zeit?

Ungefähr bis zu zehn Jahren, glaube ich.

Wie sollte deiner Ansicht nach eine gute Mutter sein?

Eine wirklich gute Mutter – ist wohl eine ideale Frau, eine Frau, die als Mensch interessant ist. Sie soll viel gelesen und gesehen haben, damit sie ihrem Kind etwas geben kann, und sie sollte dem Kind helfen können, sich im Leben zu orientieren, das ist am wichtigsten. Und darum ist es notwendig, daß eine Frau arbeitet, damit sie einem Kind das alles geben kann, und dann sollte sie noch schön sein, ja, nicht unbedingt schön, aber gepflegt. Sie soll dem Kind viel Aufmerksamkeit widmen, es nicht verwöhnen, aber das Kind muß spüren, daß es geachtet wird, auch kleine Kinder müssen das spüren. Sie soll dem Kind nicht ihren Willen aufzwingen, es soll seine Meinung sagen dürfen.

Waren das jetzt nur deine eigenen Idealvorstellungen oder denken die meisten Frauen ähnlich?

Nein, es sind meine Ansichten, was andere denken, weiß ich nicht. Ich glaube, die meisten meinen, eine gute Mutter ist eine Frau, die ein gesundes Kind hat – das ist natürlich auch wichtig -, die es gut pflegt, es pünktlich füttert usw.

Und wie sollte ein guter Vater sein?

Er soll sich mit dem Kind beschäftigen. Er darf nicht denken, daß so was unter seiner Würde ist. Er soll mit dem Kind an die Luft gehen und soll ihm Geschichten erzählen. Er soll mit dem Kind zusammen reisen, er soll es einfach gern haben. Und er sollte für das Kind auf einiges verzichten können. Aber am allerwichtigsten ist, daß der Mann fleißig ist. Natürlich soll er sein Kind gerne haben und soll im Haushalt helfen, aber am wichtigsten ist, daß er seine Arbeit gut macht.

Meinst du, es wäre gut, wenn die Frau bei den Kindern zu Hause sein könnte, während der Mann für die Familie arbeitet?

Das ist bei den Frauen ganz verschieden. Wer ausschließlich Kinder erziehen möchte, der sollte natürlich die Möglichkeit dazu bekommen, aber bei uns haben die Frauen kaum eine Wahl. Es gibt zwar kein Gesetz, das einen zwingt, zur Arbeit zu gehen, aber wenn der Mann nicht ein sehr hohes Einkommen hat, dann ist die Frau gezwungen, zu arbeiten.

Man kann auch sagen, daß eine Frau sich mehr als Mensch fühlt, wenn sie eine Arbeit hat. Auch wenn es sehr anstrengend ist, fühlen wir uns mehr geachtet, wenn wir eine interessante Arbeit haben.

Gibt es hier typische Frauenberufe?

Frauenberufe? Der Lehrerberuf z. B. Die meisten Lehrer sind Frauen, auch die meisten Ärzte und Verkäufer. Fast alle Verkäufer sind Frauen.

Warum glaubst du, wählen fast ausschließlich Frauen den Lehrer- oder Arztberuf?

Ja, man meint wohl, daß Frauen für die Arbeit mit Kindern besonders geeignet sind. Zu Hause sind sie ja auch mehr mit den Kindern zusammen. Und Ärzte . . . vielleicht ist das Einfühlungsvermögen der Frau in dem Beruf gefragt. Aber ich glaube, da ändert sich jetzt einiges. Ich kenne viele Jungen, die Medizin studieren, sie wollen natürlich Chirurgen werden. Die meisten Ärzte ausserhalb der Krankenhäuser sind nach wie vor Frauen.

Hältst du es für richtig, daß einige Berufe fast ausschließlich von Frauen ausgeübt werden?

Ich glaube, die Dienstleistungsberufe liegen den Frauen besser, d.h. sie sollten ihnen besser liegen, weil hier der weibliche Takt und das Einfühlungsvermögen besser zum Tragen kommen können. Aber in Wirklichkeit ist es ganz anders – die Verkäuferinnen z. B. sind meist sehr unangenehm.

Kannst du dir einen Mann als Erzieher in einer Kindertagesstätte vorstellen?

Nein. Nein, das kann ich nicht. In dem Beruf gibt es nur Frauen. Es kommt vielleicht daher, daß man meint, daß Männer nicht so gut mit Kindern umgehen können wie Frauen. Und irgendwie sind unsere Männer der Ansicht, daß es unter ihrer Würde ist, mit kleinen Kindern in der Tagesheimstätte zu arbeiten. Aber ich weiß, es gibt Experiment-Tagesstätten mit männlichen Erziehern. Es ist also ein Experiment und sehr interessant. Es ist eine schöpferische Arbeit, aber in einer gewöhnlichen Kindertagesstätte – ja, es wäre ja schön, wenn auch da ein wenig mehr experimentiert würde – aber dort herrscht nur der alte Schlendrian.

Wieviel verdienen Erzieher?

Die Erzieher im Kindertagesheim verdienen sehr schlecht.

Und wie steht es mit dem Verdienst in anderen Frauenberufen?

Ich glaube, Frauen verdienen ungefähr das gleiche wie Männer. Aber in den Tagesheimstätten sind die Löhne besonders niedrig. Auch Verkäuferinnen verdienen schlecht . . . Ja, es ist vielleicht doch so, daß Frauen weniger verdienen als Männer. Fahrer haben ja einen typisch männlichen Beruf, und sie verdienen sehr gut. Ja, dann gibt es noch einen anderen typisch weiblichen Beruf: Näherin. In der Konfektions- und in der Textilindustrie arbeiten fast nur Frauen.

Und wie sind dort die Löhne?

Sie sind niedriger als in der Schwerindustrie. Ein Mechaniker z. B. verdient viel mehr als eine Textilarbeiterin. Und in der leichten Industrie arbeiten vor allem Frauen.

Was bedeutet dir die Gleichberechtigung zwischen Frauen und Männern?

Ich meine, daß Frauen anders geartet sind als Männer. Wir sind keine völlig gleichen Geschöpfe. Für mich bedeutet die Gleichheit von Mann und Frau also einfach die gleichen Rechte für beide Geschlechter. Gleicher Lohn z. B. und dann natürlich, innerhalb der Familie, daß nicht die Frau allein die Hausarbeit macht, sondern der Mann auch mithilft. Das ist auch eine Gleichheit.

Welche Hausarbeiten übernehmen die Männer?

Mein Mann z. B. kauft das Essen ein. Das mache ich niemals. Das ist sehr mühsam. Man muß anstehen und sehr schwer tragen, und

. . . er kann die Böden wischen . . . er kann das allermeiste tun. Wenn ich einen Abend frei sein muß, um zu lernen, dann versorgt er den Jungen und kocht und macht alles, was getan werden muß.

Aber ich glaube eigentlich nicht, daß es bei uns üblich ist, daß Männer so viel Hausarbeit machen wie mein Mann, ihr müßt euch bei anderen Frauen erkundigen! Hier arbeitet vor allen Dingen die Frau im Haus. Der Mann hilft schon mit, aber die Frau ist im Haus die Hauptperson, der Mann im Beruf. Ich finde das gerecht.

Findest du es wirklich gerecht?

Doch, ich finde es gerecht. Die Frau kann im Beruf doch nicht so viel leisten wie der Mann, das zeigt die Erfahrung.

Kommt das daher, daß sie eine Frau ist oder daher, weil sie von der Hausarbeit überlastet ist?

Das kommt vor allem von der Hausarbeit, aber auch davon, daß sie Frau ist. Frauen . . . ich weiß nicht, aber . . . für Frauen spielen solche Dinge wie Liebe, persönliche Beziehungen, Geselligkeit, und natürlich die Kinder eine viel größere Rolle. Für Männer ist das alles auch wichtig, aber die Arbeit steht für sie an erster Stelle, und deshalb leisten sie mehr.

Gibt es deiner Ansicht nach irgendeinen Umstand hier, durch den die Frau besser gestellt ist als der Mann?

Nein, ich glaube, den gibt es nicht.

LÖHNE UND LEBENSHALTUNGSKOSTEN

In der Sowjetunion beträgt der Durchschnittslohn etwa 160 Rubel im Monat. Als absolutes Existenzminimum gelten 50 Rubel im Monat.

In der Schwerindustrie haben die Arbeiter – hier fast immer Männer – oft überdurchschnittlich hohe Löhne. Das durchschnittliche Einkommen der Bergarbeiter liegt z. B. bei etwa 200 Rubeln im Monat.

In den Erwerbszweigen mit hauptsächlich weiblicher Arbeitskraft liegen die Löhne erheblich unter dem Durchschnitt. Der Durchschnittslohn in der Textilindustrie (72 % Frauen) ist 84 Rubel im Monat, innerhalb der Konfektionsindustrie (88 % Frauen) 76 Rubel und in der Lebensmittelindustrie (74 % Frauen) 93 Rubel im Monat.

Auf dem Lande sind die Löhne noch niedriger, und man kommt nur zurecht, wenn man den Ertrag des Anbaus auf privaten Grundstücken verkauft.

Offensichtlich ist es für eine Familie sehr schwierig, von nur einem Einkommen, auch wenn sich dieses dem Durchschnitt nähert, zu leben. Bei einem Einkommen von unter 50 Rubeln pro Familienmitglied erhält man staatliche Beihilfe. Aber die sinkenden Geburtenzahlen weisen darauf hin, daß kaum jemand freiwillig von diesem Existenzminimum lebt.

Wie sieht der Haushaltsplan einer Durchschnittsfamilie aus?

Steuern und andere Abgaben schlucken etwa 10 % des Lohnes und für die Miete muß man 8 bis 10 % aufwenden. Den Rest muß man gut einteilen, damit er für das Essen reicht. Bekleidung kann man sich nur nach langem Sparen und durch

kleidung kann man sich nur nach langem Sparen und durch gute Planung leisten.

Die sowjetische Führung behauptet gerne, die Preise seien unverändert und man habe also keine Inflation. Die Preise für Fleisch, Milch und Getreideprodukte waren auch lange unverändert. Aber Waren wie z. B. Kaffee, die nicht unbedingt lebensnotwendig sind, wurden in den letzten Jahren sehr viel teurer. Vor kurzem (im Sommer 1979) stiegen die Preise in den Gaststätten an, und Bier und Schnaps wurden auch teurer. Die Inflation wird verborgen, indem man z. B. ein bekanntes Produkt nur unwesentlich verändert, ihm einen neuen Namen gibt und gleichzeitig den Preis kräftig anhebt.

Für Reisen mit öffentlichen Verkehrsmitteln wie U-Bahn oder Bus muß man nicht viel ausgeben. Aber 1977 verdoppelten sich schlagartig die Taxipreise. Auch die Eisenbahn- und Flugreisen wurden teurer.

Zum Alltag des sowjetischen Verbrauchers gehört auch der Mangel an notwendigen Waren und der unverhältnismäßig hohe Aufwand an Zeit und Energie für die täglichen Einkäufe.

Durch den Mangel an attraktiven Verbrauchsgütern besteht bei den Verbrauchern mit überdurchschnittlichem Einkommen eine zurückgestaute Kaufkraft. Ein viertüriger Schiguli (ein sowjetischer Fiat) kostet etwa 6.500 Rubel. Um dieses Geld überhaupt investieren zu können, muß man in der Sowjetunion zwischen drei und fünf Jahren anstehen.

Dieser Warenmangel führt dazu, daß die Privilegien der Oberschicht – Partei- und Regierungsmitglieder, Direktoren, Wissenschaftler, einige Künstler und Schriftsteller – nicht nur aus einer weit überdurchschnittlichen Kaufkraft bestehen, sondern auch aus der Möglichkeit, sonst unerreichbare Waren in besonderen Läden kaufen zu dürfen.

ANNA

»ES IST HEUTE SO SCHWER, WEIBLICH ZU BLEIBEN. WIR HABEN HIER EINE STARKE EMANZIPATION, UND UNSER LEBEN IST UNNORMAL UND VERKRAMPFT, WEIL DIE FRAUEN GENAU WIE DIE MÄNNER ARBEITEN MÜSSEN.«

Im Zentrum von Moskau gibt es noch Stadtviertel, die keinen überwältigend monumentalen Eindruck machen. Diese alten Wohngebiete bilden einen wohltuenden Gegensatz zu den riesigen, grauen Häuserblöcken und den breiten, verkehrsreichen Straßen.

Anna wohnt in einem solchen Viertel. Wir kommen aus der U-Bahn und finden schmale Straßen mit kleinen Läden und großen, schönen Kastanien. Es ist ein hügeliges Gebiet mit eigenwilliger Architektur, und man hat das herrliche Gefühl, sich höher als der Rote Platz zu befinden.

In einem Haus, das sicher einmal sehr vornehm war, gehen wir einige Treppen hoch und klingeln. Aber die Tür ist schon offen. Anna winkt uns, hereinzukommen, sie telefoniert gerade.

In der Wohnung herrscht eine Stimmung, die gut zu dem schönen Frühjahrswetter paßt. Das einzige Zimmer und die Küche sind genauso mit Möbeln vollgestopft wie all die anderen Wohnungen, die wir bis jetzt gesehen haben. Nur gemütlicher und heller ist es hier.

Wir müssen uns in der engen Küche auf das Sofa setzen. Auf der Wäscheleine hängen Windeln, und überall liegen Haufen von Bügelwäsche. Es ist eine schlampige und enge, aber gemütliche Küche. Anna ist ständig beschäftigt und scheint sich dabei wohlzufühlen. Während des Interviews bietet sie uns Tee und selbstgebackenen Kuchen an, sie bügelt, macht für ihre Tochter Apfelbrei, stillt das Kind, kocht Kaffee, empfängt ihre Schwiegermutter, die das Abendessen bringt, spielt mit dem Kind und beantwortet voller Interesse unsere Fragen – alles mit Ruhe und Selbstvertrauen.

Anna findet es sehr unterhaltsam, interviewt zu werden. Aber sie ist auch sehr darauf bedacht, uns auszufragen. Vor allen Dingen will sie wissen, wie der Lebensstandard bei uns ist, und sie fragt eifrig nach Haushaltsmaschinen, Kindertagesstätten und Geselligkeit. Auch an unseren Kleidern ist sie sehr interessiert. Sie mustert uns genau und wird uns später in unserem Hotelzimmer anrufen, um zu fragen, ob wir etwas verkaufen würden.

Sie trägt Jeans und einen Pullover. Das dichte, schwarze Haar reicht ihr bis zur Taille. Sie meint lachend, sie hätte aserbeidschanisches Blut. Ihre Stimme ist kräftig, aber gleichzeitig weich und ein wenig träge, mit stark nasalem Klang. Sie ist groß und ein wenig schlaksig und scheint über fast alles sorglos zu lachen.

Erzähle ein wenig über dein Leben.

Ich bin 21 Jahre alt und werde im Oktober 22. Wie Sie sehen, habe ich schon eine Tochter. Sie ist drei Monate alt. Mein Mann und ich haben schon lange zusammengelebt. Ihr versteht, wir haben zusammen gewohnt, ohne registriert* zu sein. Wir haben schon sechs Jahre zuammen gelebt und haben uns erst vor kurzem registrieren lassen. Für mich war das eine recht unerfreuliche Prozedur, nichts als Formalitäten.

Anna wohnt mit ihrem Mann und ihrer Tochter in einer Einzimmerwohnung mit Balkon, Küche und großem Bad. Wie immer ist die Wohnungsfrage sehr kompliziert und für uns verwirrend. Anna verfügt noch über eine Dreizimmerwohnung. Ihre Eltern sind geschieden. Die Dreizimmerwohnung

gehörte der ganzen Familie, aber jetzt wohnt dort nur der Vater. Anna ist dort gemeldet, findet aber das Wohnen mit ihrem Vater zu belastend. Die Einzimmerwohnung gehört ihrem Mann, der seinerseits verheiratet war und die Wohnung bei der Scheidung zugesprochen bekam.

Anna ist Friseuse und arbeitet in einem großen Moskauer Salon. Sie verdient nur 80 bis 90 Rubel pro Monat. 100 Rubel verdient sie nur dann, wenn sie, wie sie sagt 'wie ein Pferd arbeitet'. Ihr Mann ist Schriftsteller und arbeitslos. Sie sagt, es sei für alle jungen Leute sehr schwer, eine gute Stellung zu bekommen. Die Konkurrenz sei groß und man könne nur langsam im Beruf vorankommen.

Aber wovon lebt ihr, wenn dein Mann arbeitslos ist und du nur 90 Rubel verdienst?

Ach, wir kommen irgendwie durch. Unsere Eltern helfen uns. Und manchmal verdient mein Mann ja etwas, aber nur sehr unregelmäßig. Manchmal kann er ein Gedicht unterbringen oder hat einen Auftrag, aber dann hat er wieder lange nichts. Hauptsächlich helfen uns die Eltern. Sie haben ja vorhin gesehen, daß meine Schwiegermutter uns Essen bringt. Manchmal kommt auch meine Mutter, sonst wäre es überhaupt nicht zu machen.

Äpfel können wir uns nur für die Kleine leisten. Aber ich glaube nicht, daß es noch sehr lange so bleiben wird. Es wird schon besser werden.

Willst du jetzt ein ganzes Jahr zu Hause bleiben?

Ja, das habe ich vor, weil das Kind für mich am wichtigsten ist. Es ist viel wichtiger als die Arbeit, und solange es noch Eltern gibt, werden sie uns nicht im Stich lassen. Sie werden dafür sorgen, daß wir zu essen haben.

Wer wird später das Kind tagsüber versorgen?

Das weiß ich noch nicht. Vielleicht bekommen wir eine Kinderpflegerin oder sonst jemand, aber das muß man natürlich bezahlen. Und sowohl meine Mutter als auch meine Schwiegermutter sind noch jung. Meine Mutter ist 55 Jahre alt, meine Schwiegermutter

60. Sie arbeiten noch und wollen nicht zu Hause bleiben. Ja, sie werden lieber jemanden bezahlen, als das Kind versorgen. Aber es ist wirklich sehr schwer, jemanden zu bekommen. Und die Tagesheimstätten sind bei uns so miserabel, daß die Kinder ständig krank sind. Es gibt natürlich auch gute Tagesheimstätten, aber die sind nur für die Kinder von Ministern und anderen hohen Tieren, dort kann unsereins seine Kinder nicht unterbringen. Die gewöhnlichen Tagesheimstätten sind sehr schlecht, wie alles übrige hierzulande. Mischa, mein Mann, sagt, daß es auf der ganzen Welt keine schlechtere öffentliche Fürsorge gibt als bei uns in der Sowjetunion.

Was machst du tagsüber, wenn du zu Hause bist? Kannst du uns z. B. erzählen, was du gestern getan hast?

Ja, natürlich kann ich es. Ungefähr um sieben Uhr habe ich Dascha gefüttert. Dann habe ich mich wieder hingelegt, aber ich konnte eigentlich nicht mehr schlafen, denn die Kleine ist ständig aufgewacht. Um elf standen wir auf. Mein Mann ging in die Stadt. Dann kam ein Freund, dessen Frau im Krankenhaus liegt. Wir schenkten ihnen eine Dose Kaffee. Wir wollen ja eigentlich kein Geld vergeuden, und der Kaffee ist bei uns furchtbar teuer, aber wir haben ihnen trotzdem eine Dose geschenkt. Sie sind doch unsere Freunde, und wir haben für Kaffee nicht viel übrig. Dann habe ich mich wieder um die Kleine gekümmert und habe sie gefüttert. Das dauert immer furchtbar lange, weil sie ein schlechter Esser ist. Dann lagen wir zusammen auf dem Bett und spielten und machten Spaß, haben Grimassen geschnitten und haben uns unterhalten. Dann habe ich sie ins Bett gelegt und habe mit der Hausarbeit angefangen. Ich habe gewaschen, geputzt und alles mögliche gemacht. Ja, und dann habe ich sie wieder gefüttert und habe selbst gegessen. Gestern hatte ich Glück, denn ich konnte eine halbe Stunde stillsitzen und fernsehen, und ich konnte auch in Ruhe essen. Das kommt nicht oft vor. Dann kam eine Kundin, nein, ich meine natürlich eine Freundin, der ich beim Frisieren half. Es dauerte ungefähr eine Stunde. Dann ging sie wieder und ich habe wieder das Kind gefüttert. Dann . . . ja, dann habe ich gebügelt. Dann kam mein Mann nach Hause. Er ging aber wieder bald. Dann haben meine Schwiegermutter und ich Dascha gebadet. Dann habe ich selbst gebadet. Dann habe ich Kuchen gebacken und habe wieder das Kind gefüttert. Als mein Mann nach Hause kam, haben wir uns unterhalten, da war es schon zwei Uhr morgens. Das war eigentlich alles, es waren meist nur Kleinigkeiten.

Hilft dir dein Mann bei der Hausarbeit?

Ja . . . doch, er tut es. Diese Windeln z. B. hat er gestern gewaschen. Wir haben zwar eine Waschmaschine, sie ist eine von den besten und neuesten, halbautomatisch und ich weiß nicht was alles, aber ich mag sie trotzdem nicht besonders. Sie faßt drei Kilo Wäsche und soviel Windeln haben wir ja nicht, und wir können es uns auch nicht leisten, mehr zu kaufen. Man muß also zwischendurch trotzdem immer mit der Hand waschen.

Wer kocht bei euch?

Wenn wir etwas zum Kochen haben, dann tu ich es. Wenn wir nichts haben, kommt meine Schwiegermutter mit dem Essen. Es kommt aber auch vor, daß wir ohne Essen bleiben.

Und wer kauft ein?

Manchmal tu ich es, aber das hängt von verschiedenen Sachen ab, ob wir Geld haben, ob ich Zeit habe . . . meistens kauft mein Mann ein.

Wie war es vor der Geburt deiner Tochter?

Früher, als ich noch gearbeitet habe, habe ich buchstäblich alles getan, gekocht, eingekauft, alles . . . Die Eltern haben auch damals geholfen, aber viel weniger als jetzt.

Was macht ihr am Wochenende?

Da kommt mein Vater zu uns, denn werktags kann er nicht, da muß er arbeiten. Aber Mutter kann kommen, sie wohnt ganz in der Nähe. Sie schaut fast jeden Tag herein, und zum Wochenende kommt statt ihrer mein Vater oder wir gehen aus. Wir haben auch das Glück, daß unsere Schwiegereltern im gleichen Haus wohnen. Deshalb konnte meine Schwiegermutter auch eben mit dem

Essen kommen. Und sie sitzen gerne beim Kind, so daß wir ausgehen können. Aber man kann hier nicht viel anfangen. Das würden Sie auch merken, wenn Sie hier leben würden. Ins Restaurant zu gehen oder in eine Bar z. B. ist ausgesprochen schwierig. Überall stehen die Leute Schlange, und man muß ewig warten. Es macht keinen Spaß.

Annas Vater ist Offizier, ihre Mutter Ärztin. »Mein Vater ist ein sehr konservativer Mensch«, lacht sie. »Bei ihm heißt es meist 'rechts um, links um', meine Mutter ist weicher, sie ist diplomatischer«.

Ihre Eltern sind geschieden, die Mutter hat zum drittenmal geheiratet. Anna hat einen Halbbruder aus der ersten Ehe der Mutter.

Sie sagt, sie sei ein recht verwöhntes Kind gewesen, auch wenn sie nicht viel von ihren Eltern gehabt habe. Sie seien früh am Morgen weggegangen, als sie noch schlief, und erst spät wieder nach Hause gekommen. Sie sei manchmal in einer Tagesheimstätte gewesen, habe sich dort aber nicht wohlgefühlt und und sei oft krank geworden. Dann habe eine Frau nach ihr geschaut, die 13 Jahre lang bei der Familie wohnte.

Hast du dich in der Schule wohlgefühlt?

Ja, ich weiß nicht recht, was ich sagen soll. Eigentlich mochte ich die Schule nicht besonders gern. Ich glaube, heute interessieren sich die meisten Jugendlichen nicht für die Schule. Es ist nicht mehr wie in den 30er Jahren, als es ständig Versammlungen gab, und alle sich engagierten und voller Begeisterung waren. Von all dem haben wir nichts erlebt. Wir kannten nur langweilige Komsomolversammlungen, die uns überhaupt nicht interessierten. Dabei gibt es doch so viel, was 15jährige interessiert, aber bei uns haben immer Erwachsene die Diskussionen geleitet. Ich selbst bin, sobald ich nur konnte, von der Schule weggegangen. In der 8. Klasse hörte ich auf und ging auf eine Krankenschwesterschule. Ich dachte mir, wenn ich hier gut abschneide, könnte ich später Medizin studieren. Ich hätte nur noch ein Fach dazulernen müssen. Aber so kam es nicht, weil ich meinen Mann traf. Und ich habe auch nicht so gut abgeschnitten, wie ich mir vorgestellt hatte. Doch bin ich immerhin ausgebildete Krankenschwester.

Aber du ziehst es vor, als Damenfriseuse zu arbeiten?

Ja, natürlich. Ich mag das einfach lieber. Eine Krankenschwester muß ihre Arbeit als Berufung empfinden, das ist wenigstens meine Ansicht. Es sollte absolut nicht so sein wie es hierzulande ist. In Polen z. B. ist es sehr gut. Dort haben sie Nonnen, die als Krankenschwestern arbeiten. Sie tun es aus Barmherzigkeit, sie wollen die Not lindern. Aber bei uns! Hier arbeiten die Krankenschwestern miserabel. Entweder tun sie überhaupt nicht, was sie sollen oder sie tun es so schlecht, daß man meinen könnte, sie fühlten sich wirklich nicht berufen.

Und warum ist es so, was glaubst du?

Es hängt vom Lohn ab. Jeder Mensch braucht einen Anreiz, um gut zu arbeiten. Ich arbeite gut, gerade weil für mich dieser finanzielle Anreiz besteht. Ich habe meine eigenen Kunden. Krankenschwestern jedoch sind schlecht bezahlt, und außerdem müssen sie nachts arbeiten und oft Überstunden machen. Es ist eine sehr harte Arbeit, weil es bei uns zu wenig Krankenschwestern gibt. Und sie müssen alle möglichen Dreckarbeiten machen, putzen usw. Stellt euch vor, statt Spritzen zu geben, müssen die Krankenschwestern bei uns aufräumen und putzen. Ich finde das unerträglich. Es gibt zwar verschiedene Krankenhäuser, manche sind gut, aber die meisten sind unglaublich schlecht. Und die Ausbildung! Sie ist unglaublich primitiv! Ich habe ständig geschwänzt! Mindestens den halben Unterricht, und trotzdem bekam ich einigermaßen gute Zeugnisse.

Wie kommt es, daß Du schon so lange mit einem Mann zusammenlebst?

Ich weiß nicht, wie es dazu gekommen ist. Ich war wohl recht frühreif. Wir lernten uns kennen, als ich gerade 15 geworden war, aber es hat eine Weile gedauert, bis wir zusammen waren. Wir brauchten ein Jahr, bis wir uns so gut kannten, bis wir uns entschließen konnten. Er war ja auch noch verheiratet und mußte sich von seiner Frau scheiden lassen. Wir wohnen ja erst seit kurzem richtig zusammen. Früher haben wir uns nur regelmäßig getroffen und manchmal bin ich gekommen und habe ihm beim Haushalt geholfen, obwohl ich noch zu Hause wohnte. Ich glaube, wir haben jetzt ein Jahr hier zusammen gewohnt.

Anfangs, als ich noch zu Hause war, wußten meine Eltern von unserem Verhältnis nichts. Ich hätte es nie gewagt, mit ihnen über Verhütungsmittel zu sprechen. Ich hatte eine Freundin, die ein wenig älter war als ich, und sie hat mir einiges beigebracht. Meine Mutter hat mir zwar auch einiges über den Sex und über die Regel erzählt, als ich zwölf Jahre alt war. Ich kann mich noch erinnern, daß sie Broschüren darüber nach Hause brachte. Das war allerdings gut, denn in der Schule sagen sie einem ja nichts, und ich schäme mich übrigens, mit fremden Leuten über so etwas zu reden, es ist mir zu intim.

Welche Verhütungsmittel sind die üblichsten?

Ich glaube, die einheimischen Kondome. Aber ich will nur die importierten. Sie sind wesentlich besser. Dann gibt es natürlich Spiralen und Pillen. Der Arzt erlaubt mir aber keine Pillen. Meist kommt man ohne jedes Mittel aus, denn jede Frau hat ja sichere Tage. Es geht also einigermaßen, und es geschieht ja auch nicht jeden Abend. Manchmal bin ich müde, manchmal ist mein Mann müde, manchmal gehe ich früher ins Bett, und er sitzt noch da und arbeitet.

Was denkst du über den Schwangerschaftsabbruch?

Man ist dazu gezwungen, wenn es keinen anderen Ausweg gibt. Ich habe allerdings noch nicht abgetrieben. Aber der Tag wird wohl noch kommen, denn es gibt kaum eine Frau, die nicht irgendwann einmal abtreiben muß.

Obwohl du deinen Mann so früh kennengelernt hast, hast du die ganze Zeit an eine Berufsausbildung gedacht. Was hat dich dabei beeinflußt?

Meine Mutter! Sie war der einzige Faktor, der mich beeinflußt hat. Meine Mutter hält sehr auf ihr Äußeres. Sie pflegt sich gut, und sie sieht wirklich gut aus, finde ich. Es kann wohl sein, daß andere in ihrem Alter noch besser aussehen, aber ich urteile nach Moskauer Verhältnissen. Die Leute sind hier mit ihrem Äußeren sehr nachlässig. Meine Mutter ist immer regelmäßig zur Schönheitspflege gegangen. Sie macht sich Gesichtsmasken aus Obst und Gemüse und hat eine Menge Cremes. Und jetzt nützt sie mich richtiggehend aus. Sie kommt an und verlangt, daß ich sie frisiere, ihr ein Make-up mache und alles mögliche für sie tue. Und ich muß ihr immer erzählen, was es Neues auf diesem Gebiet gibt. Ja, sie hat mich auf diesen Beruf gebracht.

Wenn du ein Mann wärst, hättest du da einen anderen Beruf gewählt?

Wenn ich ein Mann wäre? Ja, das weiß ich nicht. Ich kann mir absolut nicht vorstellen, ein Mann zu sein!

Du hast einen typischen Frauenberuf, meinst du nicht?

Ja, das stimmt.

Gibt es hier noch weitere typische Frauenberufe?

Ja, sicher. Kindergärtnerinnen z.B. haben einen Frauenberuf und die Friseusen. Aber andere Berufe gibt es wohl nicht. Bei uns arbeiten die Frauen ja in allen Berufen, vom Traktorfahrer bis zum Ingenieur und Professor. Aber ich finde, es sollte mehr Frauenberufe geben, damit überhaupt noch ein Unterschied besteht, denn in unserem Jahrhundert sollen doch die Frauen den Männern möglichst gleich sein. Jetzt haben die Frauen lange Hosen und kurzes Haar und leitende Posten, genau wie die Männer. Es gibt also kaum noch Unterschiede, außer innerhalb der Familie. Aber ich finde, es sollte Unterschiede geben, auch im Berufsleben.

Haben Frauen und Männer im Leben das gleiche Ziel?

Ja, selbstverständlich. Die Frau will genau wie der Mann im Beruf vorankommen und eine Karriere machen. Das ist ja völlig selbstverständlich, weil man dadurch eine Menge Vorteile hat, z.B. höheres Einkommen. Ja, in diesem Sinn haben wir das gleiche Ziel. Aber nicht im sozialen Sinn, denn für die Frau ist die Familie wichtiger. Ein Mann kann ohne Familie leben, für ihn ist es genug, wenn ab und zu eine Frau kommt und für ihn putzt und wäscht. Wenn er Lust hat, schläft er mit ihr, wenn er keine Lust hat, läßt er es bleiben. Natürlich könnte eine Frau auch so leben, aber ich glaube, daß die meisten Frauen ein Heim wollen, eine Familie und Kinder. Von alters her versorgen die Frauen ihre Familie und bedienen ihren Mann, nähen und waschen. Der Mann soll das Essen herbeischaffen, und die Frau das Feuer im Herd hüten. Das ist bei den Frauen schon so tief eingewurzelt, daß es nicht mehr zu ändern ist.

Wessen Karriere ist deiner Ansicht nach am wichtigsten?

Natürlich die des Mannes, und zwar deshalb, weil die Familien oft zerbrechen, wenn die Frauen nicht mit ihren Männern dorthin ziehen, wo diese eine Arbeit bekommen. So ist es mit meinen Schwiegereltern. Sie wohnen nicht mehr zusammen, weil mein Schwiegervater schon lange in Smolensk arbeitet. Er hat dort zunächst alleine gewohnt, ohne Familie, und da ist es natürlich so gekommen, wie es immer kommt. Es ist schwer für einen Mann, ohne Familie zu sein, wenn er es gewöhnt ist, ständig versorgt zu werden. Natürlich gibt es auch Männer, die treu bleiben, aber das ist selten. Deshalb finde ich es richtig, daß eine Frau mit ihrem Mann zieht.

Ich hätte gerne eine Hausgehilfin! Ich würde dann den ganzen Tag faulenzen, und das würde mir sehr gefallen! Aber es wäre nichts für mich, wenn ich nur Bücher lesen und denken müßte wie mein Mann . . . Er kann dasitzen und schweigen. Dabei weiß ich, daß er arbeitet, er denkt eben . . . Mir fällt das Denken nicht sehr leicht. Es kommt nicht viel dabei heraus. Wenn wir uns streiten, sagt er: »Okay, setz dich her und denke und schreibe Gedichte, dann wasche ich die Windeln.« Man kann nicht einfach die Rollen tauschen. Selbstverständlich hilft er mir, so viel er kann, manchmal den ganzen Tag, manchmal überhaupt nicht. Das ist sehr verschieden. Es hängt von der Arbeit ab und von seinem Befinden. Männer müssen eben keine Windeln waschen, wenn sie keine Lust haben. Aber ich muß, ich weiß ja, daß es niemand anders tut. Für Männer ist die Lage anders. Wenn einer keine Lust hat, kann er alles liegen und stehen lassen.

So ist das Leben. Die Frauen haben gewisse Verpflichtungen, Männer haben andere. Man muß das schon früh lernen. Ein Mädchen muß einen Haushalt führen können, es soll seiner Mutter helfen, um alles zu lernen. Ein Junge kann es auch tun, für ihn ist es aber nicht so wichtig. Die Jungen sollen mit ihren Vätern zusammensein und männliche Arbeiten lernen.

Wie ist deiner Ansicht nach eine gute Mutter?

Also, das weiß ich nun wirklich nicht!

Aber wie sollte eine Frau sein?

Eine gute Frau hat immer Zeit, sie wird nie müde, sie ist immer ausgeglichen und gutgelaunt. Sie ist mit ihren Kindern immer zufrieden und erzieht sie gut. Sie weiß, wie man sie gut erziehen soll, ist also ganz anders als ich! Sie wird nie böse, sondern erklärt alles ruhig und erträgt die schlechten Launen ihres Mannes und sorgt dafür, daß es niemals zum Streit kommt.

Frauen müssen lieb und freundlich und anpassungsfähig sein, und sie müssen sich gut unterhalten können, wenn der Mann nicht zu Hause ist. Aber das ist sehr schwierig. Ich z.B. weiß ja nichts über Literatur, und meistens sind es die Freunde meines Mannes, die herkommen. Ich habe fast keine Freunde, aber ich finde es richtig, wenn die Frau die Interessen ihres Mannes teilt.

Das Äußere spielt natürlich auch eine große Rolle. Für mich jedenfalls. Ich könnte mich niemals so anziehen, wie es in manchen Familien vorkommt. Dort trägt man . . . ja, einfach irgendwas. Ich bin immer so angezogen wie heute und habe mich nicht für euch extra umgezogen. Ich trage Röcke oder Jeans und niemals Hauskittel.

Was für Kleider gefallen dir?

Schöne! Teure! Markenartikel!

Was hast du zuletzt gekauft?

Einen französischen Rock. Es ist ein wenig schwer, zu erklären, wie ich ihn bekommen habe. Jedenfalls nicht in einem Geschäft.

Liebst du es, dich schön anzuziehen?

Ja sicher! Das hat mir meine Mutter beigebracht, und es ist mir zu einer Gewohnheit und zu einem Bedürfnis geworden, und ich werde meiner Tochter das gleiche beibringen und werde mit allen Mitteln versuchen, sie gut anzuziehen. Es wird natürlich eine Menge Geld kosten, aber ich werde es trotzdem versuchen. Kleider spielen hier eine große Rolle, und ich liebe es, mich nett anzuziehen und möchte nicht darauf verzichten. Es ist sehr befriedigend, sich ein wenig originell zu fühlen, da haben wir hier aber nur wenig Möglichkeiten.

Es ist heute so schwer, weiblich zu bleiben. Wir haben hier eine starke Emanzipation, und unser Leben ist unnormal und verkrampft, weil die Frauen genau wie die Männer arbeiten müssen. Die Frauen haben nur wenig Zeit für sich und können sich nur schwer ihre Weiblichkeit bewahren.

Dann erzählt sie von ihrer Entbindung. Sieben Frauen lagen im gleichen Zimmer. Manche bekamen eine Infusion, manche Lachgas. Als die Preßwehen einsetzten, mußten sie aufstehen und zu Fuß in den Kreißsaal gehen. Das fühlte sich an, als ob das Kind herausfiele und war furchtbar schmerzhaft. Sie meint, es wäre gut, wenn der Vater bei der Entbindung dabei wäre: »Laß die Männer nur sehen, wie schwer es die Frauen haben!«

Dann fragen wir sie nach typischen Frauenproblemen.

Frauenprobleme? Sich gut anziehen z.B. und wissen, wo man nett ausgeht. Entweder gibt es keine Plätze, oder es gibt keine Karten, oder man hat kein Geld, das sind typische Frauenprobleme. Und ich finde, wir Frauen müßten gewisse Erleichterungen bei der Arbeit haben, und man müßte ein wenig nachsichtiger sein, wenn wir manchmal zu spät kommen oder früher gehen...

Welche Probleme haben die Mütter?

Das Hauptproblem ist, was man mit dem Kind nach dem ersten Jahr machen soll, wie man es so anziehen soll, wie man gerne möchte, und wenn es krank wird, was man dann tut. Es gibt ja kaum einen Arzt. Wenn etwas an einem Samstag oder Sonntag passiert, kann man zwar die Ärztin vom Dienst anrufen, aber es dauert unendlich lange, bis sie kommt, und in der Zwischenzeit kann ja alles mögliche passiert sein. Wenn sie dann endlich kommt, wird man oft ausgeschimpft, wenn dem Kind nichts Ernstliches fehlt. Mit dieser Sache steht es bei uns ausgesprochen schlecht, und das trägt sicher auch zu den sinkenden Geburtenzahlen bei. Unter so schlechten Umständen kann man einfach keine Kinder haben. Gott sei Dank ist meine Schwiegermutter Ärztin und hat noch nicht alles vergessen!

Was erhoffst du dir von der Zukunft?

Eine gute Stelle für meinen Mann. Ich meine eine Arbeit, mit der er uns ernähren kann. Und ich hoffe, daß wir uns bald etwas anschaffen können, Kleider z.B. und Möbel und Haushaltsgerät. Ich möchte so gern schon jetzt Möbel kaufen, ich kann es aber nicht. Sie sind wahnsinnig teuer und kaum zu kriegen. Bei uns sind die Möbel außerdem furchtbar schlecht, auch in den Lebensmittelgeschäften bekommt man nicht, was man braucht. Es gibt nur ganz schlechte Auswahl. Und dann verdiene ich zu wenig. Das sind meine Probleme.

Und ich träume auch davon, noch ein Kind zu haben.

Mein Ideal ist der absolute Überfluß, der Überfluß an allem! Also bessere Verhältnisse in jeder Hinsicht, zu Hause, im Beruf und in der Freizeit.

Ein hoher Lebensstandard, das wäre für mich das ideale Leben.

MOSKAUER ALLTAG

Wie so häufig bei großen Städten, schwanken auch die Angaben über die Einwohnerzahl von Moskau. Mit Sicherheit wohnen dort neun Millionen Menschen, also mehr als in ganz Schweden.

In einer derart riesigen Stadt gilt es als großer Vorteil, wenn eine U-Bahn-Station von der Wohnung aus zu Fuß zu erreichen ist. Viele müssen mit dem Bus zur U-Bahn fahren.

Die Moskauer U-Bahn ist zu Recht für ihre schnellen und bequemen Verbindungen bekannt. Alles ist sehr sauber, und die Luft ist frisch, aber im Berufsverkehr ist die U-Bahn bis zur Unerträglichkeit überfüllt. Für nur fünf Kopeken kann man mit Bus und U-Bahn beliebig weit fahren, und die Oberleitungsbusse und Straßenbahnen sind noch billiger.

Der Wohnungsmangel, der nach dem Krieg besonders groß war, konnte durch den Bau großer Vorstädte mit riesigen Mietskasernen teilweise behoben werden. Solche neun- bis vierzehnstöckige, vorgefertigte Stadtrandhäuser stehen in der Sowjetunion heute überall.

In den 20er Jahren wurde eine zulässige Wohnfläche von 9 qm pro Person festgesetzt, ausschließlich Küche, Bad, WC und Diele. Heute ist die Norm etwas größer, aber trotzdem beträgt in den Städten die durchschnittliche Wohnfläche pro Person nur 12 qm. Sowjetische Sachverständige geben an, daß immer noch 20 bis 25 % der Moskauer Bevölkerung in Gemeinschaftswohnungen leben, d.h. mehrere Familien benützen gemeinsam Küche und Bad.

Seit 1962 ist es üblich, daß größere Unternehmen, Institutionen und Organisationen Genossenschaften für den Bau eigener Mietshäuser gründen. Wenn man einer reichen Genossenschaft angehört, die viele Wohnungen baut, kann man in wenigen Jahren das Recht zum Kauf einer Wohnung erhalten. Für eine Dreizimmerwohnung muß man allerdings bis zu 10.000 Rubel in bar zahlen. Dagegen sind die Mieten in der Sowjetunion durchweg niedrig.

Zu einer modernen Wohnung gehören ein Spültisch mit Warm- und Kaltwasseranschluß (die übrige Kücheneinrichtung muß man sich selbst kaufen), ein separates WC und ein Badezimmer. Die meisten Wohnungen haben auch einen Balkon.

In den neuen Wohngebieten gibt es Geschäfte, Mütterberatungsstellen usw. Viele kaufen aber lieber in der Nähe ihres Arbeitsplatzes ein. »Die Geschäfte hier draußen am Stadtrand sind wohl mehr für Rentner gedacht«, sagte uns eine junge Frau. »Wer irgend kann, kauft in der Innenstadt ein, weil dort die Geschäfte eine bessere Auswahl haben.«

Andererseits findet man gerade in den Vororten moderne Selbstbedienungsläden. In den älteren Geschäften herrscht immer noch das alte, lästige System, bei dem man zuerst die Waren bezahlt und sie dann erst gegen die Quittung ausgehändigt bekommt. Oft muß man dabei bis zu dreimal anstehen: Zuerst am Verkaufstisch, um zu sehen, was angeboten wird und was es kostet, dann an der Kasse, um zu zahlen und dann bei der Verkäuferin, die gegen die Quittung ein Stück Käse abschneidet oder was man sonst kaufen möchte.

Das Einkaufen der Lebensmittel scheint eine der wenigen Arbeiten zu sein, welche die Männer in gewissem Umfang mit den Frauen teilen. Die eigentliche Hausarbeit ist fast ausschließlich Sache der Frauen. Nach sowjetischen Untersuchungen aus den 60er Jahren machen die Frauen 75 % der Hausarbeit allein und nur die restlichen 25 % mit ihrem Mann gemeinsam.

Eine Untersuchung hat folgende Verteilung ergeben:

Tätigkeit	die Frau allein	der Mann allein	beide zusam.	andere
Rechnungen zahlen	47 %	28 %	13 %	10 %
Lebensmitteleinkäufe	70	4	18	6
Frühstück bereiten	72	3	10	13
Kochen	80	1	5	12
Abwaschen	64	1	20	11
Tägliches Aufräumen	67	4	14	11
Kleine Reparaturen	50	27	6	11
Waschen	90	0	2	6
Bügeln	87	1	1	6

SONJA

»HIER BEI UNS SUCHT NIEMAND NACH DEN URSACHEN FÜR DAS LEBEN, DAS WIR FÜHREN MÜSSEN.«

Sonja ist 23 Jahre alt. Sie wohnt mit ihrem Mann Wolodja und ihrer neugeborenen Tochter Lena in einem der neuen Moskauer Vororte. Wolodja unterrichtet Biologie an der Universität.

Sonja hat Französisch und Spanisch studiert und das Studium vor einem halben Jahr abgeschlossen. Sie hat vier Monate gearbeitet, bevor ihr Kind geboren wurde, es war aber eine Arbeit, die mit ihrer Ausbildung nur wenig zu tun hatte. Sie arbeitete in einem Museum und »mußte dort Ordnung halten«. Sie arbeitete hauptsächlich, um einen bezahlten Mutterschaftsurlaub zu bekommen. Jetzt möchte sie zu Hause bleiben, und zwar sowohl die vier bezahlten Monate als auch die acht unbezahlten, die ihr ja zustehen. Danach will sie entscheiden, ob sie an ihren alten Arbeitsplatz zurückkehrt. Wenn sie keine bessere Arbeit bekommt, wird sie vermutlich zu Hause bleiben und versuchen, mit Übersetzungen Geld zu verdienen. Sie meint, es wäre gut, wenn sie die Kleine nicht in eine Kinderkrippe geben müßte.

Sonja hat dunkles, lockiges Haar und sieht in ihrem von Wolodja genähten, karierten Baumwollkleid sehr nett aus.

Die jungen Leute sind ungewöhnlich freundlich und fröhlich und sehr stolz auf ihre kleine Tochter. Das Zimmer ist hell und gemütlich, es hat ein Südfenster, das eine ganze Wand einnimmt, und auf dem großen Balkon kann das Baby schlafen. Es ist die reinste Idylle.

Während des Interviews kommt aber doch noch anderes zutage. Sonja ist nach wie vor leise und freundlich, aber man ahnt bei ihr eine gewisse Unzufriedenheit. Ja mehr noch, fast eine Art Verzweiflung, die zwar unterdrückt wird, aber unübersehbar ist.

Wir fangen an mit der Frage nach ihren derzeitigen Lebensumständen, wie sie mit dem Gehalt von Wolodja und ihrem Mutterschaftsgeld auskommen:

Ohne meine Eltern kämen wir überhaupt nicht zurecht. Wir hätten ohne sie nicht einmal eine Wohnung, weil wir nicht aus Moskau sind. Ich komme aus Odessa in der Ukraine. Nach der Scheidung meiner Eltern sind meine Mutter und ich mehrmals umgezogen, und als ich mit dem Studium in Moskau begann, mußte ich bei meiner Mutter und ihrem zweiten Mann wohnen und eine halbe Stunde lang mit dem Zug in die Stadt fahren. Wir hatten zu dritt eine Einzimmerwohnung. Das war sehr schwierig und es gelang mir schließlich, in Moskau ein Zimmer zu leihen, wo ich mit Wolodja wohnte, obwohl wir damals nicht verheiratet waren. Wir durften das Zimmer aber nicht lange behalten und konnten dann keine andere Wohnung bekommen, weil keiner von uns in Moskau gemeldet* war. Schließlich tauschte meine Großmutter ihr Zimmer in Odessa gegen ein Zimmer in Moskau und zog dann zu meiner Mutter, und wir bekamen ihr Zimmer. Es ist also ein wenig kompliziert. Dieses Zimmer gehört zu einer Gemeinschaftswohnung, und hier wohnen außer uns noch zwei Leute, ein alleinstehender Mann im Zimmer nebenan und eine ältere Frau im dritten Zimmer. Zum Glück ist sie meist bei ihrem Sohn, dem sie den Haushalt führt. So steht ihr Zimmer leer. Im Mai will sie es aber tauschen, da könnte es schlimmer kommen. Ich kann mir gar nicht vorstellen, wie wir unsere winzige Küche mit noch einer Familie teilen sollten. Aber es ist nahezu unmöglich, etwas anderes zu bekommen. Wir haben hier bereits 16,7 qm Wohnfläche, d.h. fast so viel wie uns zusteht, und die Wartelisten für eine Wohnung sind unendlich lang. Wir gehören auch zu keiner reichen Genossenschaft. Unsere Wohnungsfrage muß von der Universität gelöst werden, und die hat wenig Geld.

Sonja erzählt weiter, daß sie gestern fast den ganzen Tag auf der Suche nach Babynahrung gewesen sei, weil das Spezialgeschäft geschlossen war. Schließlich sei sie zu einer Nachbarsfrau gegangen, deren Namen sie durch einen Arzt bekommen hatte.

Sonja versorgt die Kleine und den Haushalt ganz allein, seitdem sie nicht mehr zur Arbeit geht. Früher hat ihr Mann bei der Hausarbeit geholfen. Die meiste Zeit muß sie für das Einkaufen aufwenden, weil in ihrem Vorort die Auswahl schlecht ist, und man im Stadtzentrum endlos anstehen muß.

Dann erzählt sie von ihrer Kindheit in Odessa. Ihre jüdische Großfamilie hielt fest zusammen. Sie war das einzige Kind, und die Erwachsenen kümmerten sich fast zu viel um sie, aber es war eine sehr glückliche Zeit. Sie liebt Odessa und seine schöne Umgebung. Sie weiß noch, daß sie davon träumte, Kapitän zu werden, aber ihre Eltern, beides Lehrer, konnten sie davon überzeugen, daß der Beruf zu anstrengend sei.

An die Schule denkt sie dagegen nur ungern zurück:

Die Schule war einfach schrecklich. Anfangs ging es noch einigermaßen, aber je älter ich wurde, um so unerträglicher wurde mir die Schule. In der 8. und 9. Klasse hielt ich es fast nicht mehr aus. Jeder Tag, den ich im Kalender streichen konnte, bedeutete einen Schritt zur Freiheit.

Aber warum warst du ungern in der Schule?

Das lag wohl an unserem altmodischen Schulsystem. Wir werden zwar nicht mehr geschlagen wie in der Zarenzeit, aber sonst ist alles beim alten geblieben. Das gleiche System zwingt die Schüler zum Auswendiglernen, zwingt sie, zu pauken, ohne etwas zu verstehen. Nur sehr selten versucht ein Lehrer, das Interesse der Schüler zu wecken. Alle sind gezwungen, das gleiche zu lernen und in der gleichen Weise zu denken. Es herrscht eine förmliche Zensurenjagd. Bereits sieben- bis achtjährige werden zu hohen

Leistungen angetrieben, und viele bekommen Prügel, wenn sie mit Vierern oder Fünfern nach Hause kommen. Auch in der Schule gibt es Schwierigkeiten, wenn jemand schlechte Noten bekommt. Die Lehrer schimpfen den Schüler aus, und er wird zu Versammlungen gerufen, wo er öffentlich angeprangert wird. Das kann unmöglich die richtige Erziehungsmethode sein.

Dann sprechen wir über ihre Arbeit, die für eine Frau recht typisch ist, und über Frauenberufe im allgemeinen. Sie meint, alle diese Berufe seien schlecht bezahlt und in der Familie verdiene die Frau immer am wenigsten. Sie scheint also auf diesem Gebiet gut informiert zu sein.

Um so erstaunter sind wir, als sie meint:

Ich finde es nicht richtig, daß fast alle Ärzte Frauen sind. Ich glaube, daß sich Frauen für eine so verantwortungsvolle Arbeit weniger eignen als Männer. In allen Berufen, die eine besondere Begabung erfordern, leisten die Männer mehr, und anscheinend arbeiten auch mehr Männer als Frauen auf Gebieten, die große Geschicklichkeit erfordern.

Warum glaubst du, sind Männer geschickter?

Ja, weil die Hausarbeit den Frauen viel mehr Zeit und Kraft nimmt als den Männern. Die Frauen sind immer müde, während die Männer Zeit haben, zu lernen und sich zu entwickeln.

Aber haben Frauen nicht das gleiche Lebensziel wie Männer?

Doch, wenn sie von der Schule kommen, haben viele Mädchen große Pläne. Sie wollen etwas erreichen, sie wollen etwas werden, sie wollen etwas schaffen. Aber wenn sie später eine Familie bekommen, einen Mann und Kinder, sind sie damit zufrieden. Vielleicht haben sie noch Wünsche, aber ob sie nun müde sind oder ob sie nun keine Wahl mehr haben, die meisten passen sich der Wirklichkeit an. Bei uns gibt es sehr wenige Möglichkeiten, einen guten Halbtagsposten zu bekommen, und das ist sehr schade. Man kann so nur zwischen einer Vollzeitbeschäftigung und dem Verzicht auf Berufsarbeit wählen. Als Nur-Hausfrau hat man zwar mehr Zeit, aber man ist ganz auf sich selbst angewiesen und bekommt leicht einen beschränkten geistigen Horizont.

Das wirkliche Leben zwingt die Frauen oft zum Verzicht auf höhere Ziele.

Den Männern liegt mehr an Anerkennung und an einem guten Einkommen. Das habe ich in meiner eigenen Familie gesehen. Vater und Mutter wollten beide eine akademische Karriere machen, aber da erschien ich, und nur ein Elternteil konnte sich der Forschung widmen. Da haben sie beschlossen, daß zuerst Vater seine Dissertation schreiben sollte, und danach sollte Mutter drankommen. Aber Vater schrieb und schrieb und wurde erst vor kurzem mit seiner Arbeit fertig. Mutter hatte also niemals Gelegenheit zur Forschungsarbeit, obwohl sie es wirklich wollte, doch sie hatte einfach keine Zeit.

Welche Karriere hat nun in eurem Fall den Vorrang, deine eigene oder die deines Mannes?

Wenn es nicht anders geht, die meines Mannes. Ich habe mich schon darauf eingestellt und ich versuche, zu Hause mehr zu arbeiten als er, damit er für seine Forschungsarbeiten Zeit hat. Aber es stört mich ein wenig, daß er etwas Interessantes tut und ich nicht. Es kann aber sein, daß es einem nur anfangs so geht, wenn man ein Kind hat. Es wird schon irgendwie werden . . .

Wir hoffen beide, daß es uns gelingt, die Hausarbeit so aufzuteilen, daß auch ich etwas tun kann, was mir Freude macht. Ob es gelingt, hängt natürlich von einem selber ab, aber auch von den Umständen. Die Hausarbeit nimmt bei uns sehr viel Zeit. Es gibt eigentlich nur zwei Lösungen, entweder teilt man die Hausarbeit, und da kommt keiner zu einer vernünftigen Tätigkeit, oder einer übernimmt die Hauptverantwortung – und das ist eigentlich immer Sache der Frau – und dann kann der Mann sich der Forschungsarbeit widmen und wirklich etwas erreichen.

Nur mit äußerster Anstrengung kann eine Frau ihre Zeit so einteilen, daß sie neben der Hausarbeit noch zu anderem kommt, aber dazu braucht man eine unwahrscheinliche Energie. Ich habe einmal in der Zeitung von einer Frau aus Riga gelesen, die war Ärztin und Dozentin und hatte zehn Kinder! So tüchtig sind aber längst nicht alle. Ich z.B. brauche manchmal einen ganzen Tag für etwas, das mein Mann in einer einzigen Stunde erledigt. Es ist eben bei allen verschieden.

Es ist aber eine ernste Sache, wenn die Frau die ganze Last trägt und ihrem Mann den Weg ebnet. Die meisten Menschen verstehen gar nicht, wie ernst die Sache ist. Die Beziehungen zwischen den Menschen werden langsam ausgehöhlt und es kommt zu schweren Konflikten. Man hört zwar niemals eine Frau sagen, daß sie sich scheiden ließ, weil ihr Mann seine Dissertation schreiben durfte und sie nicht, aber es ist trotzdem der Fall, weil die Enttäuschung darüber, daß man niemals tun darf, was man eigentlich möchte, die Beziehung aushöhlt wie der stete Tropfen den Stein.

Wird dieses Problem oft diskutiert?

Nein, kaum. Wir können ja doch nichts ändern. Wir können eine Schwierigkeit sehen und sie vielleicht besprechen, aber ändern können wir nichts. Änderungen können nur von oben kommen.

Welche Ursachen gibt es noch für die vielen Scheidungen in diesem Land?

Ich weiß nicht recht. In den Zeitungen heißt es, das gestörte Geschlechtsleben sei schuld. Vielleicht ist das richtig, denn bei uns gibt es keinerlei Aufklärung, weder in der Schule noch anderswo. Von Eltern oder Freunden erfährt man nur das absolut Notwendige.

Die meisten heiraten sehr früh, mit 17 oder 18 Jahren und sind ganz unerfahren. Sie kriegen dann sofort ein Kind und werden müde, unbefriedigt und enttäuscht. Aber weil man über das Geschlechtsleben nichts weiß, findet man sich mit den Störungen ab und hält sie für normal und unvermeidlich. Früher resignierte man, heute läßt man sich scheiden. Ich habe mehrere Freundinnen, die sich nach nur einem halben Jahr scheiden ließen, und zwar wegen ähnlicher Schwierigkeiten.

Und wie steht es mit den Verhütungsmitteln? Bekommt man sie ohne Schwierigkeit?

Nein, es gibt kaum gute Verhütungsmittel. Kondome sind wohl am üblichsten, aber sie sind meist miserabel. Eine Freundin von mir erzählte, daß manche schon beim Kauf Löcher haben, und die anderen gehen kaputt, während man sie benutzt. Man kann sich also niemals sicher fühlen. Unsere Kleine ist auf diese Weise zustande gekommen. Wir hatten eigentlich nicht vor, so früh ein Kind zu bekommen.

Und du verwendest nicht die Pille?

Nein, ich möchte es nicht tun. Die Pille ist ein Hormonpräparat, ich glaube, sie ist schädlich. Ich habe irgendwo gelesen, daß ein Unternehmen in Westdeutschland Pillen verkauft hat, die schreckliche Schäden bei ungeborenen Kindern verursacht haben. Es wurde eine Menge verkrüppelter Kinder geboren. Sie waren ohne Arme und Beine. Ich kann mir gar nicht vorstellen, jemals eine solche Pille einzunehmen.

Das heißt, die meisten Frauen haben ständig Angst, schwanger zu werden?

Ja, so ist es. Manche versuchen, eine Spirale zu bekommen, aber die Ärzte sagen, man müsse erst ein Kind geboren haben oder zumindest eines abgetrieben haben. Und es gibt außerdem eine Menge von alten Hausmitteln. Es gibt Cremes oder man kann eine desinfizierende Lösung einspritzen. Meine Großmutter hat mir erzählt, daß man auch ein wenig Urin nehmen kann. Das würde auch helfen. Es gibt eine Menge primitiver Mittel, aber man muß genau wissen, wie sie anzuwenden sind. Ich habe das nie gekonnt, eine Lösung für das Problem sind sie ja auch nicht.

Ist der Schwangerschaftsabbruch eine Lösung?

Ja, sehr viele Frauen greifen zu diesem Mittel. Manche lassen 10 oder 15 mal abtreiben. Manchmal ist es die einzige Möglichkeit, weil viele Männer sich einfach weigern, ein Kondom zu verwenden, und was tut man da als Frau?

Hast du niemals an Abtreibung gedacht, als du schwanger wurdest?

Ich habe bereits zwei Schwangerschaften unterbrochen, und deshalb wollte ich nicht noch einmal abtreiben. Meine erste

Schwangerschaft habe ich unterbrochen, weil ich merkte, daß ich mit dem Mann nicht zusammen leben konnte. Die zweite unterbrach ich, nachdem ich mit Wolodja zusammengewesen war, wir aber nicht so recht wußten, wie es mit uns weitergehen sollte.

War der Schwangerschaftsabbruch schwierig?

Nein, wißt ihr, ich habe Verbindungen. Ich kannte eine Frau, die Gynäkologin war. Ich bekam also eine Narkose und spürte nichts. Aber wenn man nur in eine gewöhnliche Klinik, also den offiziellen Weg geht, dann muß man sich auf eine sehr schmerzhafte Prozedur gefaßt machen. Man bekommt überhaupt keine schmerzstillenden Mittel und es ist ausgesprochen scheußlich.

Dann berichtet sie über Entbindungen. Auch hier gibt es keine schmerzstillenden Mittel, wenn man keine Beziehungen hat. Wir haben alles schon einmal gehört: Wie es leicht zur Hysterie kommt, wenn jemand zu schreien beginnt, und wie man sich fühlt, wenn man beim Einsetzen der Preßwehen aufstehen muß, um ins Entbindungszimmer zu gehen. Sonja erzählt, sie habe ihren Mann dabeihaben wollen und habe sogar darum gebeten, aber es sei ihr aus hygienischen Gründen verweigert worden.

Sie hat offensichtlich über die Verhältnisse im Westen viel gelesen und ist davon beeindruckt. Wie die anderen Frauen sagt sie, die Pflege sei schlecht, sie sei z.B. an dem Wochenende, als sie entbunden hatte, überhaupt nicht versorgt worden. Auch das Essen sei schlecht und knapp und von irgendwelchem Kontakt mit dem Kind könne man überhaupt nicht reden:

Es hat zwei volle Tage gedauert, bevor ich meine Tochter zu sehen bekam, d.h., eigentlich dauerte es fast drei Tage. Sie zeigten sie mir, kurz nachdem sie geboren wurde, aber das war auch alles.

Unsere Lena wurde nämlich an einem Samstag geboren. Gewöhnlich wird einem das Kind nach ungefähr einem Tag gebracht, aber am Wochenende funktioniert einfach gar nichts. Außerdem meint das Personal, die Mütter müßten ausruhen und das Stillen sei anstrengend. Weil auch der Kinderarzt erst am

Montag kam, habe ich mein Kind erst am Dienstag gesehen.

Kannst du dir vorstellen, kein Kind zu haben?

Ja! Das kann ich. Ich habe mir sogar immer gedacht, daß ich keines haben möchte. Aber natürlich . . . sicher war das bei mir eine Art Verdrängung. Ein Psychoanalytiker würde es wenigstens so bezeichnen. Er würde sagen, ich habe in Wirklichkeit ein Kind haben wollen, aber wegen der ungünstigen Umstände habe ich mich dazu entschlossen, keines zu bekommen und Kinder überhaupt nicht zu mögen. Auch bei meiner letzten Schwangerschaft wollte ich das Kind nicht, weil wir noch keine Wohnung hatten, und ich keine Arbeit, und aus verschiedenen anderen Gründen. Aber jetzt ist die Kleine da, und ich denke natürlich ganz anders!

Wir sprachen von der niedrigen Geburtenzahl, und sie sagte ohne zu zögern: Aus wirtschaftlichen Gründen kann keine Familie mehr als höchstens zwei Kinder haben. Wenn man sich nicht halb zu Tode arbeiten will, ist ein Kind schon mehr als genug. Auch über die Tagesheime wußte sie gut Bescheid: Sie möchte für ihre Tochter eine andere Lösung finden, weil die Gruppen zu groß und die Räume schmutzig sind und das Personal ständig wechselt. Durch die schlechte Umwelt sind die Kinder ständig krank. Meist sind sie jede zweite Woche zu Hause, und die Mutter kann nicht zur Arbeit gehen.

Die Tagesheime sind unter aller Kritik. Mir hat einmal ein Vater erzählt, wie es seinem Sohn im Tagesheim erging. Der Junge war drei Jahre alt und die Gruppe, in der er war, war viel zu groß. Um die Gruppe zu verkleinern, öffnete das Personal absichtlich die Fenster, damit sich die Kinder erkälteten. Ich habe Ähnliches schon mehrfach gehört.

Auch wir hatten von derartigem gehört. Sollte diese Geschichte erfunden sein, bewies sie dennoch, daß die Tagesheime nicht gut funktionieren. Wir fragten, ob die Mißstände von der Presse aufgegriffen wurden?

Ja, bis zu einem gewissen Grade übt man Kritik. Aber man spricht dabei immer von Einzelfällen, und in der Zeitung heißt es immer, die Verantwortlichen seien bereits bestraft. In Wirklichkeit funktioniert das gesamte System schlecht und davon spricht keiner.

Hier wurden wir von Wolodja unterbrochen, der gerade die kleine Lena brachte. Das Baby schrie vor Hunger. Während Sonja stillte, unterhielten wir uns weiter:

Wie eine Frau sein sollte? Ja, ich weiß nicht recht . . . d.h., ich weiß es genau, ich bin nicht so eine kraftvolle Frau wie ich es immer sein wollte. Ich wollte in meinem Leben immer die maximale Freiheit. Ich dachte, ich würde nie heiraten, ich würde keine Familie haben und keine Kinder, die meine ganze Zeit beanspruchen. Ich dachte, ich würde immer tun, was mir Freude macht, lesen, schreiben und ähnliches. Sogar als ich mich zum ersten Mal ernstlich verliebt habe, dachte ich, daß ich keinesfalls mit dem Mann zusammenleben würde. Ich dachte, wenn man heiratet, würde die Liebe sterben, und mein Ideal war eine Frau, die alleine lebt und absolut frei ist, aber . . . dann änderte ich . . . dann änderte sich mein Leben vollständig.

Ich finde es schön, wenn eine Frau anziehend ist und sich pflegt. Ich glaube, das ist ihr eine Hilfe. Sie fühlt sich dadurch sicherer. Vielleicht findet ihr das uninteressant, aber bei uns gibt es so viele Frauen, die es einfach nicht schaffen, weil sie von der vielen Arbeit zu müde sind. Natürlich ist Schönheit nicht nur eine Frage des Äußeren, sondern auch des Inneren. Wie soll ich mich ausdrücken, man muß eine innere Ruhe besitzen. Bei uns sind so viele selbst über Kleinigkeiten gereizt und verärgert, und das sieht man in ihren Gesichtern. Sie werden häßlich. Man sollte eine innere Ruhe bewahren und sollte mehr an sich selbst glauben. Um das zu erreichen, muß man aber die Möglichkeit haben, irgend etwas neben der Haushaltsarbeit zu tun. Man braucht eine interessante Aufgabe und ein höheres Ziel.

Dagegen halte ich die sogenannte Weiblichkeit für eine angeborene Eigenschaft. Dazu gehören körperliche Eigenschaften, wie etwa eine gute Figur. Ich habe meine Mutter immer beneidet. Obwohl sie mehr als 50 Jahre alt ist, ist sie schlanker und hübscher als ich. Ich habe mich immer dick gefühlt und möchte gerne schlanker sein.

Neben der guten Figur bedeutet Weiblichkeit für mich vor allem Ruhe, Beherrschung und Freundlichkeit. Ich halte Weiblichkeit für etwas sehr Wichtiges. Es ist ja für einen selbst wichtig, zu fühlen, daß man Frau ist, daß man sanft, ruhig und taktvoll ist.

Werden diese typisch weiblichen Eigenschaften im Berufsleben anerkannt?

Nein, kaum. Meistens überhaupt nicht. Keiner verlangt von einer Frau diese Eigenschaften. Deshalb vergessen viele Frauen bei uns ihre Weiblichkeit.

Du sagst, Frauen sollten ruhig und taktvoll sein. Wie ist es z.B. bei Versammlungen? Äußern sich Frauen dabei ebenso oft wie Männer?

Nein, die Männer sprechen mehr. Sie haben meist weniger Hemmungen, wissen meist auch mehr über das Diskussionsthema und treten deshalb mit größerer Sicherheit und Aktivität auf. Das ist natürlich gar nicht gut. Wenn ich an meinen Mann denke, werde ich neidisch. Er kann tun, was er will. Er kann buchstäblich alles tun. Er wird anerkannt, er kommt mit den meisten Leuten gut zurecht, er schreibt Gedichte, er kann sogar nähen, und wenn er will, gut kochen. Aber mir will nichts so recht gelingen. Zum Teil kommt es natürlich daher, daß ich mich nicht genügend anstrenge. Ich habe es eben nie gelernt.

Was möchtest du jetzt am liebsten tun?

Was ich mir jetzt wünsche? Ich wünsche mir, daß meine Tochter schnell heranwächst, damit ich mehr Zeit für mich habe. Ich habe jetzt praktisch überhaupt keine Freizeit, und weiter wünsche ich mir, daß ich etwas im Leben finde, das mir Freude macht, das es mir möglich macht, meine Fähigkeiten optimal zu nutzen. Und das ist alles nicht so einfach. Es ist für mich sehr wichtig, daß ich meine Persönlichkeit nicht verliere. Die Menschen sind zwar verschieden, aber das Leben zwingt sie meist, an der Oberfläche zu leben. Alle haben sie eine Familie und eine Arbeit und ähnliches, aber sie verlieren leicht ihre Individualität, ihre Eigenart. Für mich ist es wichtig, daß ich mich entwickle und mich selber kennenlerne.

Wie stellst du dir das ideale Leben vor?

Es besteht aus drei Dingen: Erstens, man muß mit jemandem, den man liebt, zusammenleben, dann muß man eine Arbeit haben, die einem liegt, die keine Verstellung von einem verlangt, sondern einen einfach tun läßt, wozu man Lust hat, und drittens muß man viel reisen können.

Wohin möchtest du reisen?

Ins Ausland! Dahin möchte ich schrecklich gerne, vor allem nach Paris. Ja, genau dahin möchte ich fahren. Ich hätte gern die Freiheit zu reisen und mit allen möglichen Menschen zu verkehren, nicht nur mit sowjetischen, sondern auch mit anderen Menschen. Ich möchte mehr über ihr Leben wissen . . .

Sind deine Träume schwer zu verwirklichen?

Ja, ich glaube schon. Vieles hängt ja von mir selber ab, und ich bin weder besonders zäh noch besonders aktiv. Ich bin in gewisser Weise passiv. Ich liebe es, zu lesen und zu träumen und nachzudenken. Ich habe keine richtige Tatkraft. Ich habe zwar eine Menge Ideen, aber wie ich sie verwirklichen soll, weiß ich nicht. Als ich klein war, durfte ich tun, was ich wollte. Ich durfte Sprachen lernen, Klavier spielen und lesen. Aber ich habe niemals gelernt, aktiv zu handeln, und daran leide ich jetzt sehr.

Jetzt zu einer anderen Frage. Unterhalten wir uns hier deiner Ansicht nach über typische Frauenprobleme?

Offiziell gibt es bei uns gar keine Frauenprobleme.

Aber was denkst du darüber?

Ich halte die meisten Probleme für allgemein menschlich. Vielleicht habe ich einfach zu wenig Erfahrung und würde anders antworten, wenn ich älter wäre. Ich halte alle Probleme, auch die sexuellen oder die Probleme in der Familie, für menschlich und nicht für typisch weiblich. Ich glaube, die Schwierigkeiten der Frauen hängen mit der Gesellschaftsstruktur zusammen. Wenn die äußeren Umstände besser wären, wenn man weniger arbeiten müßte, etwa auf einem Halbtagsposten, wenn man eine gewisse Freizeit hätte, würden sich sämtliche Probleme von selbst lösen.

Ist es üblich, daß sich Frauen über ihre Situation unterhalten?

Nein, denn wir sind es nicht gewohnt, selbständig zu denken oder unsere eigene Meinung zu sagen. Wir sprechen nicht über unser persönliches Leben. Von der Rollenverteilung zwischen Mann und Frau, um die es jetzt in unserem Gespräch gegangen ist, spricht man eigentlich kaum. Nein, hier bei uns sucht niemand nach den Ursachen für das Leben, das wir führen müssen. Es läßt sich ja doch nichts ändern.

TAGESHEIME FÜR KINDER

In der Sowjetunion gibt es Krippen für Kinder von zwei Monaten bis zu drei Jahren. Von drei bis sieben Jahren, bis sie eingeschult werden, besuchen die Kinder ein Tagesheim. Es gibt Tagesheime, welche die Kinder von Montag früh bis Freitag abend behüten. Diese sogenannten Wochenheime werden oft von Alleinerziehenden in Anspruch genommen.

Nur 10 % der Kleinkinder werden in die Kinderkrippen gebracht, die somit freie Plätze haben. In den Tagesstätten reichen dagegen die Plätze noch heute nicht für alle angemeldeten Kinder aus. 1974 erhielten 60 % der älteren, noch nicht schulpflichtigen Kinder, einen Platz, und erst in 25 bis 30 Jahren dürfte der Engpaß überwunden sein. Die Plätze in den Tagesheimen sind auch sehr ungleich verteilt. Es gibt in den Städten verhältnismäßig mehr Plätze als auf dem Land.

Auch die Qualität der Tagesheime ist unterschiedlich. Manchmal werden die Heime von Fabriken eingerichtet, die sich sehr unterschiedliche Investitionen leisten können. Die Anzahl der Kinder in einer Gruppe und die der Erzieher kann erheblich schwanken. Es kommt vor, daß ein Erzieher 30 Kinder betreuen muß! Ein Tagesheimplatz kostet im Durchschnitt zehn Rubel pro Monat. Qualifiziertes Personal ist nur schwer zu bekommen, weil die Arbeit wenig geachtet und schlecht bezahlt wird. Eine Erzieherin für drei- bis sechsjährige sollte nach der Grundschule einen zweijährigen Kurs absolviert haben. Das Personal der Kinderkrippen erhält

jedoch keine Ausbildung über die Grundschule hinaus.

Die Löhne betragen 80 bis 100 Rubel pro Monat für alle außer der Leiterin und den erfahrensten Erziehern.

Das Personal wechselt ständig. Die Eltern scheinen es möglichst zu vermeiden, ihre Kleinkinder in die Krippen zu geben, während sie für die älteren Kinder ein Tagesheim für angebracht halten. Bei aller Kritik an den Tagesheimen hält man eine kollektive Erziehung für notwendig. Erwiesenermaßen bedienen sich weibliche Arbeiter ohne Berufsausbildung der Tagesheime öfter als Frauen mit akademischen Berufen.

M A S C H A

»EINE EHE IST DANN GLÜCKLICH, WENN MAN SICH LIEBT UND EINE EIGENE WOHNUNG HAT.«

Mascha ist 23 Jahre alt. Sie hat eine technische Ausbildung absolviert und arbeitet als Zeichnerin in einer Autofirma. Sie hat mit 20 Jahren geheiratet und mit 21 Jahren ein Kind bekommen. Ihr Mann ist Ingenieur. Die Kleine ist jetzt zweieinhalb Jahre alt und in einer Kindertagesstätte, während die Eltern arbeiten.

Mascha ist in Moskau geboren. Von ihrer Kindheit weiß sie nicht viel zu erzählen. Sie meint nur, sie sei harmonisch gewesen. Sie hat einen älteren Bruder, der sie liebevoll versorgt hat.

Sie macht noch heute den Eindruck eines netten, kleinen Mädchens. Ihre dunklen Haare sind kurzgeschnitten und ordentlich gescheitelt. Sie trägt ein hübsches, dunkelblaues Hemdblusenkleid. Während des gesamten Interviews sitzt sie meist still mit den Händen im Schoß und lacht manchmal, als ob sie sich genieren würde, so viel von sich zu sprechen. Uns überrascht fast nichts an ihrer Erzählung. Statt dessen fällt es uns auf, daß nahezu alles, was sie sagt, von anderen Frauen früher Gehörtes bestätigt.

WOHNUNGSMANGEL

Wir wohnen im Stadtzentrum, in einem alten Haus aus den 40er Jahren mit fast drei Meter hohen Zimmern. Es ist richtig schön, und es ist überhaupt nicht hellhörig. Man kann den Fernseher einschalten, ohne die Nachbarn zu stören. Wir haben eine große, geräumige Zweizimmerwohnung. Sie ist wirklich gut. Es ist keine Gemeinschaftswohnung, d.h. wir wohnen mit den Eltern meines Mannes zusammen. Mein Mann hat noch einen älteren Bruder, aber er wohnt nicht immer bei uns, nur manchmal. Ich will nicht behaupten, daß wir besonders wenig Platz haben, aber natürlich möchten wir gerne für uns wohnen, eine eigene Wohnung haben. Aber es geht gut, wir streiten uns nie und es gibt nie Szenen. Wir haben überhaupt keine Möglichkeit, eine eigene Wohnung zu bekommen. Weil wir erst seit kurzer Zeit unsere Arbeitsstellen haben und weil wir eine große Wohnfläche von 35 qm haben, kommen wir nicht auf die Warteliste für Wohnungen. Eine Genossenschaftswohnung können wir uns erstens nicht leisten und zweitens gibt es keine. Jetzt haben die Behörden meinem Schwiegervater ein neues Zimmer im gleichen Haus versprochen. Es liegt allerdings in einer Gemeinschaftswohnung. Wenn es ihm wirklich zugesprochen wird, ziehen mein Mann und ich in das Zimmer, weil die Schwiegereltern ihr ganzes Leben in dieser Wohnung gelebt haben und sich mit einem Umzug sehr schwer täten. Wenn wir ausziehen, gibt es zwar für uns keine Verbesserung, aber für die Schwiegereltern. Sie sind schon ziemlich alt, mein Schwiegervater ist 78 und meine Schwiegermutter 71. Er hört schlecht und sieht ständig fern. Er geht fast niemals aus. Er sitzt nur da und starrt vor sich hin. Aber meine Schwiegermutter arbeitet noch, und wenn sie schlafen will, will er fernsehen. Wenn wir umziehen, könnte sie in dem zweiten Zimmer wohnen und ihre Ruhe haben. Ja, sie sind alt, und unsere Tochter ist ständig in ihrem Zimmer, weil unseres so klein ist. Es hat nur 12qm, und wir haben einen Schreibtisch, einen Schrank, eine Bettcouch und ein Kinderbett und dann noch einen kleinen Stuhl. Es ist wirklich furchtbar eng. Nicht einmal ein Eßtisch hat Platz, es wäre ja unerträglich, in dem Zimmer auch noch zu essen. Wir essen also in dem Zimmer der Schwiegereltern, obwohl es für sie natürlich besser wäre, wenn wir es nicht tun müßten.

Eine glückliche Ehe, was das ist? Das kann ich ihnen sagen. Eine Ehe ist dann glücklich, wenn man sich liebt und eine eigene Wohnung hat.

Was ich mir von der Zukunft wünsche? Ja, vor allem wünsche ich mir das Zimmer . . .

DIE BEDEUTUNG DER BERUFSARBEIT FÜR DIE FRAU

Ich könnte niemals nur Hausfrau sein. Ich habe es nicht einmal ein Jahr lang nach der Geburt unserer Tochter ausgehalten. Meistens bleiben die Frauen in dieser Zeit zu Hause. Ich war damals mitten im Studium und setzte es nach der Geburt der Kleinen fort. Meine Schwiegermutter versorgte das Kind, während ich im Institut war, denn sie war schon Rentnerin. Sie half mir, bis unsere Tochter eineinhalb Jahre alt wurde, und wir sie zur Kinderkrippe brachten. Meine Schwiegermutter nahm wieder eine Arbeit an, weil sie es zu Hause nicht aushielt. Ich würde es auch nicht tun, den ganzen Tag nur kochen und putzen und niemals herauskommen, das ist ja wahnsinnig eintönig. Die Berufsarbeit ist für mich absolut notwendig, sie macht mir viel mehr Freude als die Hausarbeit.

Ich fühle mich an meinem Arbeitsplatz ausgesprochen wohl. Ich arbeite im Planungsbüro einer Autofabrik. Ich muß recht viel lesen und schreiben. Es ist nur ein kleines Büro, und ich kann selbständig arbeiten. Deshalb fühle ich mich dort richtig wohl.

Ich bin gerne unter Menschen. Anfangs war ich unsicher, aber jetzt habe ich mehr Selbstvertrauen, weil ich merke, daß ich mit allem zurechtkomme. Mein Beruf befriedigt mich innerlich.

DIE TRADITIONELLE ROLLE DER FRAU IM BERUFSLEBEN

Ich weiß wirklich nicht mehr, was mich bei der Berufswahl

beeinflußt hat. Zuerst wollte ich auf eine technische Hochschule gehen, weil ich in Mathematik, Physik und anderen technischen Fächern gute Schulnoten hatte. Aber mein Bruder riet mir ab. Er sagte, Mädchen kämen dort nicht weiter. Ich kann das nicht beurteilen, denn ich habe es nicht versucht. Ich habe zwar eine technische Ausbildung, aber nicht auf Hochschulebene. Damit habe ich angefangen, ohne erst meinen Bruder zu fragen. Ich bin einfach weggefahren und in diese technische Schule gegangen und war sehr gerne dort. Damals hatte ich keine festen Berufspläne. Ich war einfach gerne auf der Schule. Meine Eltern haben mir überhaupt nicht dreingeredet, ich durfte selbst bestimmen. Vorher hatte ich mir noch eine andere Schule, mit mehr wirtschaftlicher Ausrichtung, angeschaut, aber der Lehrplan wirkte so langweilig, daß ich mich für die technische Schule entschieden habe. Ich hatte niemandem von meinen Plänen erzählt, bis ich den Aufnahmeantrag abgeschickt hatte.

Nein, meine Arbeit ist nicht typisch männlich. Wir Zeichner sind meist Mädchen, die Arbeitsleiter und Vorgesetzten sind aber Männer.

Ich halte die Karriere des Mannes für wichtiger. Wenn Kinder da sind, muß ja einer bei ihnen zu Hause sein. Natürlich ist die Familie für die Frau wichtiger als für den Mann. Die Männer sind ja ehrgeiziger und viel zielbewußter. Sie wollen mehr vorankommen. Ich selbst habe gar keine Lust, Vorgesetzte zu sein.

Frauen haben im Beruf natürlich andere Schwierigkeiten als Männer. Wenn ich immer arbeiten könnte und nicht ab und zu bei meinem Kind zu Hause sein müßte, könnte ich vielleicht eine andere Stelle bekommen. Aber jetzt habe ich eine Tochter und wenn sie krank wird, kann ich ja nicht zur Arbeit gehen. Für die Männer ist das anders. Sie bleiben nur selten wegen der Kinder zu Hause.

ABHÄNGIGKEIT VON DEN ELTERN

Nein, es ist nicht schwer, eine gute Stelle zu bekommen. Meine Eltern haben ihr Leben lang in einer Fabrik gearbeitet und die

Leitung stellt gerne die Kinder der Arbeitskräfte ein. Meine Mutter ist auch Zeichnerin, sie hat die gleiche Ausbildung wie ich. Bei uns helfen die Eltern immer den Kindern. Während des Studiums hatte ich nur sehr wenig Geld. Die Stipendien sind klein, man bekommt nur 40 Rubel pro Monat. Meine Mutter gab uns also Geld, und meine Schwiegermutter machte den Haushalt. Sie kaufte ein, sie kochte, sie tat einfach alles. Sie war damals nicht berufstätig. Jetzt versuchen wir, alleine zurechtzukommen. Aber wir zahlen viel weniger für die Miete und für das Essen als meine Schwiegereltern. Meine Schwiegermutter verdient ja zu ihrer Rente noch etwas hinzu. Wir beide machen jetzt den Haushalt gemeinsam. Manchmal koche ich für alle, manchmal sie. Wir müssen es ja so einteilen, weil sie ganztags arbeitet.

MANGELHAFTE AUFKLÄRUNG IN SEXUELLEN DINGEN

Ich weiß nicht mehr, wie ich sexuell aufgeklärt wurde, jedenfalls nicht durch einen Erwachsenen. In der Schule lernt man ja hierüber nichts, und meine Eltern haben mir auch nichts gesagt. Ich kann mich nur noch an das Gekicher und Geflüster unter den Kindern im Schulhof erinnern. Als ich dann heranwuchs und heiratsfähig wurde, konnte ich meine Mutter alles fragen. Wir haben immer völlig offen miteinander gesprochen.

Als ich heiratete, war ich 20 Jahre alt. Das ist hier ganz normal, aber die meisten heiraten mit 18. Ich war 21, als meine Tochter geboren wurde. Eigentlich wollte ich so früh noch kein Kind, weil ich mitten im Studium war. Ich hatte dann große Schwierigkeiten, das Studium abzuschließen. Mir fehlten ja noch zwei volle Jahre. Es war eine sehr schwierige Zeit. Vor allem habe ich zwei interessante Jahre verloren, ich hätte noch zwei Jahre als Studentin leben können, aber an Schwangerschaftsabbruch dachte ich niemals. Vor dem Abbruch der ersten Schwangerschaft wird ausdrücklich gewarnt. Er soll sehr schädlich sein.

Ich wurde schwanger, einfach weil ich nicht wußte, wie ich mich davor schützen sollte. Bei der Heirat war ich noch unbeührt. Nach der Hochzeit fuhren wir für eine Woche weg, und wir wollten uns mit nichts belasten. Außerdem glaubten wir nicht, daß ich sofort schwanger werden würde. Aber jetzt bin ich gewarnt, denn ich weiß jetzt mehr. Ich habe gelernt, meine sicheren Tage zu berechnen, und es hat bis jetzt sehr gut funktioniert. Nur ein einziges Mal hat sich die Regel verspätet. Ich will keine Pillen nehmen, denn ich möchte noch mehr Kinder haben.

Die üblichsten Verhütungsmittel bei uns? Ja, ich weiß nicht recht, wahrscheinlich das Kondom. Das ganze ist sehr problematisch. Von meinen Freundinnen wissen nur wenige, wie sie sich schützen sollen. Sie leben in ständiger Angst, schwanger zu werden.

VERALTETE ENTBINDUNGSMETHODEN

Ich hatte eine schwere Entbindung, und sie dauerte sehr lange. Ich weiß nicht, wie es den anderen Frauen ging, aber ich bekam keine Mittel gegen die Schmerzen. Nur gegen Ende der Geburt bekam ich wohl eine Spritze. Ich weiß es nicht sicher, denn ich war so furchtbar müde. Einen ganzen Tag und eine Nacht lang hatte ich Wehen. Es tat so furchtbar weh, daß ich nicht mal mehr sicher weiß, ob ein Arzt im Zimmer war. Ich glaube, es war auch noch eine Praktikantin da. In diesem Zimmer lagen noch fünf andere Frauen in den Wehen.

Als es dann so weit war, klingelte ich, und dann mußte ich ins eigentliche Entbindungszimmer gehen. Dort wurde meine Tochter fast sofort geboren. Ich durfte in den ersten zwei Stunden nach der Entbindung nicht einschlafen. Sie sagten mir, es sei gefährlich. Dann wurde ich in eine chirurgische Abteilung gefahren und genäht.

In meinem Krankensaal waren wir 13 Patientinnen. Wir wurden gut versorgt, und ich durfte meine Tochter schon am Tag nach der Entbindung sehen. Ich konnte ihr Händchen halten und das war wundervoll. Sonst war alles von ihr fest eingewickelt.* Aber am nächsten Tag packte ich das kleine Bündel aus und schaute nach, ob alles in Ordnung war.

UNGLEICH VERTEILTE HAUSARBEIT

Das Einkaufen besorgt mein Mann. Sonst tut er aber nichts, oder doch, am Samstag bohnert er den Parkettboden, das ist aber auch alles.

Was ich tue? Ja, ich koche und wasche für uns drei, und dann mache ich die Betten und putze natürlich. Die Wäsche ist kein Problem, denn wir haben eine Waschmaschine. Die Sachen der Kleinen wasche ich jeden Tag, wenn sie schläft, das ist nicht schlimm.

Ich bin ständig beschäftigt. Ich sitze eigentlich nie, wenn die Kleine wach ist, und auch wenn ich sie ins Bett gesteckt habe, gibt es immer etwas zu tun. Ich bereite das Frühstück und das Mittagessen für den nächsten Tag vor. Ich muß auch flicken und bügeln.

Selbstverständlich hat mein Mann mehr Freizeit. Nach der Arbeit, wenn ich koche oder das Kind versorge, kann er dasitzen und lesen oder sich nur ausruhen, aber wir streiten uns nicht darüber. Ich bin ja sowieso mit dem Kind beschäftigt, da kann ich ja ebensogut die übrige Arbeit auch machen.

DIE UNTERSCHIEDLICHE ERZIEHUNG VON JUNGEN UND MÄDCHEN

Ich glaube, es ist gut, wenn das erste Kind ein Junge ist. Wenn ein Mädchen das älteste Kind der Familie ist, entwickelt es Eigenschaften, die nicht zu einem Mädchen passen. Der Junge wird wiederum sanft und anlehnungsbedürftig. Er wird verwöhnt, und das halte ich für falsch.

Man muß nähen und stricken können, denn Kleider zu bekommen ist ja nicht nur schwierig, sondern sie sind außerdem furchtbar teuer, und man hat nur eine schlechte Auswahl. Mädchen müssen sich also zu helfen wissen. Meine Mutter hat mir viel beigebracht, und einiges habe ich in der Schule gelernt, denn die

Mädchen bekommen Handarbeitsunterricht, und jetzt nähe ich praktisch alles für mich und die Kleine selbst.

Eine Frau muß unbedingt gut kochen können. Ich persönlich koche am liebsten, wenn wir ein Fest feiern und uns etwas Gutes leisten können. Das kann ich gut. Aber das alltägliche Kochen liegt mir nicht so sehr, obwohl ich es unbedingt können sollte. Ich habe es aber nie gelernt.

Eine typische Frauenarbeit ist das Aufräumen und gemütliche Einrichten der Wohnung. Das muß ein Mädchen unbedingt lernen.

Jungen müssen die schwere Hausarbeit lernen, sie müssen schreinern und mit Werkzeug umgehen können. Sie müssen die Böden bohnern und den Mülleimer hinuntertragen.

Meiner Ansicht nach sollte das Mädchen der schwächere Part sein. Es gibt zwar Frauen, die in der Familie die Hauptrolle spielen und alles entscheiden wollen. Das gleiche tun sie auch im Beruf. Aber ich möchte so etwas nicht. Nein, ich möchte, daß mein Mann das Oberhaupt der Familie ist. Eine Frau soll zärtlich und anschmiegsam sein und auch fröhlich und lebhaft.

DER MYTHOS DER WEIBLICHKEIT

Wenn man mir sagt, ich sei weiblich, fasse ich es als Kompliment auf. Weiblichkeit beinhaltet eine Menge, finde ich. Sie bedeutet Sanftheit, ein wenig Mystik und auch, daß man seine guten Eigenschaften zeigen kann. Man muß die schlechteren verbergen können, finde ich. Eine Frau muß unbedingt zärtlich, weiblich und sanft sein. Sie darf nicht jähzornig sein. Auch das Äußere spielt eine Rolle. Sie muß sich pflegen. Viele Frauen lassen sich gehen, sobald sie verheiratet sind. Dabei müßten sie sich dann eigentlich noch mehr pflegen als vorher.

Eine Mutter muß vor allem Geduld haben. Sie muß liebevoll sein, aber auch konsequent, denn ein Kind braucht eine feste Hand. In dem Punkt bin ich keine gute Muter. Ich schlage meine Tochter nie, aber manchmal kann ich sie nur schlecht ertragen und werde ungeduldig.

Noch etwas? Ja, für eine Mutter muß das Kind selbstverständlich an erster Stelle stehen. Erst kommt das Kind und dann die eigene Person.

Ein Vater muß wirklich fest und konsequent sein. Er darf natürlich nicht hart sein, aber eben männlich fest. Er soll für das Kind eine Autorität sein.

KINDER UND BERUF – EIN UNLÖSBARER KONFLIKT

Ich hätte gerne zwei Kinder, aber ich weiß nicht, ob es möglich sein wird. Es wäre sowohl aus wirtschaftlichen als auch aus beruflichen Gründen schwierig. Eine Frau mit mehreren Kindern kann nicht mehr berufstätig sein. Aber bei uns wollen die Frauen nicht zu Hause bleiben. Ich glaube es jedenfalls. Unsere Frauen haben sich an die Berufsarbeit gewöhnt.

Natürlich wäre es für die Frauen gut, wenn die Zeit für Berufsarbeit und Freizeit reichen würde, auch wenn sie mehrere Kinder haben. Aber dazu bräuchte man eine Haushaltshilfe, jemanden, der die Kinder versorgt. Die Tagesheime sind eigentlich keine Lösung. Sie geben den Frauen die Möglichkeit zur Berufsarbeit, aber keine Freizeit. Wenn sie nach Hause kommen, wartet die gesamte Hausarbeit auf sie.

Ich weiß nicht, wie man das Problem lösen könnte, aber wahrscheinlich müßte man die Hausarbeit erleichtern. Man könnte die Arbeitszeit in den Betrieben verkürzen, aber ich weiß nicht, ob das viel ausmacht. Eine Frau muß wissen, daß ihr Kind gut versorgt ist, sonst hat sie bei der Berufsarbeit keine Ruhe. Es ist alles sehr schwierig. Ich will ja gerne eine gute Hausfrau und Mutter sein. Ich will auch gerne gute Berufsarbeit leisten. Ich sehe da aber keine Lösung, denn man muß ja essen, und das Kochen ist Frauenarbeit. Dann bleiben noch die Kinder. Nein, ich weiß es wirklich nicht; ich sehe keinen Ausweg.

NADESHDA PAWLOWNA

»IN DIESEM BESTREBEN HAT DIE FRAU LETZTLICH DOCH EINE BERECHTIGTE FORM DER EMANZIPATION ERREICHT.«

Nadeshda Pawlowna ist die Würde in Person. Von allen interviewten Frauen hat sie die beste gesellschaftliche Stellung. Sie ist Doktor der Philosophie, Parteimitglied und übt seit 25 Jahren den Beruf des Hochschullehrers aus. Derzeit unterrichtet sie künftige Lehrer. Sie lebt in Alma-Ata, der Hauptstadt der Sowjetrepublik Kasachstan. Wir lernen sie in Moskau kennen, wo sie einen Kurs besucht und vorübergehend in der riesengroßen Studentenstadt auf den Leninbergen wohnt.

Nadeshda Pawlowna sieht typisch russisch aus. Sie hat ein rundes, starkknochiges Gesicht und eine Stupsnase. Ihr rotblondes Haar ist zu einem Knoten aufgesteckt. Sie trägt ein schwarzes Kostüm und elegante Schuhe mit hohen Absätzen, hat eine üppige, aber straffe Figur, hält sich gut und bewegt sich schnell und energisch. Sie flößt Respekt ein und wirkt gleichzeitig mütterlich. Sie hat eine sehr starke persönliche Ausstrahlung sowohl als berufstätige Akademikerin als auch als Mittelpunkt ihrer Familie und als Mutter.

Ihre erwachsene Tochter Ira ist bei dem Interview dabei. Während wir uns unterhalten, macht Ira das Abendessen. Sie stellt den kleinen Tisch der Studentenbude mitten ins Zimmer

und leiht sich zwei Extrastühle. Wir essen kalten, gekochten Fisch mit riesengroßen Kartoffeln. Der Fisch stammt aus einem sibirischen See. Dazu trinken wir Champagner. Dann essen wir Obst, d. h. Ira schält stundenlang Äpfel und Apfelsinen, schneidet sie in kleine Stücke und teilt sie aus.

Nadeshda Pawlowna ist die einzige der interviewten Frauen, die es wirklich interessiert, was wir wollen, wer wir sind und was für ein Buch wir planen. Bis wir alles erklärt haben, bleibt sie kühl und formell. Aber das ändert sich, sobald sie von sich selbst erzählen darf. Sie ist lebhaft und gesprächig und bringt uns oft zum Lachen. Sie kann sich gut ausdrücken und verschenkt keine Pointe. Oft muß sie selbst lachen. Ihr kommen beim Erzählen aber auch die Tränen. Dann öffnet sie immer ihre Handtasche, holt ein Taschentuch heraus, schneuzt sich, lacht wieder und sagt: »Sie wollen doch sicher noch mehr von mir wissen.«

Über meine Person und meine Familie ist folgendes zu sagen: Ich lebe in Alma-Ata in der Sowjetrepublik Kasachstan. Ich bin 48 Jahre alt. Meine Familie besteht aus meinem Mann und mir, unserer Tochter und unserem Sohn. Beide Kinder studieren zur Zeit in Moskau.

Ich unterrichte an der pädagogischen Hochschule in Alma-Ata. Ich habe immer dort gearbeitet, da ich dort nach meinem Studium sofort eine Stelle an der pädagogischen Hochschule bekam. Danach machte ich meinen Doktor und danach unterrichtete ich wieder am gleichen Institut. Mein Arbeitstag sieht sehr unterschiedlich aus. Meistens habe ich bereits am frühen Morgen Vorlesungen. Nach vier Stunden bin ich fertig, dann gehe ich zum Einkaufen, vielleicht auf den Markt. Das dauert etwa eine Stunde. Ungefähr um ein bis zwei Uhr komme ich nach Hause. Ich esse zu Mittag, dann lese ich und bereite Vorlesungen vor. Ungefähr um sechs Uhr abends hat sich die ganze Familie versammelt. Mein Mann kommt nach Hause und wir essen. Die Hausarbeit erledigen wir sehr schnell, und dann folgt die sogenannte Freizeit. Meist lesen wir Zeitungen und Zeitschriften oder sehen fern. Ein bis zwei Stunden arbeiten wir im Garten. Dort gibt es immer etwas zu tun, das ganze Jahr über. Wenn mir nichts einfällt, pflanze ich einfach um! Vorigen Herbst habe ich sämtliche Pfingstrosen umgepflanzt, und im Frühjahr kommen die Rosen dran. Aber vorher muß ich noch etwas für die Erdbeeren tun . . .

Haben Sie einen großen Garten?

Allerdings, es sind 800 qm.

Sie wohnen also in einem Eigenheim?

Ja, und es ist ein sehr originelles Haus, weil wir es selbst entworfen haben. Es ist auch recht groß: 10 mal 12 m. Und das gesamte Haus ist unterkellert. Wir haben dort also noch ein richtiges Stockwerk. Als wir einzogen, fand ich den Garten unnötig groß, denn so viel Anbaufläche brauchten wir gar nicht. Da bekam ich die Idee, etwas für die Kinder zu tun, und mein Mann hat die Idee ausgeführt. Er baute ihnen ein Schwimmbecken. Die Kinder haben darin Schwimmen gelernt, und ich selbst schwimme auch. Es ist zwar nicht besonders groß, aber zum Schwimmen reicht es, und das ist für uns in Asien sehr wichtig.

Ja, ich sehe immer, daß ich ein paar Stunden im Garten arbeiten kann. Denn es ist gut für die Nerven.

Wir gehen recht spät ins Bett, meist erst nach Mitternacht. Wenn nämlich einer von uns ins Bett gehen will, liest der andere meist noch weiter. Dann kommt auch der erste auf etwas Interessantes und so sind wir oft um ein Uhr morgens noch auf.

Mein Mann bezieht viele technische Zeitschriften. Er ist Geophysiker oder Geologe. Er arbeitet nur wenig in der Praxis, entwickelt vielmehr neue Schürfmethoden und konstruiert selbst die Apparate dazu. Meist kommt er auf etwas wirklich Interessantes, genau wenn wir ins Bett gehen sollten!

So sieht ein typischer Tag bei uns aus. An vorlesungsfreien Tagen habe ich eine Sprechstunde für Studenten, die ihr Praktikum machen oder an Aufsätzen arbeiten. Jeder, der eine Frage hat oder Hilfe braucht, kann zu mir kommen.

Wenn ich weder zu Vorlesungen noch zu Versammlungen muß, bleibe ich den ganzen Tag zu Hause und versuche, etwas zu schreiben.

Zum Wochenende machen wir Ausflüge. Wir fahren in die Berge und genießen die frische Luft! Als die Kinder noch zu Hause wohnten, sind wir alle zusammen für mehrere Tage zum Zelten gefahren.

Sind Sie in Alma-Ata geboren?

Ich bin schon mit fünf Jahren mit meinen Eltern nach Alma-Ata gekommen. Aber geboren bin ich in der Ukraine. Mein Vater war Ukrainer, meine Mutter war Russin.

Meine Kindheit war keineswegs typisch. Wie soll ich es ihnen erklären . . . Meine Eltern waren eben sehr originell. Sie lebten mindestens 25 Jahre zusammen und Vater sprach nie ein Wort russisch, Mutter nie ein Wort ukrainisch. Sie waren auch darin originell, daß sie sich überhaupt zusammentaten. Mein Vater hatte seine Frau verloren und meine Mutter war Witwe. Als sie heirateten, hatte Vater acht Kinder und Mutter drei. Sie bekamen dann drei gemeinsame Kinder, darunter mich. Ich hatte also 13 Geschwister, zehn Schwestern und drei Brüder. Ein Bruder fiel im Krieg, ein anderer starb gleich nach dem Krieg an seinen Verletzungen, und ein Bruder lebt noch. Von meinen Schwestern ist nur die älteste gestorben. Ich habe also immer noch acht ältere Schwestern.

Aber in meiner Jugend, da war fast keines der Geschwister zu Hause, da wuchs ich wie ein Einzelkind auf. Es waren sehr schwierige Jahre, mit Mißernten, und wir waren alle gezwungen, an verschiedenen Orten im Land zu leben. Vater, Mutter, ich und mein älterer Bruder kamen nach Kasachstan. Als mein Bruder mit seinem Studium an der Eisenbahnhochschule begann, wurde für uns die Situation einfacher, weil er dort sein Essen und Bekleidung bekam.

Welchen Beruf hatte Ihr Vater?

Er war Hilfsarbeiter und hatte keine Berufsausbildung. Er konnte nur die Bibel lesen, keine profanen Bücher. Ich glaube, er ging in der 2. Klasse von der Schule ab. Mutter war nur Hausfrau. Sie hatte überhaupt keine Schule besucht. Ihre Brüder und Eltern sagten: »Warum soll man ein Mädchen in die Schule schicken? Reiche Mädchen heiraten immer, und auch die armen finden einen Mann.« Sie erzählte, daß sie deswegen geweint hätte, aber sie durfte trotzdem nicht in die Schule gehen. Das war noch vor der Revolution, und die Verhältnisse waren damals ganz anders. Aber gerade, weil sie so gerne lernen wollte und es nicht durfte, tat sie alles, um ihren Kindern ein Studium zu ermöglichen. Sie hat immer alle unsere Pläne, auch die ausgefallensten, gefördert, wo sie nur konnte. Als der Krieg ausbrach, war ich elf, Mutter 52 und

Vater 65 Jahre alt. Und ich mußte die Eltern verlassen, um zur Schule zu gehen. Es war schrecklich, denn sie waren doch schon alt! Es herrschte aber Lehrermangel und alle Kinder mußten an verschiedenen Orten zur Schule gehen. Ich fuhr zu meinem Bruder. Das hieß, meine Eltern wohnten allein. Bis dahin war ich die wichtigste Arbeitskraft im Haus gewesen. Es war notwendig, mitzuhelfen, denn vom Lohn eines Hilfsarbeiters läßt sich schlecht leben. Ich habe geheizt, geputzt, gewaschen, denn ich war kräftig, und meine Eltern waren ja alt. »Wie werden wir bloß ohne dich zurechtkommen?« sagte meine Mutter, als ich wegfuhr.

Nach der Schule erhielt ich eine Stelle in Usbekistan, und die Eltern mußten nach wie vor alleine zurechtkommen. Aber sie haben sich mit keinem Wort beklagt. Ich arbeitete zwei Jahre, und dann wollte ich weiterstudieren. Ich ging nach Leningrad, um meinen Doktor zu machen. Auch diesmal hat meine Mutter nichts gesagt und deshalb . . . wenn Frauen in Alma-Ata zu mir sagen: »Warum läßt du deine Kinder in Moskau studieren? Es gibt ja auch hier Hochschulen!«

Hier schweigt Nadeshda Pawlowna plötzlich und fängt an zu weinen. Ihre Tochter sagt: »Mutter erträgt es nur schwer, daß wir nicht zu Hause sind.« Und zur Mutter sagt sie bittend und mahnend: »Aber Mutter!« Und Nadeshda Pawlowna nimmt sich genauso schnell zusammen, wie sie sich vorhin von ihren Gefühlen hinreißen ließ:

Ich wollte sagen, wir haben nicht das Recht, unsere Kinder an uns zu fesseln, wenn auch unsere Eltern uns ziehen ließen!

Ich habe jetzt über meine Eltern und meine Jugend berichtet. Jetzt möchte ich noch etwas über meine Schule sagen. Sie lag in einem winzigen, abgelegenen Ort, wo es nur zwei Straßen gab, aber ich hatte ausgezeichnete Lehrer, weil wegen des Krieges viele als Evakuierte im Dorf lebten. Unser Literaturlehrer kam von der Moskauer Universität und der Mathematiklehrer aus Leningrad.

Von der 3. Klasse an waren mein Mann und ich in der gleichen Schule. Ich habe schon damals ein wenig für ihn geschwärmt! Wir sind aber nicht miteinander gegangen, wie man sagt, bevor ich mit dem Studium fertig war. Wir waren einfach Kameraden und sonst nichts. Es wäre völlig undenkbar gewesen, sich zu umarmen oder den Arm um die Schultern des anderen zu legen. Das wäre ein völlig unmöglicher und schrecklicher Gedanke!

Er hat es erst gar nicht mit mir versucht, denn ich konnte sehr streng aussehen. Als ich aber mit dem Studium fertig war und er noch auf der Universität bleiben mußte, malten wir uns aus, wie ich als Lehrerin nur im Sommer Urlaub bekommen würde, und er als Geologe nur im Winter, d.h. wir würden uns niemals mehr sehen können. Da mußten wir uns aussprechen . . . Und dann haben wir eben geheiratet.

Wann haben Sie geheiratet?

1952. Ich hatte schon meine erste Stelle angetreten, und er hatte gerade sein Studium abgeschlossen.

Und kam dann ein Kind?

Nein, es kam kein Kind, weil ich gerne meine Dissertation schreiben wollte. Mein Mann bekam eine Stelle in Kirgisien, und ich fuhr nach Leningrad auf die Universität. Ich konnte ihn nur in den Sommerferien besuchen, denn damals gab es nicht so gute Flugverbindungen wie heute. Die Maschinen flogen nur selten und unregelmäßig, und ich konnte es nicht riskieren, viele Vorlesungen zu versäumen. Das war vier Jahre lang unser Leben!

Im letzten Jahr wurde Irinka geboren. Mein Mann konnte wegen seiner Arbeit nicht zu mir kommen, aber er schickte mir eine ganze Hilfsexpedition. Sie bestand aus meiner Mutter und aus seiner Schwester als Reisebegleiterin. Mutter war Analphabetin und traute sich nicht, alleine zu reisen.

Als Irinka acht Monate alt war, fuhr ich zu meinem Mann nach Kirgisien.

Wenn Sie an diese Jahre zurückdenken, war es eine schwere Zeit?

Nein . . . nein , es war trotz allem keine schwere Zeit. Später, als reife Frau, dachte ich manchmal, es sei ein sehr schwieriges Experiment gewesen, und dachte dabei weniger an mich als an meinen Mann, denn ich war ja in Leningrad unter vielen Menschen und wohnte in einem Studentenheim. Ich hatte nicht so große Sehnsucht wie er. Er hatte eine ganz neue Arbeit an einem fremden Ort, und die ganze Zeit wußte er, daß irgendwo, weit weg in Leningrad, sich seine junge Frau amüsierte. Es war sicher eine sehr schwierige Zeit für ihn. Ich rechne ihm hoch an, daß ich die ganzen vier Jahre von ihm keinen Vorwurf hörte und keine Klage. »Es geht gut«, »es ist alles in Ordnung«, »es geht«, hieß es ständig. Dabei konnte er mich nur ein einziges Mal besuchen. Es gab so viel Arbeit, daß er einfach keinen Urlaub bekam.

Haben Sie nie daran gedacht, das Studium aufzugeben?

Nein, nein! Das wäre mir niemals eingefallen. Nachträglich kommt mir allerdings das Ganze recht gewagt vor. Aber es gab ja keine andere Lösung. Heutzutage werden die jungen Leute nicht vor eine derartige Wahl gestellt. Heute heiraten sie in aller Ruhe, bekommen Kinder und studieren trotzdem weiter. Damals war alles ganz anders!

Am schwierigsten war für mich eigentlich die Zeit nach dem Studium, als ich zu meinem Mann gezogen war. Er arbeitete auf dem Land, und ich mußte mit dem Baby mehr als ein halbes Jahr zu Hause sitzen. Ich weiß nicht, ob ich es noch ein halbes Jahr ausgehalten hätte. Fast jeden Tag weinte ich, ja ich heulte! »Warum habe ich eigentlich studiert?« dachte ich. Nur die Gewißheit, daß wir wegziehen würden, und daß ich im Herbst berufstätig sein würde, ließ mich durchhalten. Ich hatte aber Schwierigkeiten, eine Stelle zu finden, und ich weiß noch, daß mich ein Professor einmal fragte: »Warum machen Sie sich solche Sorgen? Ihr Mann ist doch Geologe. Kann er Sie nicht ernähren? Warum strengen Sie sich so furchtbar an, eine Stelle zu finden?« Ich war tief beleidigt! Als er wieder mal davon anfing, sagte ich: »Ihre Frau ist Dozentin. Kann sie Sie nicht ernähren, damit Sie nicht arbeiten müssen?« Danach haben wir uns sehr gestritten.

Der Beruf war Ihnen offensichtlich immer sehr wichtig?

Aber ja! Mit 15 Jahren dachte ich, ich würde niemals heiraten und Kinder bekommen. Mit meinem späteren Mann wechselte ich lange Briefe über die Rolle der Frau in der Gesellschaft. Was habe ich da nicht alles geschrieben! Mein Mann hat mir später gestanden, daß er sich weniger für die eifrige Debatte als für die Sätze interessierte, mit denen ich meine Briefe abschloß. Aber ich war mit großem Ernst bei der Sache!

Steht für Sie der Beruf immer noch an erster Stelle?

An erster Stelle steht für mich – unser Land. Es gibt Menschen, die nicht mit allem, . . . nicht mit der Politik einverstanden sind. Aber ich bin mir völlig im klaren, was dieses Land, was die Sowjetunion für mich getan hat. Ich verstehe es immer dann, wenn ich das Leben meiner Mutter mit dem meinigen vergleiche.

Das ist für mich das Wichtigste, nicht wahr? Aber dann, an zweiter Stelle stehen natürlich die Kinder. Vor allem deshalb, weil mir alles andere so leicht fällt. Das Studium und meine Laufbahn waren erfolgreich. Ich habe wohl zur richtigen Zeit den richtigen Beruf ergriffen . . .

Aber die Kinder . . . Ich bin oft traurig, weil ich nicht mehr Kinder habe.

Jetzt muß sie wieder weinen, nimmt sich aber sofort zusammen, und lacht, während sie sich die Nase putzt: »Das dürfen Sie aber nicht aufnehmen!« Dann weint sie wieder ein wenig und sagt: »Mein drittes Kind kam tot zur Welt.« Ihre Tochter tröstet sie, und bald scherzt Nadeshda Pawlowna wieder: »Schau zu, daß ich bald Großmutter werde!« Wir lachen alle und gehen dann zur nächsten Frage über:

Was verstehen Sie unter der »Gleichberechtigung von Mann und Frau?«

Ich persönlich bin in meiner Ehe optimal gleichberechtigt. Fast jede Arbeit, die einer von uns zu Hause macht, kann bei einer anderen Gelegenheit auch von dem Partner getan werden. Aber körperliche Schwerarbeit kann man als Frau natürlich nicht leisten, und deshalb besorgt mein Mann bei uns die Heizung. Es ist eine schmutzige Arbeit und – es ist nicht meine Sache. Dafür erledige ich die Wäsche. Wir haben eben die notwendige Arbeit unter uns aufgeteilt.

Das viele Gerede über die Gleichberechtigung kommt meiner Ansicht nach aus den großen Städten. Dort kann es anscheinend für zwei Eheleute zum Problem werden, wer den Boden einer einzigen Wohnung aufwischen soll. In unserem großen Haus erhebt sich diese Frage nie. Den Boden wische eben ich auf. Mein Mann heizt. Er gräbt den Garten um. Ich säe.

Aber arbeitet die Frau nicht oft mehr als der Mann? Kann man nicht von einer Doppelarbeit sprechen?

Sie wissen sicher, daß darüber bei uns viel geschrieben wird. Die Männer werden in Zeitungsartikeln als 'die Ritter vom Sofa' bezeichnet. Es ist meiner Ansicht nach ein von den Städtern konstruiertes Problem. Es stellt sich nur bei Leuten, die in ihrer Küche einen Warmwasseranschluß haben und deren Fußboden nur 2 mal 3 m groß ist. Wenn sie diesen Boden dann wischt und er ihr dabei zuschaut, fühlt sie sich erniedrigt! Wissen sie, wenn man Haus und Garten hat, dann erhebt sich die Frage, wer die eine oder andere Arbeit machen soll, überhaupt nicht. Es gibt Arbeit für alle! Für die Kinder, für die Erwachsenen, ja sogar für die Gäste gibt es genug zu tun.

Wie denken Sie über die Verteilung der sozialen Aufgaben? Sollen die Frauen auch auf diesem Gebiet gleichberechtigt sein?

Ja, unbedingt. Und ich habe niemals eine andere Ansicht gehört. Ich selbst hatte als Parteimitglied viele verschiedene Aufträge. Seit zwei Jahren leite ich ein politisches Seminar. Wir studieren die kommunistische Erziehung nach den Beschlüssen des letzten Parteitages, unsere Parteiaufgaben und Instruktionen. Meine Kollegen bekommen von mir den Auftrag, bestimmte Literatur und bestimmte Fragen zu studieren, und ich leite dann die Diskussionen.

Auch Nicht-Parteimitglieder können sich auf verschiedene Weise beteiligen und einsetzen: In Gewerkschaften, als Studienleiter, als Organisatoren der Kartoffelernte usw. Und auf sämtlichen Gebieten sind die Frauen aktiv. Sie sind sogar sehr aktiv. Wenn in einem Parteibüro z.B. vier Männer und drei Frauen sitzen, dann übernehmen die Frauen sehr bald die Führung!

Bronfenbrenner* war mit dieser Erscheinung nicht recht einverstanden, aber es gibt sie nun einmal. Sie beruht auf der bisherigen Entwicklung. Die Frauen haben sich das Recht auf Teilnahme am öffentlichen Leben erkämpft, und sie werden nicht mehr darauf verzichten.

Vielleicht wird dieser Trend langsam gedämpft zugunsten eines größeren Gleichgewichts. Im Unterricht gibt es derzeit bei uns einen leichten Umschwung. Die offizielle Ansicht hat sich leicht geändert, und man empfiehlt den Schulen, die Rolle der Familie zu betonen und die Mädchen entsprechend ihrer künftigen Rolle als Mutter und Hausfrau zu unterrichten.

Seit wann gibt es diese Empfehlungen?

Das weiß ich nicht genau. Sie fielen mir auf, als ich anfing, Lehrer auszubilden. Man arbeitet heute nach anderen Richtlinien als in meiner Schulzeit.

Wie denken Sie über diesen Umschwung?

Ich halte ihn für absolut richtig. Er steht keinesfalls im Widerspruch zu unserem Ideal der berufstätigen Frau, sondern er ergänzt es.

Ich habe mit meinem Mann oft über Kindererziehung diskutiert, d.h. nicht über die Erziehung unserer eigenen Kinder, denn es war für uns selbstverständlich, daß sie in eine Tagesheimstätte gehen. Aber wir diskutieren über das Problem im allgemeinen. Unser Land ist in der Versorgung der Kleinstkinder recht rückständig. Die theoretischen Anleitungen sind zwar gut, aber mit der Praxis ist es schlecht bestellt. Die Kinderkrippen können in ihrer heutigen Form den Kindern nicht die nötigen Anregungen geben. Es ist aber auch nicht richtig, wenn eine Frau die ersten drei Jahre zu Hause bleibt, denn dann bleibt sie für immer zu Hause. Nach drei Jahren kommt nämlich das nächste Kind, und die Mutter bleibt sechs Jahre lang nur Hausfrau. Wenn eine berufstätige Frau mit guter Ausbildung so lange pausiert, kann sie beruflich nicht mehr mithalten. Als die Frauen noch keine Ausbildung hatten, waren sie damit zufrieden, mit ihren Kindern zu Hause zu sitzen. Aber heute lassen sie sich das nicht mehr gefallen!

Finden Sie es richtig, daß die Tagesheime ausschließlich weibliches Personal haben?

Ich finde es völlig richtig, daß dort nur Frauen arbeiten. Die Männer haben dort nichts zu suchen. In der Schule ist es anders als in den Tagesheimen. Aber wir sprechen ja jetzt von diesen. Eine Erzieherin soll ja nicht nur Geschichten erzählen zum Spielen anleiten, sondern sie soll auch den Kindern menschliche Nähe und Wärme geben. Ein Mann verhält sich zu Kindern sachlicher. Wenn der Mann sich in der Familie benehmen würde wie eine Frau, d.h. intim und zärtlich, würde die Familie im großen gesehen viel verlieren. Ein Mann sollte diese Rolle nicht übernehmen. Sein Verhältnis zu den Kindern ist ernster und sachlicher als das der Frau. Er ist nicht so gefühlsbetont, und so sollte es bleiben. Ein Kind steht sozusagen unter zwei verschiedenen Einflüssen – der eine äußert sich durch Zärtlichkeit, der andere mehr durch Sachlichkeit. Wir wissen, daß ein Kleinkind vor allem gefühlsmäßige, zärtliche Beziehungen braucht. In der Schule kommt dann die Sachlichkeit dran, und so soll es auch sein. In der Schule ist die Sachlichkeit wichtig, denn sie hat soziale Bedeutung. Natürlich wäre es nicht gut, wenn bei dieser Arbeit die Männer fehlen würden. Aber in den Tagesstätten kann man sie entbehren!

Aber wenn es in der Welt des Kleinkindes keine Männer gibt, wenn die Mutter allein steht . . .

Aber es gibt doch Männer dort! In den Tagesheimen haben wir männliche Musiklehrer, und es kommen immer wieder Handwerker für verschiedene Arbeiten . . . Es gibt also immer männliche Vorbilder. Außerdem muß man unserer Gesellschaft zugute halten, daß nicht alle Wohnungen der Menschen an einem Ort und alle Arbeitsplätze an einem anderen liegen. Bei uns kann man überall einen arbeitenden Mann sehen. Was hätten wir also davon, wenn die Männer in den Tagesheimen tätig wären? Sie müßten lernen, sich wie gute Erzieher von Kleinkindern zu benehmen und damit ginge der typisch männliche Einfluß auf die Kinder verloren!

Die Erzieher in den Tagesheimen hier haben also einen typischen Frauenberuf. Gibt es noch weitere, typisch weibliche Berufe?

Ja, in unserer Gesellschaft haben sich eine Reihe solcher Berufe entwickelt. Ich habe nie darüber nachgedacht, ob dies eine positive oder negative Entwicklung ist. Es ist sicher nicht richtig, daß alle Lehrer Frauen sind. Und wie steht es mit den Ärzten? Es wäre vielleicht gut, wenn männliche Patienten von Ärzten und weibliche Patienten von Ärztinnen behandelt würden. Nein, hierzu möchte ich mich nicht äußern. Die Frage würde genaue Untersuchungen fordern und läßt sich nicht bei einem Tischgespräch lösen!

Bei uns sind hauptsächlich von Frauen ausgeübte Berufe meist schlecht bezahlt.

Das kennen wir bei uns nicht.

Aber haben nicht Erzieher und Lehrer recht niedrige Löhne?

Nadeshda Pawlownas Tochter lacht fröhlich und sagt: »Doch, und die Verkäuferinnen auch!«

Da irrst du dich aber! Heute gibt es sehr viele männliche Verkäufer. Bei uns wirken sich die Löhne nicht auf die Berufswahl aus. Wir kennen nur gleichen Lohn für gleiche Arbeit. In manchen Berufen kann man durch Überstunden auch auf höhere Löhne kommen. Gerade Erzieher haben meist eineinhalb Stellen, also auch eineinhalb Löhne. Sie haben einen sechsstündigen Arbeitstag ohne Pause, und manche arbeiten neun Stunden und verdienen dann recht gut.

Nein, der Lohn entscheidet nicht über die Berufswahl. Es gibt andere Faktoren. Manchmal geht es um romantische Vorstellungen, manchmal um das Prestige der Arbeit. Jeder Beruf hat ja ein gewisses Ansehen. Ich weiß, daß Jungen nicht gern Dienstleistungsberufe ergreifen, weil diese wenig Ansehen genießen. Die Frauen wiederum meiden gerne schmutzige Arbeiten. Frauen wählen möglichst einen Beruf, der sich mit ihrer Hausfrauenrolle vereinbaren läßt. Ich kann mich genau erinnern, wie ich selbst während des Studiums über diese Frage nachdachte. Es kommt auch oft vor, daß Frauen ihren Beruf wechseln und in einem Tagesheim arbeiten, um in der Nähe ihres Kindes zu sein. Sie lassen sich in dem Tagesheim einstellen, wo das Kind angemeldet ist.

Welche sind Ihrer Ansicht nach die typischen Frauenprobleme hierzulande?

Hierzulande? Ich kann Ihnen kein spezielles Frauenproblem nennen. Probleme im häuslichen Bereich oder bei der Kindererziehung sind ja nicht ausschließlich Sache der Frauen. Nein, ich kenne keine speziellen Frauenprobleme. Allenfalls noch Modefragen!

Ist Ihnen die sogenannte Frauenbewegung im Westen ein Begriff?

Welche Frauenbewegung? Es gibt ja recht viele. Etwa die Emanzipation? (Nadeshda Pawlowna lacht) Die können wir hier nicht brauchen! Die Emanzipation ist bei uns überholt. Sie gehört doch bereits zu unserer Lebensform. Nein, glauben sie mir, in diesem Punkt gibt es bei uns keinerlei Probleme. Die Frauenbewegung läßt sich bei uns nicht von den anderen sozialen Bereichen abgrenzen.

Bei Ihnen im Westen gibt es doch eine Frauenbewegung, die für den Frieden kämpft, und eine solche Bewegung kennen wir auch. Außerdem haben wir Frauenkomitees. Aber sie spielen in unserer Gesellschaft keine wichtige Rolle . . .

Im Laufe des Abends kamen wir auch auf die Frage der niedrigen Geburten- und der hohen Scheidungszahl. Wie bereits bei der Frage nach den Vor- und Nachteilen typischer Frauenberufe vermeidet Nadeshda Pawlowna eine Antwort. Sie entschuldigt sich damit, daß die Probleme zu kompliziert seien, als daß sie sich äußern könne, da sie weder über die Statistik noch über die notwendigen Analysen bescheid wisse.

Zuletzt fragen wir sie, ob sie von sich aus noch etwas sagen wolle.

Wir haben so oft das Thema gewechselt, daß ich gar nicht mehr weiß, was ich gesagt habe! Sie sind offensichtlich an sozialen Problemen interessiert. Meiner Ansicht nach hat Bronfenbrenner auf diesem Gebiet viele gute Beobachtungen gemacht, und ich habe sein Buch sehr gern gelesen. Ich stimme allerdings nicht mit seiner Ansicht überein, daß die »Feminisierung« unserer Gesellschaft nur eine Folge des Krieges ist. Was er unter Feminisierung versteht, ist meiner Ansicht nach nicht nur eine Folge des Krieges, sondern das Ergebnis bewußter Bestrebungen. In diesem Bestreben hat die Frau letztlich doch eine berechtigte Form der Emanzipation erreicht. Verstehen Sie, was das heißt? Es hat auf der psychologischen Ebene eine ungeheure Bedeutung!

Vielleicht müssen wir in Zukunft unsere Ansichten über die Stellung der Frau in der Gesellschaft überprüfen. Es ist zu früh, als daß wir bereits die Kehrseite der Medaille sehen könnten. Bisher kennen wir nur die wirklich sehr schöne Vorderseite! In der Presse liest man ab und zu von geplanten Korrekturen. Ich kann mir nicht denken, daß man darunter versteht, daß die Frau in die Küche zurückkehrt, mehr Kinder bekommt und sie besser erzieht. Die Frauen werden auch in Zukunft sowohl Kinder als auch einen Beruf haben. Eine andere Entwicklung ist auch nicht denkbar.

группа ДРУЖБА
22 АПРЕЛЯ

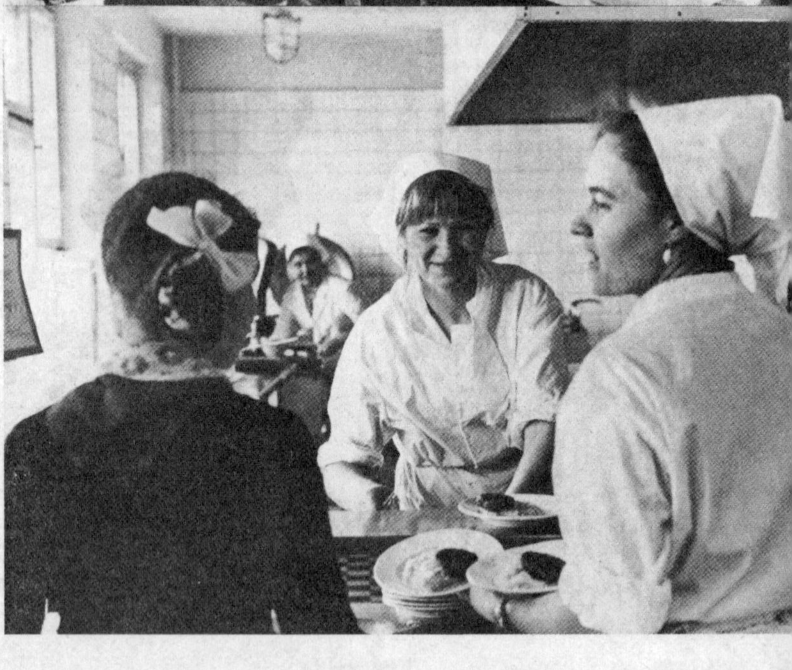

СОВЕТСКИЙ НАРОД
БЫЛ И ОСТАЕТСЯ
НА ПЕРЕДНЕМ КРАЕ
БОРЬБЫ
В ЗАШИТУ
ИНТЕРЕСОВ
ЧЕЛОВЕЧЕСТВА !
МИР!
PAIX !
FRIEDEN !

FRAUENPOLITIK UND FRAUEN IM POLITISCHEN LEBEN

In der Politik haben die Männer das Sagen. In den Gewerkschaften besteht zwar die Hälfte aller Mitglieder aus Frauen, in der kommunistischen Partei sind Frauen jedoch nur mit 26% vertreten. Gewiß gestalten die Frauen auf örtlicher Ebene das politische Geschehen mit, aber da, wo die wirklich wichtigen politischen Entscheidungen getroffen werden, in der Armee, in der Bürokratie, bei der Polizei und vor allem an der Parteispitze, gibt es praktisch keine Frauen.

Von den 320 Mitgliedern des Zentralkomitees sind acht Frauen, d.h. nur 2,5%. Im Politbüro, wo alle wichtigen politischen Beschlüsse gefaßt werden, sitzen ausschließlich ältere Herren. Auch unter den 109 Mitgliedern des Ministerrates ist kein einziges eine Frau.

In der Sowjetunion gibt es keine Frauenbewegung wie wir sie im Westen kennen. Die sowjetischen Frauenkomitees bestehen nur aus Ehrenmitgliedern und fungieren als Sprachrohre der offiziellen Ideologie.

Wir fragten einige Frauen, ob eine Frauenbewegung westlicher Art in der Sowjetunion möglich wäre:

Nadeshda Pawlowna, 48, Akademikerin:
»Nein, eine Frauenbewegung können wir hier nicht brauchen! Die Emanzipation ist bei uns überholt. Sie gehört doch bereits zu unserer Lebensform. Nein, glauben Sie mir, in diesem Punkt gibt es keinerlei Probleme. Die Frauenbewegung läßt sich bei uns nicht von den anderen sozialen Bereichen abgrenzen.«

Ljuba, 32, Künstlerin:
»Ihr könnt es wohl nicht abwarten! Wir haben es nicht so eilig. Wir müssen Rücksichten nehmen: auf Traditionen, auf die Rückständigkeit auf dem Lande und auf die allgemeine Trägheit. Wir müssen bei uns selbst anfangen, bei der vorherrschenden Ansicht, daß der Mann der Frau überlegen sei. Es gibt wie gesagt ein Gesetz, das uns zu unserem Recht verhilft. Es ist bei uns also kein brennendes Problem.«

Natascha, 21, Studentin:
»Nein, ich glaube nicht, daß bei uns eine Frauenbewegung notwendig ist. Sie würde auch niemals genehmigt werden. Bei uns werden Beschlüsse von politischen Organisationen und Betriebsräten gefaßt. Ich glaube nicht, daß Probleme durch eine besondere Frauenbewegung zu lösen sind, sondern nur durch örtliche Organisationen. Ich glaube, man kann nichts tun, um die Verhältnisse zu ändern, aber ich glaube auch, daß sich alles von alleine, auf natürliche Weise verändern wird.«

Tanja, 24, Soziologin:
»Wir sind ja ganz anders als ihr. Wir sind nicht aktiv. Wir haben uns daran gewöhnt, alles dem Staat zu überlassen, und vielleicht gehen wir darin zu weit. Der Staat ist letzten Endes nicht allmächtig und kann nicht für alles sorgen. Wir sollten vielleicht ein wenig aktiver sein ... Aber wie soll man das anfangen?«

Tamara, 24, Heilgymnastin:
»Nein, eine Frauenbewegung ist hier nicht notwendig, weder für die moralische noch die gesellschaftliche Position der Frau. Die sozialen Dienste lassen zu wünschen übrig, aber sonst gibt es hier nichts Besonderes, wir haben keine speziellen Frauenprobleme.«

Vika, 24, Journalistin:
»Kämpft ihr nur weiter! Wir haben kein Bedürfnis danach. Es gibt ja bereits Tagesheime, und die Frauen können es nicht ändern, daß sie nicht ausreichen. Und wenn eine Frau wirklich tüchtig ist und sich anstrengt, kann sie auch einen Chefposten bekommen. Ich sehe also nicht ein, warum ich in einer Bewegung mitkämpfen soll.«

LIDA

»MANCHMAL SAGT MEIN KLEINER SOHN SIE ZU MIR.«

In Lidas Wohngegend gibt es Bahngleise und Überführungen, Fabriken und Omnibusdepots. Die Häuser sind alt und baufällig, laut Lida wurden sie gleich nach der Revolution gebaut.

Lida wartet an dem vereinbarten Treffpunkt auf uns, es ist wie üblich ein U-Bahn-Aufgang. Wir müssen ihr im Laufschritt folgen, so schnell bewegt sie sich im Menschengewühl. Es stellt sich heraus, daß wir sie in der Wohnung einer Freundin interviewen werden. Erst nach Stunden gehen wir zu Lida, weil der Mann ihrer Freundin unerwartet erscheint und mit finsterer Miene wartet, daß wir gehen.

Lida wohnt in einer Gemeinschaftswohnung. Vielleicht erklärt sich dadurch ihre anfängliche Scheu, uns hier zu empfangen – sie wollte dic neugierigen Fragen der Nachbarn vermeiden.

Ihre Wohnung besteht also aus einem einzigen Zimmer. In einer Ecke steht Lidas Bett, in einer anderen ein Kinderbett voller Zeitungen, Werkzeuge und anderem Gerümpel. Außer dem Kinderbett deutet nichts darauf hin, daß sie manchmal ihren kleinen Sohn bei sich hat. Wir finden kaum einen Sitzplatz und müssen den Tisch abräumen, um das Tonbandgerät aufzustellen. Die wenigen Schmuckgegenstände sind von Lida selbst geschnitzt.

Lida ist eine kräftig gebaute, kleine Frau mit blassem, völlig ungeschminktem Gesicht und einem Herrenschnitt. Sie trägt einen verwaschenen Pullover, braune Hosen aus grobem Stoff und feste Schnürschuhe. Sie sieht müde und abgekämpft aus.

Ich bin schon 31 Jahre alt. Seit einigen Jahren arbeite ich als Zimmermädchen in einem Hotel. Ich arbeite von neun Uhr früh bis sechs Uhr abends.

Was hast du vorher getan?

Ich habe bei geologischen Expeditionen mitgemacht und bin viel herumgekommen. Im Sommer arbeitete ich ständig im Freien und im Winter hatte ich irgendwo ein kleines Zimmer. Wir haben kartographische Aufnahmen gemacht und vieles andere. Die Arbeit war oft sehr schwer, aber ich habe sie gerne getan, denn ich sah ständig neue Menschen und neue Orte und mein Leben war interessant. Aber auch davon bekommt man auf die Dauer genug, und ich wollte ein Kind haben. Deshalb mußte ich mein Leben anders einrichten, und ich habe mir in Moskau eine Stellung verschafft.

Und wie wohnst du hier?

Ich habe ein Zimmer in einer Gemeinschaftswohnung. Natürlich hätte ich gern eine eigene Wohnung, aber darauf habe ich gar keine Aussicht. Das Zimmer ist recht groß, es hat 15 qm und ich habe es für mich und meinen Jungen allein. Früher wohnte ich bei meiner Mutter. Aber es gibt ein Gesetz, daß alleinstehende Mütter auf ein eigenes Zimmer Anspruch haben, und nach einer Weile habe ich auch eins bekommen.

Ist dein Sohn im Kindertagesheim?

Nein, er ist in der Kinderkrippe, weil er nur zweieinhalb Jahre alt ist. Er ist die ganze Woche dort. Ich bringe ihn am Montag früh hin und hole ihn am Freitag abend ab.

Fühlt er sich dort wohl?

Ja, sehr wohl. Er geht gerne hin. Dort gibt es Spielsachen und andere Kinder und alles, was er braucht. Die Pflegerinnen sind gut und kümmern sich um die Kinder. Aber natürlich ist es traurig, daß ich ihn so wenig sehe. Und ich sehne mich oft nach ihm. Weil er den ganzen Tag bei fremden Leuten ist, gewöhnt er sich an sie, und wenn er dann bei mir ist, scheint er sich nach der Krippe zurückzusehnen. Er hängt mehr an den Pflegerinnen als an mir, seiner eigenen Mutter. Er benimmt sich gar nicht wie mein Sohn und sagt manchmal Sie zu mir. Aber im großen und ganzen geht alles gut, und ich könnte ihn ja nicht jeden Tag zu mir holen.

Wann kommst du von der Arbeit nach Hause?

Ich höre erst um sechs Uhr mit der Arbeit auf und kann nie vor sieben zu Hause sein. Mindestens jeden zweiten Tag muß ich auf dem Heimweg einkaufen und weil zu dieser Zeit die meisten Leute anstehen, brauche ich manchmal eine ganze Stunde. Ich komme also meistens erst um acht Uhr abends nach Hause.

Hast du überhaupt eine Freizeit?

Eigentlich nicht, denn ich muß ja am Abend kochen und waschen. Aber ich habe trotz allem ein Hobby oder besser zwei. Das erste ist das Theater, ich gehöre einer Laiengruppe an. Sie besteht aus vielen ganz verschiedenen Leuten, die sich für das Theater interessieren, und es sind sowohl Studenten als auch Arbeiter dabei. Wir proben viermal in der Woche, am Montag, Mittwoch und Samstag abend und den ganzen Sonntag. Vor der Premiere proben wir, sooft wir irgend können. Jetzt arbeiten wir gerade an einem Stück von Majakowskij*. Es ist einfach wundervoll.

Mein zweites Hobby ist das Schnitzen. Ich suche mir im Wald Holzstücke und schnitze daraus Figürchen. Das mache ich immer nachts.

Tust du am Wochenende noch etwas?

Ja, am Freitagabend kommt mein kleiner Danilo. Das heißt, meistens kümmert sich meine Mutter um ihn, denn sie hilft mir viel. Aber am Samstag versuche ich jedenfalls, mit ihm zusammen zu sein. Nur am Vormittag muß ich für uns drei, für Mutter, den Jungen und mich einkaufen. Danach gehe ich mit Danilo spazieren. Dann schläft er zwei bis drei Stunden. Am Abend spiele ich mit ihm. Er ist aber sehr selbständig und sitzt lieber für sich und zeichnet oder schaut Bilderbücher an. Er liebt seine Bücher und denkt sich zu den Bildern eigene Geschichten aus. Er ist nicht sehr am Spielen interessiert. Er zeichnet lieber. Das nennt er Briefe schreiben. Um die Spielsachen kümmert er sich kaum, nicht einmal um sein Rad. Er liebt das Bügeln und andere Hausarbeiten. Er hilft erstaunlich gern beim Abwaschen, Bodenaufwischen und bei der Wäsche. Ich wünschte, ich wäre ebenso fleißig wie er. In der Kinderkrippe benimmt er sich genauso. Wenn sie ihm sagen, daß er abwaschen darf, wenn er brav aufißt, gehorcht er sofort.

Bringt man den Kindern das Abwaschen und andere Arbeiten bei?

Nein, nicht in der Kinderkrippe. Er lernt das zu Hause. Er macht seiner Großmutter alles nach. Er benimmt sich fast wie ein Mädchen. Er spielt keine Bubenspiele und ist auch in der Kinderkrippe fast nur mit Mädchen zusammen.

Würdest du gerne sehen, daß er jungenhafter wäre?

Selbstverständlich. Vielleicht vor allem, weil ich mir einen Jungen so sehr gewünscht habe und absolut keine Tochter haben wollte. Ich war immer sehr jungenhaft und wünschte mir für mein Kind die gleichen Interessen und Erlebnisse. Mit einem Jungen kann man z. B. Expeditionen in den Wald machen und ähnliches. Mädchen muß man mit mehr Gefühl behandeln, damit sie weiblich werden, und das liegt mir nicht, denn ich bin nicht so veranlagt.

Was verstehst du unter weiblich?

Ich weiß nicht recht. Ein Mädchen sollte wohl sanfter sein. Oder braver. Ich weiß nicht recht, wie ich es sagen soll. Überhaupt ist bei Jungen fast alles einfacher.

Wie sollte also ein Junge sein?

Ein Junge soll männlich, mutig und kühn sein. Mein Junge muß lernen, sich zu prügeln, damit er sich verteidigen kann. Das werde ich ihm beibringen! Und ich möchte auch gerne, daß er tanzen lernt. Ich werde unbedingt dafür sorgen, daß er in einen Tanzclub kommt, damit er sich später nicht schämen muß, weil er nicht tanzen kann. Aber am allerwichtigsten ist doch, daß er lernt, sich gut zu prügeln und daß er kein Feigling wird.

Sprichst du mit dem Personal der Kinderkrippe oft über Danilo?

Aber ja! Ich frage oft Danilo oder die Kinderpflegerinnen aus. Aber meistens erzählen sie mir von sich aus, was er tut. Eine Pflegerin liebt er besonders und spricht ständig von ihr. Das heißt, so viel spricht er gar nicht, denn er ist recht ruhig und schweigsam. Manchmal sagt er aber Sachen, die mir peinlich sind, er denkt sich einfach etwas aus. Er ist z. B. offensichtlich nach seinem Vater gefragt worden, und er hat ja keinen. Zuerst erzählte er: »Mein Vater ist verreist.« Dann verbesserte er sich: »Mein Vater ist schon lange tot.« Es war eigentlich keine schlechte Idee von ihm, aber natürlich werde ich ihm einmal alles erklären müssen.

Bist du geschieden?

Nein, ich habe nie geheiratet. Ich wollte ein Kind, nicht eine Familie. Ich bin keine Frau, die sich für die Ehe eignet.

Was willst du damit sagen?

Ja, ich war immer lieber mit Jungen zusammen und habe meine weiblichen Eigenschaften nicht entwickelt. Ich eigne mich also nicht für das Zusammenleben mit einem Mann.

Erzähle von deiner Jugend!

Ich hatte auch keinen Vater und habe immer mit meiner Mutter zusammengelebt. Ich habe keine Geschwister und nur wenige Verwandte. Ich sehe sie nur selten. Sie leben ihr eigenes Leben und sind besser als ich gestellt. Deshalb sind die Besuche bei ihnen nicht immer erfreulich.

Was weißt du noch von deiner Kindheit?

Schon die Tatsache, daß ich nach dem Krieg und in Moskau geboren bin, war ein Glück, weil es alles gab, was ein Kind braucht. Schulen, Theater und Kino und Ausstellungen, alles das gab es in meiner Kindheit. Wir hatten sogar immer einen Weihnachtsbaum.

Aber unsere wirtschaftliche Lage war schlecht. Meine Mutter arbeitete in einer Fabrik. Sie schmierte Motoren mit chemischen Mitteln und Ölen. Sie war immer sehr müde . . . Ja, ihr wißt ja, wie es ist, wenn eine Frau völlig erledigt nach Hause kommt und noch die ganze Hausarbeit machen muß. Außerdem hatte Mutter ein schlimmes Bein, und das machte ihre Lage nicht leichter. Während meiner ganzen Kindheit hat sie auch für ihre kranke Schwester gesorgt. Deshalb reichte das Geld nie, und wir hatten ein schweres Leben. Meine Mutter und ich mußten bei fremden Leuten die Fußböden scheuern. Es war schrecklich. Aber was sie mir nur geben konnte, hat sie gegeben.

Warst du viel allein?

Ja, sehr viel. Bis ich elf Jahre alt war, war ich fast nur mit meiner kranken Tante zusammen, die ich nicht leiden konnte und vor der ich Angst hatte. Als sie dann nicht mehr bei uns war, ging alles viel besser.

Wohnte sie bei euch?

Ja, wir waren zu dritt in einem Zimmer. Das war natürlich nicht einfach, vor allem , weil ich beinahe so wild war wie ein Junge. Aber meine Mutter habe ich sehr geliebt, ich wußte ja, daß sie mich nur schimpfte, weil sie müde war. Sie hat mir immer sehr geholfen.

Hast du eine Berufsausbildung?

Nein, ich war nur auf der zehnjährigen Grundschule. Ich versuchte, mich weiter auszubilden, aber es ist mir nicht gelungen. Mal wurde ich nicht genommen, mal fehlte es mir an Zeit und Kraft. Ich ging ja gleich nach der Schule zum Arbeiten und hatte fast keine Zeit zum Lernen, weil ich von der Arbeit so müde wurde. Schon während der Schulzeit habe ich abends Briefe sortiert, um meiner Mutter zu helfen.

Hattest du nach der Schule keine Berufspläne?

Oh doch! Ich wollte immer zur See fahren, und ich träumte davon, Seemann zu werden, am liebsten sogar Kapitän. Wenn ich nur zur See hätte fahren dürfen, wollte ich wenigstens Koch oder Matrose werden. Ich versuchte, meinen Traum zu verwirklichen und dachte, wenn ich nur bis ans Meer käme, würde ich schon ein Schiff finden. Aber es ist mir natürlich nicht gelungen. Sie haben mich wieder nach Hause geschickt, nachdem ich glücklich das Meer erreicht hatte. Ich hatte weder eine Fahrkarte noch eine Reisegenehmigung.

Was hat deine Berufswahl beeinflußt?

Nichts. Ich war damals so gespalten, ich wußte nicht, was ich wollte und was aus mir werden sollte. Ich wollte nur eines: zur See fahren. Und davon träumte ich nur deshalb, weil ich ein Junge sein wollte. Ich habe es immer sein wollen.

In der Schule erklärte ich, ich wolle Geologe werden. Man sagte mir, für eine Frau sei der Beruf eines Geophysikers besser. Aber das wollte ich gar nicht hören, denn mich lockte nur die Taiga und die Lagerfeuer dort.

Nach der Schule wußte ich nicht, was ich anfangen sollte. Schließlich bewarb ich mich bei einem geologischen Institut, wurde aber nicht angenommen. Sie nahmen keine Mädchen auf, höchstens als Ersatz. Sie nehmen fast nur Jungen, weil die Mädchen ja immer eine Familie bilden, und dann sind sie keine richtigen Geologen mehr.

Ich wurde also nicht aufgenommen und mußte mir etwas anderes suchen. Ich wußte nicht, wo ich eine Arbeit finden sollte und hatte keinen Menschen, mit dem ich mich beraten konnte. Schließlich ging ich in eine Berufsschule für Dreher, wo außer mir nur Jungen lernten. Ich stand gerne an der Drehbank und habe mich recht wohlgefühlt. Aber es war nicht angenehm, das einzige Mädchen unter lauter Jungen zu sein. Besonders in meiner Gruppe wollten sie nichts von mir wissen. Ich wurde auch nicht beliebter, weil ich mit der Arbeit gut vorankam. Erst als ich das

Fallschirmspringen lernte, freundete ich mich mit den Jungen in der Schule an. Dann geschah aber in der Fabrik ein furchtbares Unglück, und ich bekam vor der Drehbank Angst. Allmählich fand ich den Beruf für eine Frau nicht mehr geeignet. Eine Frau sollte immer saubere Hände haben, denn sie hat doch Frauenhände und nicht Männerhände. Ein Dreher hat aber grobe Hände und schwarze Nägel. Es heißt immer, man solle auf seine Arbeiterhände stolz sein, aber ich schämte mich und versuchte, meine ungepflegten Hände zu verstecken. Dann schaffte ich die Arbeit auch körperlich nicht mehr, denn ich mußte ständig stehen und litt unter dem Lärm und dem Schmutz und den vielen kleinen Verletzungen und Verbrennungen. Es ist einfach keine Frauenarbeit. Ich trat aus der Schule aus und beschloß, aus Moskau wegzugehen. Ich wollte etwas sehen, ich wollte ein anderes Leben führen.

Ich zog also los und landete in Sibirien. Natürlich hatte ich anfangs Schwierigkeiten, denn das Leben dort war ganz anders und viel primitiver als in Moskau. Aber damit hatte ich gerechnet. Ich arbeitete auf einem Bau und habe mich wirklich wohlgefühlt, denn es war eine interessante Arbeit. Aber für junge Leute gibt es dort draußen nur wenig Unterhaltung, höchstens mal einen Tanzabend, aber auch das ist nicht besonders erfreulich. Die Leute kommen in ihren Arbeitskleidern und das ganze geht in irgendeinem kleinen, engen Raum vor sich. Außerdem ist man nach einem vollen Arbeitstag auf dem Bau nicht besonders tanzlustig. Man hat versucht, uns noch anderes zu bieten. Wir konnten z. B. Fallschirmspringen, dafür gab es sogar einen Ausbilder. Ich arbeitete in der Redaktion der Lokalzeitung und trat auch in die Gewerkschaft ein.

Dann ging aber endlich mein Traum in Erfüllung. Ich durfte mich einer geologischen Expedition anschließen und war überglücklich. Endlich durfte ich die Taiga sehen und in einem Lager leben, es war einfach phantastisch! Ich habe nie ein schöneres Leben gehabt als die drei Jahre in der Taiga. Man sagt ja, wer einmal die Taiga erlebt hat, wird sich immer nach ihr zurücksehnen. Es ist dort alles so unbeschreiblich herrlich – der Wald, der Duft und die wilde Natur . . . Und alle, die dort arbeiten, sind so begeistert, sind so optimistisch, daß man sich niemals langweilt. Es wäre herrlich, wenn ich dorthin zurückkehren könnte. Aber jetzt habe ich ja meinen Sohn Danilo, und ich wage es nicht, meine Stelle hier aufzugeben.

Wenn du ein Mann gewesen wärst, wäre es dir dann anders ergangen?

Unter allen Umständen. Die Männer sind viel freier. Sie können leicht von Zuhause weggehen und überall herumziehen. Aber wo eine Frau auch hingeht, betrachtet man sie in erster Linie als Frau und denkt: »Was kannst du überhaupt? Wozu kann man dich gebrauchen, und für wie lange? Du wirst natürlich ein Kind kriegen und du kannst nicht so gut arbeiten wie ein Mann!« Das ist überall so, sogar hier in Moskau.

Gibt es hier typische Frauenberufe?

Ja, viele. Maschinenschreiben ist ein Frauenberuf. Zeichner, Sekretäre und fast alle Lehrer sind Frauen. Büroangestellte, Ärzte, Verkäufer . . . und viele andere.

Woher kommt das?

Es kommt daher . . . wie soll ich sagen . . . das sind Berufe, die sich einfach nicht für Männer eignen. Es sind leichte Berufe. Einfache Frauenberufe.

Hältst du es für richtig, daß es typische Frauenberufe gibt?

Selbstverständlich ist es richtig!

Hältst du es auch für richtig, daß die meisten Lehrer und alle Erzieher in Kindertagesheimen Frauen sind?

In den Kinderkrippen und Tagesheimen ist es sicher richtig, weil Frauen mit kleinen Kindern besser umgehen können als Männer. Aber als Lehrer sind Männer besser, weil Kinder lieber auf Männer hören. Kinder fühlen sich immer mehr zu starken als zu schwachen Menschen hingezogen.

Haben Männer und Frauen das gleiche Lernziel?

Ich glaube nicht. Sie haben ähnliche, aber nicht völlig gleiche Ziele. Und die Frauen wollen oft ihr Ziel durch einen Mann verwirklichen. Sie hoffen, daß er Ihr Leben mitgestalten wird.

Haben Frauen im Beruf mehr Schwierigkeiten als Männer?

Ja. Eine Frau bekommt kaum einen Posten, der mit Dienstrei sen verbunden ist, denn sie kann ja viel weniger von Zuhause fort als ein Mann. Und schwere Arbeit schafft eine Frau nicht so gut wie ein Mann. Außerdem kann sie Schaden nehmen.

Was bedeutet dir die Berufsarbeit?

Sie bedeutet, daß ich mich ernähren und leben kann. Ohne Arbeit käme ich nicht zurecht. Aber man kann es natürlich anders machen. Man kann z. B. jemanden heiraten, der gut verdient, und dann von seinem Geld leben. Aber wer nicht diese Möglichkeit hat und nicht stehlen will, muß arbeiten, um zu leben.

Möchtest du nur Hausfrau sein?

Nein, das möchte ich nicht. Aber ich hätte gerne eine Arbeit, die meinen Interessen entspricht, eine Arbeit, die ich nur aus Freude machen würde. Aber so etwas ist kaum zu finden. Nur mit einem Kind zu Hause zu sitzen, wäre schrecklich. Es würde mir sehr schwerfallen.

Was könnte man deiner Ansicht nach gegen den Geburtenrückgang tun?

Ich weiß, die Geburtenzahl geht ständig zurück. Es wird auch sehr lange dauern, bis sich daran etwas ändert. Unter den heutigen Umständen ist es fast unmöglich, auch nur ein Kind zu ernähren. Die Kinderkleidung ist bei uns furchtbar teuer. Man muß enorm viel Geld ausgeben, denn ein kleines Kind wie Danilo wächst nicht nur jeden Tag, nein, der wächst fast jede Stunde. Er braucht ständig neue Schuhe, neue Hemden, neue Hosen. Auch das Essen für ein Kind ist sehr teuer. Es braucht ständig Dinge, für die man anstehen muß, die man nur mit großer Anstrengung bekommenn kann. Es braucht z. B. Vitamine, und wer den ganzen Tag arbeitet, kann nahezu unmöglich Apfelsinen kaufen. Oft ist es auch schwierig, frische Milch zu bekommen, weil die Milchprodukte bei uns sehr knapp sind. Wegen solcher Dinge kann sich fast niemand mehr als nur ein Kind leisten. Ich glaube nicht, daß jemand freiwillig ein zweites Kind bekommt. Höchstens dann, wenn die Frau nicht abtreiben will.

Hast du abgetrieben?

Ja, einmal. Es war furchtbar. Aber was soll man tun? Es ist ein großes Problem. Ich denke dabei an die Pille. Einmal wurden eine Menge verkrüppelter Kinder geboren. Sie waren ohne Arme und Beine, weil die Mütter die Pille genommen hatten. Das war in Deutschland, aber hier ist es ähnlich.

Und wie steht es mit den Verhütungsmitteln?

Ich kenne nur das Kondom. Es gibt natürlich auch ... Pessare und Pillen, aber alle Mittel sind für die Frauen schädlich. Ich finde, es ist ausschließlich Sache des Mannes, sich zu schützen. Doch die Männer tun es nicht immer, und die Frauen haben ständig Angst, schwanger zu werden. Ich kenne das, denn wenn ich mit einem Mann zusammen bin, kann ich fast an nichts anderes als nur daran denken. Für eine Frau ist das Abtreiben entsetzlich, und mehrere Kinder kann sie unmöglich haben. Das gilt besonders für diejenigen, die wie ich keinen Mann haben, sondern nur ab und zu ein Verhältnis.

Erzähle uns über die Geburt deines Jungen.

Die Geburt war unglaublich leicht. Vielleicht, weil ich so gerne ein Kind wollte. Alle haben mich beneidet. Auch die Schwangerschaft war leicht. Ich konnte Skilaufen und war die ganze Zeit sehr beweglich. Vielleicht hatte ich auch dadurch eine leichte Geburt, ich mußte aber zusehen, wie sich die anderen Frauen quälten, und wie die Hebammen ihnen kaum halfen. Ich konnte es kaum mit ansehen. Um mich kümmerte sich niemand, und ich fand das sehr demütigend. Als die Preßwehen einsetzten, mußte ich aufstehen und in das Entbindungszimmer gehen. Dort wurde ich einfach alleingelassen. Dann kam jemand, um etwas zu holen, und rief:

»Ja sowas, das Kind ist ja schon zu sehen!« Und dann holte man schleunigst Hilfe. Aber der Junge hätte ja auf den Boden fallen, oder es hätte sonst etwas geschehen können. Ich war furchtbar erschrocken, als die Person rief und ich merkte, was los war. Dann kamen natürlich eine Menge Leute, alles aber nur, weil sie zufällig ins Zimmer geschaut hatten.

Wurden viele Frauen gleichzeitig entbunden?

Aber nein! Neben mir lag eine Frau, die schon in aller Frühe entbunden hatte. Sie bekam Zwillinge, doch war einer bei der Geburt tot. Man zeigte ihr das Kind und trug es dann weg. Ich bin eingeschlafen. Als ich aufwachte, lag sie mit ihrer kleinen, neugeborenen Tochter da und alles war eigentlich in Ordnung. Es war niemand im Entbindungszimmer außer uns beiden. Sie wurde dann weggebracht und man hätte sich nur um mich kümmern müssen. Ich weiß nicht, wie es sonst ist, aber in meinem Fall war es sehr demütigend. Gleich nach der Entbindung mußte ich selbst in den Krankensaal gehen, obwohl es gar nicht gut sein soll, so früh aufzustehen. Kaum lag ich in meinem Bett und war glücklich über meinen Jungen, als eine Frau kam und mich fragte, ob ich einen Jungen oder ein Mädchen bekommen hatte. »Einen Jungen«, sagte ich. »Ach du Ärmste«, sagte sie, »der ist gerade gestorben«. Ich stürzte ins Kinderzimmer, und dort lag er ganz lebendig. Der Kinderarzt sagte mir später, der Junge sei ungewöhnlich kräftig und lebhaft und habe in der Klinik fast überhaupt nicht geweint.

Möchtest du noch ein Kind?

Nein, ich habe immer nur eins gewollt, einen Jungen. Wenn ich Zwillinge oder Drillinge bekommen hätte, wäre ich aber auch zufrieden gewesen. Mit drei Kindern könnte ich eine eigene Wohnung bekommen, dazu habe ich mit nur einem Kind gar keine Möglichkeit. Ich möchte das ganze aber nicht noch einmal durchmachen.

Wie sollte deiner Ansicht nach eine Mutter sein?

Eine gute Mutter kann ihr Kind erziehen und gibt ihm eine

Berufsausbildung. Sie kümmert sich um alles, was das Kind braucht, aber sie ist in ihrer Liebe nicht so blind, daß sie sich völlig aufreibt. Eine gute Mutter ist dem Kind gegenüber nie zornig, sondern sie beherrscht sich, auch wenn es sehr schwierig ist. Ich finde, eine Mutter soll lieb und gut und sanft sein. Sie soll auch Lebensart haben. Wenn sie schlechte Eigenschaften hat, muß sie diese vor dem Kind immer verbergen.

Der Vater muß zum Kind und zur Mutter liebevoll, freundlich und stark sein. Aber er muß auch Forderungen stellen. Das Kind muß seine Kraft und seine feste Hand spüren.

Sollte man deiner Meinung nach Jungen und Mädchen gleich erziehen?

Nein, keinesfalls. Ein Junge muß so erzogen werden, daß er mutig, kräftig und zäh wird. Er darf nicht feige sein. Man darf ihn nicht verwöhnen. Aber er muß auch lernen, zu Tieren und zu Menschen gut zu sein. Er darf sich nicht zu einem Egoisten entwickeln. Das ist für einen Jungen sehr wichtig. Zu seinem eigenen Schutz braucht er aber eine gewisse Härte, besonders im Beruf. Und er muß sehr, sehr früh selbständig werden. Das ist für einen Jungen viel wichtiger als für ein Mädchen.

Ein Mädchen kann man natürlich ruhig ein bißchen verwöhnen. Es braucht nicht nur hübsche Kleider, sondern auch ein wenig Flitter. Es muß ja später nett und modisch angezogen sein und das kann es nicht früh genug lernen. Man muß ein Mädchen so erziehen, daß es lieb und nett wird. Es muß auch sanft sein und darf sich nicht prügeln. Dagegen muß ein Junge unbedingt lernen, sich zu wehren.

Warum ist das notwendig?

Ein Mädchen soll doch weiblich sein, d. h. brav und sanft. Wenn es sich mit Jungen prügelt, behandelt man es automatisch wie einen Jungen. Es wird hart und bleibt es auch als erwachsene Frau. Damit hat es seine Weiblichkeit verloren, und es kann dann noch so hübsch sein, seine Härte verscheucht alle Männer.

Aber ein wenig Mut und Härte würden doch einem Mädchen im Berufsleben weiterhelfen?

Nein, wieso? Heute sind doch unsere Frauen schon so männlich, daß sie sich gut behaupten können.

Noch etwas zum Thema Kinder. Du scheinst mit der Kinderkrippe zufrieden zu sein.

Ja, aber nur mit der Krippe, in der mein Junge jetzt ist. Er war früher in einer anderen und die war schrecklich. Ich habe ihn einfach herausgeholt und habe gesagt, daß ich ihn nie mehr wieder bringen würde. Nachher war es fast unmöglich, eine neue Krippe zu finden.

Ich glaube, die Menschen werden nach ihrer Kleidung beurteilt. Einmal, als ich in meinen häßlichen Kleidern ankam, sagte man mir, es sei leider kein Platz, mehr in der Krippe frei. Und das, obwohl mein Junge eigentlich schon dran war. Dann kam eine andere Frau in einem Pelz, und ihr haben sie Bonbons angeboten und gesagt, sie könne natürlich ihr Kind bringen. Etwas ähnliches habe ich oft erlebt.

Danilo wurde also herumgestoßen, bis ich ihn endlich in dieser guten Krippe unterbringen konnte. Wenn er drei wird, muß er in ein Kindertagesheim. Wahrscheinlich liegt es am Ende der Welt. Ich muß ihn dann früh wecken und muß ihn füttern, obwohl er vor Müdigkeit kaum den Mund aufmachen kann. Ich muß ihn in Bussen und Straßenbahnen mitschleppen, die mit gehetzten Menschen vollgestopft sind. Er wird sich anstecken, weil alle ihn anhusten. Es ist fürchterlich eng, die Leute schreien sich an, und die Kinder müssen sich alles anhören. Im Tagesheim ist es manchmal genauso, und die Erwachsenen benehmen sich widerlich. Sie schimpfen die Kinder aus und sagen gemeine Dinge. Später tun die Kinder das gleiche, weil sie ja den Erwachsenen alles nachmachen. Deshalb dürfen Eltern nie die Geduld verlieren und jähzornig sein. Kinder merken sich doch alles, was ihre Eltern sagen.

Die Kinder werden von den Erwachsenen also nur selten richtig behandelt?

Es ist in der heutigen Zeit kaum möglich. Wenn eine Frau mit ihrem Beruf, ihrem Mann, ihrer Familie und ihrem Lebensstandard zufrieden ist – dann kann sie eine gute Frau sein. Wenn sie sich nicht sorgen muß. Wenn sie weiß, daß zu Hause ein geliebter Mann und ein Kind auf sie warten. Wenn ihr Mann ihr Blumen oder Theaterkarten kauft, oder ihr Kind mit guten Noten nach Hause kommt. Dann kann sie froh sein und guter Laune. Dann lebt sie nicht im Streß und ist nicht wegen jeder Kleinigkeit außer sich. Wenn sie ein glückliches Leben führt, kann sie sich als Frau voll entwickeln. Aber das geschieht nur sehr selten. Solche Frauen gibt es kaum.

Die ideale Frau . . . meiner Ansicht nach kommt sie in jeder Situation zurecht, sie kann für sich und ihre Familie sorgen und ihre Müdigkeit verbergen – besonders vor ihrem Mann. Natürlich merkt ein feinfühliger Mann, wenn sie müde ist und hilft ihr. Aber eine Frau sollte ihre Müdigkeit nie zeigen, sondern fröhlich sein und geistige Interessen haben, damit man sich gerne mit ihr unterhält.

Du meinst, ein Mann sollte seiner Frau helfen, wenn sie müde ist? Wie sollte deiner Ansicht nach die Hausarbeit aufgeteilt werden?

Wenn ich verheiratet wäre, würde ich unbedingt dafür sorgen, daß mein Mann mich nie beim Wäschewaschen sieht. Ich würde nur dann waschen, wenn er nicht zu Hause ist oder frühmorgens, wenn er noch schläft, damit ich mich duschen und herrichten kann, bevor er kommt. Ich möchte nicht, daß er mich schwitzen sieht. Das Kochen muß man vor seinem Mann nicht verbergen, aber man sollte es ganz früh tun oder am Sonntag, am liebsten während er noch im Bett ist. Und den Tisch sollte man decken, bevor man ihn geweckt hat, damit das Frühstück fertig ist, wenn er kommt. Beim Kochen kann der Mann ruhig helfen, und die Kinder auch. Der Mann kann z. B. die Kartoffeln schälen und die Kinder können abwaschen, während die Frau alles überwacht. Ich habe also nichts dagegen, daß ein Mann seiner Frau beim Kochen hilft. Ich kenne sogar Männer, die ausgesprochen gute Köche sind. Das Kochen ist keine schwere Arbeit, sondern oft eine nette Beschäftigung.

Wie steht's mit dem Abwasch und dem Putzen?

Ja, auch hier kann der Mann helfen. Aber vor allem sollte er einkaufen, weil das sehr schwer und mühsam ist. Die Frau muß aber unbedingt die Einkäufe planen, obwohl ein Mann natürlich auch von sich aus ein Kilo Fleisch oder einen Liter Milch kaufen kann. Weil aber die meisten Männer sehr ungern anstehen, bleibt das Einkaufen doch an den Frauen hängen. Ich kenne eine Frau, die wirklich Hilfe bekommt – von ihrem Nachbarn. Sie weiß kaum, wie das Einkaufen vor sich geht. Ich finde ihn aber weibisch, weil er so gerne in Geschäfte geht. Es ist doch ... unmännlich und sieht komisch aus. Natürlich freut sich eine Frau, wenn ihr Mann alle Besorgungen macht. Aber man kann das auch anders sehen.

Gibt es noch andere Hausarbeiten, die nur eine Frau machen kann?

Also, das Waschen ist reine Frauenarbeit. Ein Mann sollte nur seine Strümpfe und seine Unterwäsche selber waschen. Er sollte es tun, aber weil kein Mann das einsieht, ist auch das eine Frauenarbeit. Ein Mann könnte auch putzen, aber meistens machen es doch die Frauen. Teppichklopfen und den Mülleimer wegbringen – das übernimmt ein Mann, wenn er nett ist.

Trifft das auch zu, wenn beide Eheleute ganztags arbeiten?

Ja. Bei uns machen die Frauen die gesamte Hausarbeit. Wenn ein Mann nach Hause kommt, gibt es für ihn nur die Zeitung und den Fernseher. So ist es überall, auch wenn die Zeitungen schildern, wie die Männer am 8. März* kochen und putzen und einkaufen und den Boden aufwischen, und ich weiß nicht was sonst noch alles. In Wirklichkeit tun die Frauen alles.
Es gibt hier vielleicht einen gewissen Unterschied zwischen Arbeitern und Intellektuellen. Die Intellektuellen sind in dem Punkt ein bißchen weiter. Aber in Arbeiterfamilien geht es so zu, wie ich es geschildert habe.

Glaubst du, es läßt sich in diesem Punkt etwas ändern?

Natürlich könnte man Erleichterung schaffen, es fragt sich bloß, wie. In einer Fabrik durfte man z. B. Lebensmitteleinkäufe im voraus bestellen, aber als die Frauen nach der Arbeit angelaufen kamen, mußten sie sich trotzdem anstellen, weil Hunderte Bestellungen gemacht hatten. Das war also auch keine Lösung.

Ich glaube auch nicht an eine psychologische Veränderung, weil die Männer sich völlig daran gewöhnt haben, daß alle Hausarbeit Frauensache ist.

Ich persönlich denke immer weniger an die Zukunft. Das Träumen kommt einem sinnlos vor, wenn man nicht an die Erfüllung der Träume glauben kann. Aber natürlich ... ganz kann ich das Träumen nicht lassen. Ich träume davon, daß ich meinem Sohn das Allerbeste bieten werde. Ich werde es versuchen, wenn es mir auch nicht ganz gelingen sollte. Ich möchte aus ihm einen Menschen machen, der nicht leiden muß, weil er wehrlos ist und ohne Lebenskraft, einen Menschen, der alles kann, was er will.

Was ich für mich wünsche ... darüber kann ich nur schwer sprechen. Ich hatte so viele Wünsche, die sich nicht verwirklichen ließen. Ich wollte studieren, hatte aber nicht die Kraft, das Studium abzuschließen. Ich wollte Bühnenbildner werden und baute in einem Theaterstudio Kulissen. Aber ich hatte kein Talent und gab es auf. Natürlich träume ich immer noch von einem Beruf, der mich geistig und materiell befriedigt, aber ich weiß nicht, wo ich ihn finden kann. Oft ist die Arbeit, die Geld einbringt, ungesund und nur schwer erträglich. Aber ich werde weitersuchen. Ich kann meine Ideale nicht verwirklichen und kann nicht tun, was ich möchte. Ich möchte z. B. eine eigene Wohnung oder einen Hund. Das wollen aber die Nachbarn nicht, denn sie mögen keine Tiere. Sie wissen ja, wie es mit Nachbarn ist! Auch wegen der Nachbarn kann man nicht leben, wie man gerne möchte. Ich kann nicht einmal jemanden einladen. Wenn ich einen Mann einladen würde, dann gäbe es Unannehmlichkeiten. Ich habe so viele Freunde im ganzen Land, die gerne hierherkämen zum Übernachten, aber auch das würde nur Schwierigkeiten machen.

So geht es jedem, der in einer Gemeinschaftswohnung lebt. Man träumt nur noch von einer eigenen Wohnung. Es wäre auch schön, wenn ich mir etwas Nettes zum Anziehen leisten könnte. Ich möchte einen Rock und Hosen und einen Pulli kaufen, und ich beneide alle, die etwas Modisches tragen. Ich finde es immer ein wenig ungerecht, daß gerade ich mir nichts leisten kann, aber so ist es nun einmal. Ich muß froh sein, wenn ich mich sauber und ordentlich anziehen kann, denn ich habe nichts zum Wechseln, nur, was ich jetzt anhabe. Diese Halbschuhe trage ich schon den dritten Winter, denn ich kann unmöglich 80 Rubel für ein Paar Stiefel ausgeben.

Wie soll ich es ihnen erklären? Ich glaube, nur ein leidenschaftlich engagierter Mensch kann über Unzulängliches hinwegsehen. Und diese Leidenschaft besitze ich nicht mehr. Ich kann das Leben nicht in rosigem Licht sehen, dazu ist es viel zu grau.

Man muß sich aber auch darüber im klaren sein, daß man selber schuld ist, wenn einen das Leben nicht befriedigt. Obwohl ich in der Taiga war, obwohl ich einen Teil meiner Träume verwirklicht und mich in der Welt umgesehen habe, bin ich von meinem Leben nicht befriedigt. Wenn man im Leben etwas wählt, muß man auf etwas anderes verzichten und man verliert immer etwas.

Wer das Leben genießen will, darf nicht die Schattenseiten sehen. Ich kann aber nicht anders. Ich habe fast keine Freude am Leben.

VERHÜTUNGSMITTEL UND SCHWANGERSCHAFTS-ABBRUCH

Die sowjetische Gesellschaft ist durch und durch prüde, was auf vielen Gebieten Folgen nach sich zieht.

In den Schulen befindet sich der Sexualunterricht noch im Versuchsstadium. Am weitesten ist er in Estland gediehen, wo in den 60er Jahren ein Kurs für »persönliche Hygiene« eingeführt wurde. Jungen und Mädchen werden in sexuellen Dingen getrennt unterrichtet (das gleiche Prinzip gilt übrigens für die Vorlesung über Fragen des intimen Zusammenlebens am Eheberatungsbüro in Leningrad: Die Verlobten müssen die Vorlesungen nach Geschlechtern getrennt besuchen).

Auch die Eltern scheinen die sexuelle Aufklärung nicht übernehmen zu wollen. Eine Untersuchung hat ergeben, daß nur 6 bis 7% der Jugendlichen zu Hause aufgeklärt werden. Die wichtigsten Informationsquellen sind deshalb nur ältere Freunde oder Bücher.

Die Aufklärung über Verhütungsmethoden erfolgt nur sporadisch, wohl zum Teil wegen des mangelhaften Angebots an Verhütungsmitteln. Es stehen hauptsächlich Kondome zur Verfügung, die aber wegen ihrer Unzuverlässigkeit und groben Qualität nicht beliebt sind. Orale Verhütungsmittel sind oft nicht erhältlich und werden wegen vermeintlicher Nebenwirkungen gefürchtet. Man glaubt anscheinend, daß die Contergan-Kinder im Westen verkrüppelt sind, weil ihre Mütter die Pille nahmen.

Auch das Pessar und die Spirale scheinen nicht beliebt zu sein. Vielleicht, weil manche den Gang zum Gynäkologen scheuen. Es heißt oft, man müsse »Beziehungen« haben, weil man nur dann höflich und sachlich behandelt wird.

Es bleibt also der Schwangerschaftsabbruch, der heute während der ersten drei Schwangerschaftsmonate unbegrenzt erlaubt ist und praktisch das üblichste Verhütungsmittel darstellt. Angeblich werden von fünf Schwangerschaften vier abgebrochen.

In der Sowjetunion wurde lange über das Recht auf Schwangerschaftsabbruch diskutiert. Die Abtreibung wurde 1920 nicht etwa im Zuge der Emanzipation legalisiert, sondern, um die unzähligen lebensgefährlichen, illegalen Abtreibungen zu vermeiden. Alexandra Kollantaj sah in Abtreibungen und Verhütungsmitteln nur bürgerliche Erfindungen und betrachtete das Gesetz über legale Schwangerschaftsunterbrechung als ein vorübergehend notwendiges Übel. Stalin führte 1936 neue, strenge Gesetze zur Hebung der Geburtenzahl ein und verbot die Abtreibung. Das Verbot führte aber nicht zu mehr Geburten, sondern es gab nur mehr kranke und tote Frauen als Opfer von illegalen Abtreibungen. 1955 wurden Abtreibungen – allerdings nur mit medizinischer Indikation – wieder zugelassen. Erst seit 1968 sind Schwangerschaftsabbrüche ohne Einschränkung wieder erlaubt.

Eine Abtreibung kostet heute etwa fünf Rubel. Bis zur zwölften Schwangerschaftswoche erfolgt der Eingriff ohne Narkose und die Frau wird drei Tage krankgeschrieben. Es gibt weder ein helfendes Gespräch noch eine Beratung. Ausserdem ist der Papierkrieg und die Befragung in der Klinik sehr belastend. Aus diesen Gründen lassen alle Frauen, welche die Möglichkeit dazu haben, privat abtreiben. Es ist teuer, aber wesentlich angenehmer. Unter Umständen entgeht man auch der kompromittierenden Krankschreibung. Diese sogenannten schwarzen Abtreibungen sind zwar illegal, aber sehr üblich.

Die meisten Entbindungen erfolgen in einer Klinik. Man könnte sagen, daß die offizielle Prüderie bis in den Entbindungssaal reicht. Man ist der Ansicht, eine Geburt sei schmerzhaft, vor allem aber unästhetisch. Das Hauptargument gegen die Anwesenheit des Vaters bei der Geburt lautet demnach, *der Vorgang sei zu grotesk. Der Vater darf allenfalls nebenan warten, weil es nicht schaden könne, wenn er mithört, was seine Frau durchmachen muß. Zu dieser Maßregel trägt natürlich auch bei, daß die Frauen nicht einmal bei der eigentlichen Geburt immer allein im Zimmer liegen. Schmerzlindernde Mittel werden nur selten verwendet. Es gibt höchstens Lachgas. Man veranstaltet aber Kurse für werdende Mütter, wo sie turnen, das Entspannen üben und Säuglingspflege lernen.*

Mutter und Kind bleiben eine Woche in der Klinik. Man meint, die Mutter brauche am ersten Tag nach der Geburt Ruhe und dürfe das Kind nicht bei sich haben. Wenn das Baby zu ihr gebracht wird, ist es in altmodischer Weise gewickelt, so daß nur das Köpfchen frei ist.

NINA

»ICH MÖCHTE IMMER DAS GLEICHE LEISTEN WIE EIN MANN.«

Mein wichtigstes Ziel ist heute der Abschluß meines Studiums. Aber ich werde nachher noch weiterlernen. Ich fühle, daß ich etwas schaffen, etwas leisten will, nicht für mich und nicht aus Prestigegründen, sondern einfach, weil ich die Kraft und die Fähigkeit in mir fühle und weil ich glaube, daß ich etwas für andere Menschen tun kann.

Ich hoffe auch, daß ich die Zeit erleben werde, wo die Verhältnisse in unserem Lande noch besser werden, wo wir den Kommunismus verwirklicht und wo sich die Menschen noch ein wenig verändert haben.

Wir sprechen von unseren drei Aufgaben, von den drei Bedingungen für die Errichtung des Kommunismus. Es sind die materiellen und technischen Grundbedingungen, die Erziehung des kommunistischen Menschen und die Entwicklung des Prinzips »jeder gibt, was er kann und bekommt, was er braucht.« Allein die Erziehung des kommunistischen Menschen stellt uns noch vor viele Aufgaben.

Ich möchte bei der Umgestaltung unseres gesamten Erziehungswesens mithelfen. Man müßte bei den Kindern viel früher als heute bestimmte Eigenschaften entwickeln. Ich bejahe den Kommunismus, und ich meine . . . ich wage sogar zu sagen, daß ich weiß, was im Erziehungswesen zu tun ist. Es geht um die Erziehung des kommunistischen Menschen, und solange man sich dafür nicht einsetzt, solange Erziehung und Unterricht nicht von Grund auf reformiert sind – man ist allerdings schon dabei – solange habe ich eine Aufgabe.

Der kommunistische Mensch ist aktiv. Er ist sozial bewußt, aktiv und schöpferich. Für ihn steht die Arbeit an erster Stelle, und er weiß auch, warum: Sie dient der Gesellschaft. Man arbeitet nicht nur für sich, sondern für die Gemeinschaft. Vielleicht drücke ich mich nicht klar aus, denn ich kann mich nicht genau an die Definition erinnern, aber so denke ich mir den kommunistischen Menschen.

Man muß auch ein feines Ohr für seine Mitmenschen haben. Ein Mensch darf nie zur Maschine werden und vergessen, daß ihn die anderen Menschen brauchen. Die Grundlage für dieses Verhalten, für die moralische Einstellung, wird schon in der frühen Kindheit geschaffen. Ich glaube, daß die Moral eines Kindes schon in den ersten Lebensjahren geprägt wird durch Märchen und Spiele und durch das Beispiel der Erwachsenen. Später kommen andere Einflüsse durch gleichaltrige Freunde und im Arbeitskollektiv. Aber die sittliche Erziehung beginnt schon in den ersten Lebenstagen – das muß man sehr ernst nehmen. Es ist wie in der Anekdote über Makarenko:* Eine Mutter fragt Makarenko: »Wann beginnt die Erziehung eines Kindes?« »Wie alt ist ihr Kind?« fragt Makarenko. »Zwei Wochen.« »Gnädige Frau, Sie haben bereits zwei Wochen versäumt.«

Es ist also mein größter Wunsch, bei der Schaffung des kommunistischen Menschen mitzuhelfen, und ich möchte viele Kinder haben, sie sollen mir eine Hilfe und kein Hindernis sein. Und noch eins möchte ich: abnehmen. Ich bin jetzt dicker als gewöhnlich.

Nina wohnt mit ihrem Mann Wowa etwa eine Stunde vom Moskauer Stadtzentrum. Sie haben eine eigene Wohnung in einem großen, neuen Wohngebiet. Von den Fenstern im achten Stock überblickt man das ganze Gebiet mit mehr als 20 exakt gleichen, weißen Hochhäusern an einer riesigen Baugrube. Schmale Straßen führen zu Bushaltestellen an der großen Straße, welche das Gebiet begrenzt. Nina meint, in der Baugrube werde bis zur Olympiade eine Sportanlage entstehen.

Nina und Wowa sind beide 25 Jahre alt und haben eine zweieinhalbjährige Tochter, Swetka.

Nina ist Programmiererin und besucht Abendkurse an der Universität. Sie studiert Psychologie und Pädagogik. Wowa hat den gleichen Arbeitgeber und besucht die gleichen Abendkurse wie Nina.

Wir besuchen sie an einem Samstag, d. h. an dem Tag, an dem die meiste Hausarbeit erledigt werden muß. Vor dem Haus überholen wir Wowa, der einen neuen Spültisch trägt. In der Wohnung ist Nina beim Wochenputz.

Wir erkundigen uns gleich nach der Wohnung, weil sie auffallend groß ist. Sie hat drei Zimmer und 44 qm. Es ist eine Genossenschaftswohnung, Ninas Eltern haben das notwendige Bargeld aufgebracht. In der Wohnfläche sind weder die geräumige Diele noch Küche, WC oder Bad inbegriffen. Die Wohnung wirkt noch heller und geräumiger, weil sie vorerst fast unmöbliert ist. Auf allen Fensterbänken stehen Grünpflanzen und in der Küche Töpfe mit Dill und Petersilie.

Während des Interviews kommt die kleine Swetka immer wieder aus ihrem Zimmer gelaufen, wo der Boden von pädagogischem Spielzeug übersät ist. Nina ist sich sehr über die Bedeutung der ersten Lebensjahre bewußt und erzählt gerne von ihren Erziehungsplänen. Sie spricht sowohl lebhaft als auch nachdenklich. Sie ist groß, hat ausdrucksvolle Gebärden und ein anscheinend unbegrenztes Selbstvertrauen. Wir bitten sie, ein wenig von ihrer Kindheit zu berichten.

Ich bin in Moskau geboren. Damals lag das Gebiet am äußersten Stadtrand, heute zählt es beinahe zum Zentrum. Als ich klein war, gab es dort nur große, schwarze Felder und die riesigen, erleuchteten Universitätsgebäude.

Wir wohnten in einem Holzhaus. Meine Großeltern waren Bauern. Mein Vater ist Elektriker. Meine Mutter und er arbeiten beide in einer Lastwagenzentrale. Ich habe noch zwei jüngere Schwestern.

Es war schön, in dem Haus zu wohnen. Wir hatten einen herrlichen Garten mit vielen Obstbäumen. Dort wohnte eine ganze Kinderschar, die immer zusammen spielte. Es waren meist Jungen. Wir bauten Hütten und spielten Ballspiele.

Als Kind hatte ich sehr hochfliegende, aber auch verschwommene Träume von der Zukunft. Ich wußte in Wirklichkeit fast nichts über die vorhandenen Möglichkeiten. In der Schule waren wir irgendwie von der Realität ganz abgeschirmt. Wir haben höchstens mal eine Fabrik besucht, aber wir durften uns niemals wirklich an der Arbeit beteiligen.

Ich weiß, daß man heute versucht, die Schüler besser über verschiedene Berufe zu informieren. Es gibt mehr Besuche an Arbeitsplätzen und mehr Vorträge in den Schulen. Aber in meinem Fall geschah alles durch Zufall. Ich mochte gern Mathematik und belegte einen Kurs auf der Universität. Aber ich habe ihn nicht abgeschlossen und bin aufs Technikum* gegangen. Ich tat es hauptsächlich, weil dort die Ausbildungszeit kürzer war, und ich mich möglichst schnell selbst ernähren wollte, denn meinen Eltern ging es nicht gut. Vorher wußte ich nicht einmal von der Existenz des Technikums oder der Computer! Meine Freunde waren wahrscheinlich besser informiert, aber meine Eltern hatten keine gute Schulbildung, und das hat sich auch auf mich ausgewirkt. Mein Patenonkel hat mir das Technikum vorgeschlagen, und ich folgte seinem Rat. Über meine weitere Ausbildung habe ich allerdings selbst, sehr bewußt, entschieden.

Zur Zeit studiere ich neben der Berufsarbeit. Ich arbeite ganztags die üblichen 40 Wochenstunden und studiere am Abend. Mein Mann und ich besuchen die gleichen Kurse und hören die Vorlesungen abwechselnd. Das ist erlaubt, wenn man Kinder hat. Unser Studium dauert natürlich länger als bei Studenten, die nicht arbeiten, und wir brauchen sechs statt fünf Jahre für den Abschluß. Es ist sehr mühsam, obwohl wir auch am Arbeitsplatz pauken können.

Wir möchten auf eigenen Beinen stehen und nicht von den Eltern abhängig sein. Wir könnten natürlich auch ein Stipendium bekommen, aber die Löhne sind doch höher. Ich verdiene 130 Rubel und Wowa 140. Meiner Ansicht nach leben Studenten von der Wirklichkeit isoliert, und ich möchte mich lieber mit wirklichen Problemen auseinandersetzen. Außerdem habe ich schon eine Berufsausbildung. Ich bin Programmiererin. Aus allen diesen Gründen möchte ich nicht aufhören zu arbeiten, obwohl ich studiere.

Wegen Swetka ist es manchmal recht schwierig. Sie ist tagsüber in der Kinderkrippe. Aber sie ist oft krank und muß dann zu Hause bleiben. Es ist nur gut, daß man in unserem Betrieb nett ist und uns erlaubt, Arbeit mit nach Hause zu nehmen. Es ist ihnen gleich, ob ich mal an Nachmittagen oder am Abend arbeite, statt am Vormittag. Ich habe recht freie Arbeitszeiten. Das gibt es z. B. nicht in der Fabrik. Da nehmen sie es mit der Arbeitszeit sehr genau.

Morgens geht fast immer Wowa mit Swetka zur Kinderkrippe. Sie ist gerade jetzt in einer Phase, in der sie weint, wenn wir sie dort lassen, und ich kann das nur schwer mit ansehen.

Sie gehen ungefähr um halb acht und ich schlafe bis acht Uhr. Dann frühstücken Wowa und ich und um neun bis halb zehn Uhr fahren wir zur Arbeit. Das dauert mit dem Bus oder der U-Bahn ungefähr 50 Minuten.

Die Hausarbeit haben wir nicht genau aufgeteilt. Wir kaufen z.B. beide ein, und zwar geht derjenige, der frei ist, wenn die Geschäfte am wenigsten voll sind, zum Einkaufen.

Aber ich glaube, ich tue ein klein bißchen mehr als Wowa. Er sagt zwar immer, wir täten genausoviel, vielleicht stimmt es auch. Er wäscht, putzt und wäscht ab. Aber ich finde doch, daß ich irgendwie für alles verantwortlich bin.

Wir arbeiten ungefähr bis sechs Uhr, manchmal wird es ein wenig früher, manchmal später. Wenn wir anschließend beide zu einer Vorlesung müssen, kommt meine Mutter, um Swetka zu versorgen. Wir haben abends zwei Vorlesungen, von halb sieben bis zehn Uhr, und sind ungefähr um halb elf zu Hause. Dann trinken wir Tee und unterhalten uns bis zwölf Uhr oder bis ein Uhr. Oder sogar bis zwei Uhr morgens.

In unserer Ehe stimmt das meiste. Ich freue mich, daß wir alles gerecht teilen. Wowa kümmert sich viel um unsere Tochter, viel mehr als früher. Wenn sie mich vor einiger Zeit gesprochen hätten, wäre ich nicht zufrieden gewesen. Er meinte damals, es sei nicht wichtig, sich mit ihr zu beschäftigen, weil Kinder immer besser gedeihen, wenn sie nicht so sehr beachtet werden. Heute irritiert mich viel mehr, daß ich hier so schwer Ordnung halten kann. Das kommt daher, daß wir noch keine Möbel kaufen können und nicht wissen, wohin mit den Sachen. Es wäre wichtig, daß alle aufräumen, aber Wowa hat in diesem Punkt keinen Ehrgeiz. Den Sex halte ich nicht für das Allerwichtigste. Wir haben natürlich gewisse Probleme, aber das kommt daher, daß wir noch recht jung verheiratet sind, und einiges kommt auch daher, daß wir so viel zu tun haben. Wenn man im Beruf belastet ist und sich über das Studium Gedanken macht und dann zu Hause alle Hände voll hat... dann kann es ja vorkommen, daß man keine Lust hat, nein, absolut keine Lust. Wenn man sich dann ein wenig ausruht, kommt sie ja wieder.

Wowa ist für mich der Mensch, mit dem ich über meine persönlichen Angelegenheiten sprechen kann. Aber ich weiß, daß sie für ihn nicht so wichtig sind wie für mich. Er bekommt dann meine vielen Pläne umd mein Gerede satt, und er geht auch nicht gern aufs Land, während ich es liebe! Das sind unsere Probleme. Sie sind allerdings nicht groß. Wir versuchen, sie zu überwinden, und es wird mit der Zeit sicher alles besser werden.

Ich habe eigentlich keine Freizeit. Man möchte so vieles tun, aber die Zeit reicht einfach nicht. Mein Studium ist somit mein einziges Hobby. Tagsüber arbeite ich, und abends pflege ich mein Hobby. Man könnte also sagen, daß ich meine Freizeit zum Lernen verwende.

Wenn ich mehr Freizeit hätte, würde ich ein Rad kaufen, weil ich so gerne im Wald bin! Und ich würde mit Swetka schwimmen gehen. Ich würde mehr Belletristik lesen, dazu komme ich jetzt überhaupt nicht; oder Gitarre spielen und Sprachen lernen. Meine Freundinnen sehen fern, reisen, nähen oder stricken. Ich hätte bestimmt keine freie Minute dafür.

Ist die mangelnde Freizeit ein typisches Frauenproblem? Ich weiß es nicht. Die Hausarbeit sollte nicht so zeitraubend sein, und ich wünsche mir Geschäfte in der Nähe mit einem guten Warenangebot. Ich hätte auch gern einen gewissen Service und Waschmöglichkeiten in unserem Wohnhaus. Warum gibt es für die Hausbewohner keine Waschküchen mit guten Waschmaschinen, die schnell arbeiten. Wir bräuchten auch mehr Kindertagesheime und vor allen Dingen bessere Heime, die einigermaßen den Ansprüchen der Eltern entsprechen. Wie in anderen Ländern könnten auch bei uns mehrere Familien zusammen ein Tagesheim führen, aber das geht wegen der Wohnverhältnisse nicht. Wir haben Freunde, mit denen wir zusammenarbeiten könnten, aber sie wohnen am anderen Ende der Stadt, es läßt sich kaum erreichen, daß wir im gleichen Haus wohnen. Aber wenn es ginge, wäre unser Leben sehr viel leichter. Wir denken in Fragen der Kindererziehung gleich und müßten Swetka nicht in einem Tagesheim anmelden.

Aber spezielle Frauenprobleme . . . ich weiß nicht, ob es sie wirklich gibt. Die bisher genannten Probleme betreffen ja sowohl Frauen als auch Männer. Es sind eigentlich Probleme des Staates.

Es stimmt aber, daß die meisten Frauen sich auf die Familie beschränken, ich meine, für sie steht der Beruf an zweiter Stelle.

Gleichberechtigung bedeutet nicht nur gleiche Rechte, sondern auch gleiche Pflichten. Was der eine tun darf, ist auch das Recht des andern. Das gilt z. B. für den Sex. Wer es für richtig hält, daß die Männer eine Geliebte haben, muß den Frauen die gleiche Freiheit zubilligen, und beide müssen das gleiche Recht auf Reisen haben, das gleiche Recht auf Freizeit und das Recht auf persönliche Interessen. Beide haben aber auch die gleichen Verpflichtungen – bei der Hausarbeit, den Kindern, und vor allem dem Partner gegenüber.

Ich möchte immer das gleiche leisten wie ein Mann. Ich möchte ihm an Kraft und Zähigkeit gleich sein. Vielleicht kann ich nicht ganz das gleiche erreichen wie die Männer, aber ich kann besser sein als andere Frauen. Bei einem Skiwettkampf kämpfe ich gegen die Männer und nicht gegen die Frauen. Auf Bergtouren trage ich einen schwereren Rucksack als die anderen Frauen und schaffe trotzdem ein zügiges Tempo. Im Beruf handle ich ähnlich.

Ich möchte wiederholen, daß sowohl die Rechte als auch die Pflichten gleich sein sollen. Vielleicht liegt mir so viel an den Pflichten, weil viele Leute denken, eine Frau sei mehr oder weniger dumm. Dabei sind Frauen oft wesentlich intelligenter als Männer! Dafür gibt's an meinem Arbeitsplatz viele Beispiele, und ich habe oft das Bedürfnis, zu beweisen, daß ich nicht schlechter bin als ein Mann.

Meistens fühle ich mich aber nicht als Gegner der Männer. Versteht ihr mich? Ich streite mich nicht gerne, wenn es sich vermeiden läßt, und ich arbeite gerne mit Männern zusammen, aber ich will ihnen keinesfalls untergeordnet sein, und ich mag es nicht, wenn sie unter sich Beschlüsse fassen und dann gnädigst geruhen, mich einzuweihen. Nein, ich mische mich ein! Ich kann selber etwas, und ich habe einen eigenen Standpunkt.

Die Beschreibung der idealen Frau habe ich aus einem Film. Da hieß es in etwa: »Sie stellt in der Partei, im Sport und in der Gesellschaft ihren Mann und ist trotzdem eine schöne Frau.« Ich liebe Menschen, die sich engagieren! Eine Frau braucht eine gute Allgemeinbildung und muß selbständig denken können. Sie muß voller Wißbegier sein und viele Interessen haben. Und schließlich muß sie eine gute Mutter sein.

Weiblichkeit bedeutet für mich vor allem Sanftheit. Ich war früher genau wie ein Junge und jetzt, wenn ich manchmal wirklich weiblich sein möchte, will es mir nicht so recht gelingen, ich bin eher sportlich.

Aber in manchen Situationen ist Weiblichkeit wichtig – nicht im Berufsleben und nicht bei wichtigen Diskussionen, da muß man sich durchsetzen können – aber in der Freizeit, unter Freunden sollte die Frau anmutig sein, denn es macht allen das Leben schöner.

Ich höre gern, wenn man mich weiblich nennt, aber vor allem möchte ich, daß mein Verstand anerkannt wird, denn ich glaube, daß ich keineswegs dumm bin. Man soll auch sehen, daß ich selbständig bin!

Vor einiger Zeit habe ich einen Kurs für Sporttauchen besucht, aber ich mußte aufhören, weil die Zeit nicht ausreichte. Ich möchte auch meine sportlichen Talente entwickeln können.

Es ist mir sehr wichtig, daß ich zu Kindern ein gutes Verhältnis habe. Ich möchte wenigstens eine gute Mutter sein.

Wenn irgend möglich, hätte ich gerne drei Kinder. Jetzt habe ich nur eins, und erst wenn ich das zweite bekommen habe, weiß ich, wie ich damit zurechtkomme, aber mindestens drei sollten es sein. Ich versuche jetzt, den günstigsten Zeitpunkt für das zweite Kind auszurechnen.

Wenn ich mehrere Kinder habe, wird mein Beruf kaum darunter leiden, eher meine Freizeit und mein Studium, aber das ist eine Frage der Organisation und der Erziehung. Die Kinder müssen verstehen, 'wenn Mutter lernt, darf man sie nicht stören'. Damit versuche ich es schon bei meiner Tochter. Oder ich sage: »Mami arbeitet, da mußt du ihr helfen. Wenn wir fertig sind, können wir zusammen spielen«. In der Familie muß jeder selbständig sein und gleichzeitig Verantwortung tragen. So sollte es sein, das ist echte Freiheit.

Falls Wowa und ich nicht gleichzeitig studieren können, werden wir es nacheinander tun. Man braucht ja für ein Dissertation nur zwei Jahre und hat damit seine Karriere begründet.

Die Kinder müssen selbstverständlich ins Tagesheim gehen, denn eine Familie ist zu klein für kollektive Erziehung. Aber eigentlich würde ich Swetka lieber zu Hause behalten! Wahrscheinlich weil ich Psychologie gelernt habe und dadurch bewußter bin und höhere Forderungen stelle. Sie verstehen, die Erzieher haben oft überhaupt keine Ausbildung. Und Kinder sind ja sehr verschieden. Darauf kann man im Tagesheim, in einer großen Gruppe, keine Rücksicht nehmen. Es gibt dann viel zu viele Ordnungsregeln, nur weil die Gruppen so groß sind. Weil die Erzieher sehr verschieden sind, erziehen sie auch auf verschiedene Weise, ja, manchmal ohne jede Methode. Die Erziehung folgt keiner bestimmten Linie. Aber andererseits muß es einen gemeinsamen Nenner geben, sonst könnten wir nicht von dem »sowjetischen Menschen« sprechen.

Bei uns arbeiten keine Männer in den Tagesheimen. Es wäre vielleicht gar nicht so schlecht . . . Alle Frauen, wirklich alle, haben eine gemeinsame Eigenschaft. Ich möchte sie »frauliche Güte« nennen. Wir Frauen sind sehr verschieden, aber alle sind wir zärtlich und mütterlich. Und wir machen uns alle Sorgen wegen der Zukunft und wegen der kommenden Generationen. Das entspricht mehr dem weiblichen als dem männlichen Charakter. Wenn man einen Mann nach seinen Zukunftsplänen fragt, wird er wahrscheinlich von seinen Vorhaben und von seinen künftigen Leistungen sprechen. Aber die meisten Frauen werden sagen: »Ich werde für meine Kinder sorgen«.

EIN KIND ODER MEHRERE?

1950 wurden in der Sowjetunion auf 1000 Einwohner 26,7 Kinder geboren. 1980 waren es nur mehr 18. (In Schweden sind es heute etwa zwölf, in der Bundesrepublik zehn). In den europäischen Teilen der Sowjetunion ist die Geburtenzahl am niedrigsten.

Der Geburtenrückgang gibt schon lange Anlaß zu Sorge. Das Verbot der Abtreibung von 1936 und die strengen Scheidungsgesetze des Jahres 1944 sind als drastische Versuche zur Festigung der sowjetischen Familie zu verstehen. Seit 1944 verteilt man an Mütter besonders vieler Kinder Prämien und Medaillen. Eine Mutter von zehn Kindern erhält auch heute noch den Titel »Heldenmutter«, und eine von sieben bis neun Kindern erhält die Medaille »Ehre der Mutterschaft« in Silber. Für Mütter von fünf oder sechs Kindern gibt es die »Mutterschaftsmedaille« in Bronze oder Silber.

Durch Gespräche mit sowjetischen Frauen erfährt man, daß sie sich allesamt darüber einig sind, daß wirschaftliche Unterstützung, Teilzeitarbeit, bessere Tagesheime und soziale Dienstleistungen wesentlich mehr zur Erhöhung der Geburtenzahl beitragen würden als eine Flut von Zeitungartikeln über Heldenmütter und ihre Familien.

Tatsächlich erwägt man auch wirksamere Maßnahmen für die Zukunft, während die staatliche Hilfe für eine Familie mit Kindern heute wie folgt aussieht: Einer Frau stehen 56 Tage vollbezahlten Urlaubs vor und nach der Entbindung zu. Eine Mutter kann auch ein ganzes Jahr nach der Geburt des Kindes zu Hause bleiben, ohne ihre Arbeitsstelle zu verlieren. Aber da man in dieser Zeit nichts verdient, können sich viele Frauen diese Arbeitspause nicht leisten. Manche wollen auch nicht

ein ganzes Jahr[1]) nur Hausfrau sein und suchen deshalb nach einer Teilzeitbeschäftigung.

Bei der Geburt des dritten Kindes erhält man ein Mutterschaftsgeld von 20 Rubeln. Vom vierten Kind an beträgt das Mutterschaftsgeld 65 Rubel und man erhält auch ein Kindergeld von vier Rubeln im Monat bis zum vollendeten fünften Lebensjahr des Kindes. Im übrigen erhalten nur ledige Mütter Kindergeld, und zwar auch für das erste Kind, bis zum vollendeten zwölften[1]) Lebensjahr). Kinderreiche Mütter können schon mit 50 Jahren eine Rente beziehen.

Die meisten Familien können auf das Arbeitseinkommen der Frau nicht verzichten. Da man von ihr aber das Unmögliche verlangt – Berufsarbeit und Versorgung der Familie – weigert sie sich, mehr als ein Kind in die Welt zu setzen. Es ist aber eine Verweigerung wider Willen.

---

1) Die neueste sowjetische Gesetzgebung gewährt jeder berufstätigen Frau einen Mutterschaftsurlaub von 18 Monaten. Während des ersten Lebensjahres des Kindes erhält die Mutter in der Regel ein Mutterschaftsgeld von 35 Rubeln im Monat. Die einmalige Zahlung bei der Geburt des ersten Kindes beträgt 50 Rubel, beim zweiten und dritten Kind jeweils 100 Rubel. Bei vier und mehr Kindern blieb die bisherige Regelung in Kraft (siehe oben). Von Beginn des zweiten Lebensjahres des Kindes an erhalten nun auch verheiratete Mütter das monatliche Kindergeld. Bei ledigen Müttern wurde das monatliche Kindergeld von fünf auf 20 Rubel je Kind erhöht und wird bis zum Erreichen des 16. Lebensjahres des Kindes gewährt.

JELENA STEPANOWNA UND ALEWTINA GEORGIJEWNA

»DIE FRAUEN UND VIELLEICHT DIE GANZE NACHKRIEGSGENERATION HABEN MIT SICHERHEIT SCHADEN GENOMMEN.«

Jelena Stepanowna ist etwa 70 Jahre alt. Sie ist Biliothekarin im Ruhestand, veröffentlicht aber noch ab und zu einen Artikel.

Sie bedauert, daß sie nicht mehr schreiben kann, da sie für ihr Enkelkind sorgen muß. Der Junge geht zwar zur Schule, aber sie ist doch für ihn verantwortlich, muß ihn morgens wegschicken und muß ihn versorgen, wenn er wieder nach Hause kommt.

Jelena Stepanowna will nichts über ihr Leben erzählen oder persönliche Fragen beantworten. Wir bitten sie, statt dessen über die Veränderung im Leben der Frauen während der letzten Jahrzehnte zu berichten.

Ich bin nicht der Ansicht, daß die Frauen unserer sowjetischen Gesellschaft sich in entscheidender Weise von den Frauen anderer Gesellschaftsformen unterscheiden. Nein, das ist nicht anzunehmen, es ist wahrscheinlicher, daß die besonderen seelischen und körperlichen Eigenschaften der Frau beständiger und wichtiger sind als Veränderungen, welche eine Gesellschaft bei ihr bewirken kann.

Aber ich bin mir nicht völlig sicher. Vielleicht sind unsere Frauen entschlußfreudiger, aktiver und mutiger – alles Eigenschaften, die sich im Beruf entwickeln.

Ich weiß es also nicht. Im großen und ganzen bleibt die Frau immer Frau. Entscheidend ist ihre Mütterlichkeit.

Nach der Revolution war ich ein junges Mädchen, und ich erinnere mich genau, wie die Frauen meines Gesellschaftskreises, also der Großstadtintelligenz, voller Begeisterung waren über die neue Welt, die sich ihnen eröffnete. Wir konnten an allem teilnehmen, wir fühlten uns den Männern völlig gleichberechtigt, ja völlig! Bereits als ich ein kleines Mädchen war, wurde die Koedukation eingeführt, und ich ging mit Jungen zusammen in eine sehr gute Schule. Wir lernten wirkliche Freundschaft kennen und hatten sehr schöne Beziehungen zueinander. Vielleicht vermittelte uns die Erziehung, die wir dort erhielten, die echte Gleichstellung in jeder Hinsicht, und der hohe Bildungsgrad der Lehrer die Vorstellung, daß Mann und Frau absolut gleich sind, nicht nur vor dem Gesetz, sondern auch, was ihre Fähigkeiten und Talente betrifft. Ja, ich glaube, daß sich in dieser Umwelt unsere Fähigkeiten genauso entwickeln konnten, wie die der Jungen. Wir wollten alle studieren und einen Beruf ergreifen. Wir waren an allem interessiert und von allem begeistert.

Später veränderte sich die Situation der Frauen. Durch die Vorgänge in unserem Land wurden ihnen immer schwerere Lasten auferlegt. Ich muß nur an den Krieg erinnern, der das Leben der Frauen unerhört erschwerte.

Durch die Schwierigkeiten wurden die Frauen einesteils gestählt, andernteils aber auch zerstört. Sie mußten sich überanstrengen, sie mußten vieles leisten, was ihre Kräfte bei weitem überstieg. Die Frauen und vielleicht die gesamte Nachkriegsgeneration haben mit Sicherheit Schaden genommen.

Man könnte sagen, daß die Frauen in ihrem innersten Wesen verletzt wurden. Nach dem Krieg gab es enorm viele Witwen, enorm viele Frauen, welche gezwungen waren, alleine die Verantwortung für eine Familie zu tragen, die Kinder zu erziehen und zu ernähren. Selbstverständlich brachte die erzwungene Selbständigkeit den Frauen auch viel Gutes, sie wurden z. B. tatkräftiger. Aber sie veränderten sich auch, sie wurden vermännlicht.

Auch das Ehegesetz hat sich verändert. Als ich sehr jung war, wurden Gesetze erlassen, welche das Zusammenleben von Mann und Frau vereinfachten, ja fast zu sehr vereinfachten. Man konnte am Donnerstag heiraten, und am Sonnabend konnte ein Ehepartner zum ZAGS* gehen und die Scheidung beantragen. Er mußte nicht einmal den Partner verständigen! Diese Bestimmungen waren das Ergebnis der allerersten Überlegungen, was Freiheit, und zwar in jeder Beziehung, beinhalten sollte.

Dann wurden die Abtreibungen verboten, und es kam eine schreckliche Zeit. Stellen Sie sich die Lage einer Frau vor, die unbedingt berufstätig sein muß und bereits ein oder zwei Kinder hat. Dann entdeckt sie, daß sie ein dritters, viertes, fünftes erwartet... Wie konnte man ihr die Abtreibung verweigern? Es war eine schreckliche, es war eine grausame Zeit. Ich habe selbst die entsetzlichen Folgen dieser Politik gesehen. Viele konnten nie mehr Mutter werden, weil sie zu einem bestimmten Zeitpunkt ihres Lebens unmöglich ein Kind austragen konnten und bei einem Pfuscher Hilfe suchten. Und viele sind sogar gestorben. Das heutige Abtreibungsgesetz, das den Frauen erlaubt, selbst zu bestimmen, ob sie ein Kind haben wollen, ist also meiner Ansicht nach sehr wichtig und absolut richtig.

Heute brauchen wir dringend eine bessere Aufklärung in sexuellen Dingen. Die jungen Menschen müssen für die Ehe besser vorbereitet sein. Der Mangel an Aufklärungsschriften ist geradezu verheerend. In letzter Zeit hat man viel von Auskunftstellen gesprochen und von dem Bedarf an Beratern und Psychologen. Man muß aber bedenken, daß längst nicht alle zu einer solchen Beratungsstelle kommen können. Es müßte ja in jedem Stadtviertel eine geben! Aber man könnte Bücher drucken, die jeder sich leicht beschaffen kann, damit dieses Problem schnell und gründlich gelöst wird.

Auch der Doppelarbeit der Frauen widmet man viel zu wenig Aufmerksamkeit. Die sogenannte öffentliche Dascinsvorsorge entspricht in keiner Weise dem Bedarf. Der Handel muß leistungsfähiger werden. Ich glaube, jede Hausfrau wäre imstande, zu sagen, wie das Angebot an Lebensmitteln verbessert werden könnte. Seit neuestem spricht man auch von der Gleitzeit. Sie könnte das Leben der berufstätigen Frauen enorm erleichtern.

Angeblich ist auch eine Verlängerung des bezahlten Elternurlaubs geplant. Heute erhält eine Mutter nach der Geburt ihres Kindes vier Monate bezahlten und anschließend ein Jahr unbezahlten Urlaub. Aber alle können sich dieses freie Jahr nicht leisten. Denken Sie nur an die vielen alleinstehenden Mütter! Auch viele andere sind gezwungen, zu arbeiten, obwohl sie ein neugeborenes Kind haben. Der bezahlte Urlaub müßte länger sein.

Die Mutter müßte zumindest einen gewissen Prozentsatz ihres Lohnes erhalten. Man sollte überhaupt flexibler sein. Viele Arbeiten, z. B. gewisse Bürotätigkeiten, könnten ohne weiteres zu Hause ausgeführt werden. Warum muß sich eine Mutter unbedingt jeden Morgen an ihrem Arbeitsplatz einfinden? Sie könnte doch zu Hause arbeiten und vielleicht einmal in der Woche ins Büro gehen. Wenn die Behörden eine Meinungsumfrage veranstalten und sich dann auch noch nach den Antworten richten würden, würden wir sicher viele Reformen erleben.

Einige Tage später sind wir bei Jelena Stepanowna zum Tee eingeladen. Sie ist vorher mehrere Stunden durch Moskau gefahren, um ihre Freundin, Alewtina Georgijewna abzuholen. »Ich möchte, daß Sie die großartige Alewtina Georgijewna kennenlernen«, sagt Jelena Stepanowna und stellt uns ihre Freundin vor:

Wir haben uns erst vor einigen Jahren kennengelernt und haben uns sehr angefreundet. Alewtina Georgijewna ist auf dem Lande, in der Gegend von Orlow geboren und wohnt seit einigen Jahren in Moskau. Sie hatte ein sehr schweres, hartes Leben, aber hat sich ihre Heiterkeit, ihre Güte und ihre Seelenruhe bewahrt. Diese Eigenschaften liebe ich an ihr, und ich möchte, daß sie Ihnen aus ihrem Leben erzählt.

Alewtina Georgijewna fängt sofort zu erzählen an. Die Stimme ist hell und ein wenig klagend. Sie klingt, als hätte sie ein ganzes Leben lang nur Kummer und Sorge, Trauer und Mitleid ausgedrückt.

Mein Vater starb 1908, als ich nur ein Jahr alt war. Wir waren drei Geschwister, zwei Mädchen und ein Junge. Meine Mutter wohnte mit uns in ihrer großen Familie – wir waren mit allen Schwägerinnen und Kindern insgesamt 22 Personen. Später wurde die Familie aufgeteilt. Meine Mutter bekam ein kleines Grundstück, ein wenig Wald, einen Samowar und ein Pferd. Damit sollte sie ein selbständiges Leben beginnen. Ich war damals ungefähr acht

Jahre alt und weiß alles noch genau. Meine Geschwister mußten in ein anderes Dorf gehen, um bei reichen Leuten zu arbeiten. Mein Bruder war damals 13 Jahre alt. Ich blieb bei meiner Mutter, und wir arbeiteten bei feinen Leuten. Die Dame war sehr nett zu uns. Zum Frühjahr hatten wir ein wenig Geld verdient und konnten uns ein Häuschen bauen. Da hatten wir wenigstens ein Zuhause, aber mein Bruder und meine Schwester mußten weiterhin bei fremden Leuten dienen, bis sie heirateten. Ich habe mit 17 Jahren einen Jungen aus unserem Dorf geheiratet. Er war groß und schlank, und er hat gerne gesungen. Vorher war ich vier Jahre lang in die Schule gegangen, mehr war nicht möglich. Als der Krieg ausbrach, wohnten wir alle zusammen: meine Schwester, die verwitwet war, mit ihren drei Kindern, ich selbst mit meinen drei und unsere Schwägerin mit fünf. Mein Mann und mein Bruder waren im Krieg. Dann kamen die Deutschen und zwangen uns, für sie zu arbeiten. Wir mußten Erdlöcher graben für ihre Pferde. Das war mitten im Winter, und meine Schwägerin konnte bald nicht mehr. Sie wurde krank und starb ihren fünf Kindern davon. Ich habe für sie gesorgt.

Wir waren drei Jahre lang evakuiert, aber wir wohnten die ganze Zeit in der Nähe unseres Dorfes. Es lag unmittelbar an der Front. Gegen Ende des Krieges gab es überall furchtbare Kämpfe, auch dort, wo wir wohnten. Wir versteckten uns in unseren jämmerlichen Hütten. Es waren eigentlich nur Erdlöcher. Endlich kamen unsere Soldaten und halfen uns, hinter die Front zu fliehen. Wir gingen und gingen und kamen schließlich an eine Sowchose*, wo wir eine Woche bleiben konnten. Mein Mann war gefallen und war genau hier in einem Massengrab begraben. Er wurde gleich bei Kriegsbeginn einberufen, dann wurde er verwundet und starb 1942.

Nach einigen Wochen kehrten wir in unser Dorf zurück. Es war vollständig zerstört. Überall lagen Leichen und man konnte vor Gestank kaum atmen. Wir richteten uns einen Schlafplatz und deckten uns mit Gras zu. Aber die Fliegen waren ganz schrecklich. Sie hätten uns beinahe aufgefressen. Meine kleine Tonja war fünf Jahre alt, und ich weiß noch, wie ich versuchte, sie zu trösten. Ich habe sie immerzu nur gestreichelt. Ich konnte ja sonst nichts für sie tun. Ja, und dann . . . wir haben überlebt. Dann kamen Soldaten und halfen uns, die Toten zu begraben, und wir versuchten, in unserem Dorf wieder zu leben. Von unseren zwei Häusern standen nur noch zwei Ecken, aber wir versuchten, sie wieder aufzubauen.

Es waren nur Frauen und Kinder zurückgekehrt. Alle Männer waren im Krieg geblieben. Schließlich kam ein Mann aus der Stadt und half uns, die Arbeit zu organisieren. Wir mußten eine Frau zum Vorsitzenden der Kolchose wählen. Das war ich, diese Frau. Und wir mußten Tag und Nacht arbeiten. Der Krieg war für uns Frauen schwer. Im Frühjahr zogen wir zu Fuß los, um Saatgut zu holen. Wir mußten insgesamt 60 km gehen, und jede von uns hatte 16 Kilo zu tragen. Es war früh im Jahr, und wir hatten nur Stoffetzen an den Füßen und waren die ganze Zeit durchnäßt. Wir trugen das Saatgut nach Hause, aber alle Felder waren zerstört, weil überall Schützengräben waren. Wir Frauen mußten also die Gräben zuschütten. Schauen Sie her, meine Finger sind von der Arbeit ganz zerstört! Es tut nicht weh, aber es ist ja nicht gerade fein, solche Finger zu haben. Dann haben wir gepflügt. Wir mußten mit Schaufeln pflügen. Ich fuhr selbst in mehrere andere Kolchosen, wo es noch Pferde gab, wir hatten kein einziges. Wir hatten auch keine einzige Kuh. Zuletzt gaben sie uns drei Pferde, und wir bekamen auch Pflüge.

Ach, viele Kinder sind umgekommen, viele! Eine Frau verlor ihre beiden kleinen Söhne, beide zugleich. Sie müssen wissen, daß es sogar jetzt noch immer Minen gibt, obwohl es so lange her ist. Genau dort, bei uns, war die Front gewesen, drei Jahre lang, und da können Sie sich denken, was da alles herumlag.

Ich war drei Jahre lang Kolchosenvorsitzende, und es war damals sehr schwierig. Heute hätte ich gerne so einen Posten. Jetzt geht es ja nur noch darum, die Leute zur Arbeit anzuhalten. Sonst gibt es ja alles, Maschinen und was man sonst noch braucht. Aber damals! Ach, wenn sie wüßten, wie schwer ich es hatte!

Mein ältester Junge verließ nach acht Klassen die Schule, und ich sorgte mich sehr um seine Zukunft. Eine Cousine von mir gab uns den Rat, es doch mit der Eisenbahnerschule zu versuchen. Wir gingen also in die Stadt, wir gingen zu Fuß, denn ich hatte kein Geld für Fahrkarten. Es waren 60 km zu gehen. Wir hatten nur einige Kartoffeln und Zwieback zum Essen dabei, und der Junge war so schwach, weil er so lang und dünn war! Er hat sich geschämt, weil er keine richtigen Hosen hatte. Aber ich sagte ihm, daß er sich nicht schämen sollte, weil es uns schlecht ging, und daß ich ihm schon irgendwie Hosen beschaffen würde. In der Schule wollten sie zuerst das Abgangszeugnis sehen, und dann erst schauten sie meinen Jungen an. Er sah wirklich jämmerlich aus, und sie sagten, ich müsse ihn besser ausrüsten. »Aber ich habe ja nichts, womit ich ihn ausrüsten könnte«, sagte ich. »Nehmen Sie ihn, unterrichten Sie ihn, und rüsten Sie ihn aus«, sagte ich. Und sie haben ihn wirklich genommen. Es dauerte allerdings sehr lange, bis sie ihm neue Kleider gaben, und ich beeilte mich sehr, ihm Hosen zu schicken, sobald ich ein wenig Witwengeld bekam. Einmal kam der Junge nach Hause. Er war den ganzen Weg zu Fuß gegangen, und seine Schuhe waren mit einem Draht zusammengeflickt. Dabei war es sehr kalt gewesen! Er kam, weil seine Schuhe völlig abgenutzt waren, und er neue brauchte. »Aber ja, aber ja«, sagte ich und versuchte, ihn zu beruhigen. Ich gab ihm zu essen und machte ihm auf dem Ofen ein Bett, denn er war mitten in der Nacht gekommen. Am Morgen stand ich im Hausflur und dachte: »Lieber Gott, was soll ich tun? Wie soll ich ihm Schuhe besorgen, damit er in die Stadt zurückgeht und nicht hier auf der Kolchose bleibt? Lieber Gott«, sagte ich und bekreuzigte mich, »hilf mir!« Ich ging zum Schuster und bat ihn, dem Jungen ein Paar Schuhe zu machen. Der Schuster fragte, ob ich nicht noch ein Paar alte Schuhe hätte, und wir hatten ja einen ganzen Sack voller Schuhe, die wir gesammelt hatten, als wir ins Dorf zurückkehrten. Sie hatten den toten Soldaten gehört. »Bring den Sack her«, sagte der Schuster, »und ich werde dem Jungen ein Paar Schuhe machen.« Ich hatte aber kein Geld, um ihn zu bezahlen. Ich ging zur Lehrerin und bat sie um Geld, und sie gab es mir. Gott sei Dank, mein Junge ging wieder in die Schule zurück. Er bekam eine schöne Uniform und er sah prima darin aus! Auch den zweiten Jungen brachte ich von der Kolchose weg. Er ging auch in der Stadt in die Schule und kam dann zur Armee.

Als Tonja mit der Schule fertig war, gab es wieder die gleichen Schwierigkeiten. Wo sollte ich sie hinschicken, wie sollte ich sie von der Kolchose wegbringen? Schließlich nahm sie meine Schwägerin in Moskau auf. Ich konnte sie nicht ausrüsten, weder mit Geld noch mit Kleidern. Ich konnte ihr nur einen Rock und eine Bluse nähen. Und dann begleitete ich sie zur Schwägerin nach Moskau. Sie war nur 14 Jahre alt, und sie wurde in keiner Schule aufgenommen, bevor sie 16 war. Sie mußte also zwei Jahre in einem Keller arbeiten und Waren sortieren. Meine liebe Tonja! Als sie 16 Jahre war, kam sie nach Hause, um ihren Paß* abzuholen. Aber sie wollten ihr keinen Paß geben, weil sie wollten, daß sie auf der Kolchose bleibt und im Büro arbeitet. »Das werde ich niemals erlauben«, sagte ich. Nach vielem hin und her habe ich erreicht, daß sie ihr den Paß gaben und dann schickte ich sie auf die Schule in der Stadt.

Alewtina Georgijewna erzählt weiter von der Tochter, von ihrer Heirat und von ihrem Beruf. Welche wichtigen Veränderungen hat es im Leben der Frauen gegeben? wollen wir wissen.

Es hat sich vieles verändert! Ich weiß nicht recht, wie ich mich ausdrücken soll, aber die Frauen waren früher viel besser. Sie waren zuverlässig und nicht unverschämt. Sie hatten vor alten Menschen Respekt. Jetzt sind alle jungen Leute so frech.

Aber rein materiell haben es die Frauen heute doch besser?

Aber sicher! Sie ahnen ja nicht, wie wir nach dem Krieg aussahen! Wir hatten keine Kleider, nur Lumpen. Die Kolchose war so arm, weil alles an den Staat abgeliefert werden mußte. Wir konnten uns überhaupt nichts leisten. Aber jetzt haben es alle Leute gut! Meine Tonja z. B. ist eine gewöhnliche Arbeiterin, aber sie hat alles, was sie braucht. Aber sie hat nur ein einziges Kind. Ich sage ihr oft, daß sie mindestens noch eins haben sollte, bevor es zu spät ist und sie es dann ein ganzes Leben lang bereuen muß. Aber heute ist es eben so. Die Frauen müssen eine bestimmte Anzahl von Jahren arbeiten, um ihre Rente zu bekommen. Wenn sie in jungen Jahren zu Hause bleiben, müssen sie auch noch als alte Frauen arbeiten. Man muß seine Jahre ableisten, sonst gibt es keine Rente. Also ist man zum Arbeiten gezwungen. Aber das kann doch für die Kinder nicht gut sein, wenn die Mutter nicht zu Hause ist! Man kann doch ein kleines Kind nicht alleinlassen. Die meisten Mütter sind auch einige Zeit zu Hause. Auf unserer Kolchose gibt es keine Kinderkrippe mehr, weil zu wenig Kinder geboren werden. Die Frauen wollen keine Kinder, und das ist schlecht. Jede sollte mindestens zwei bis drei Kinder haben, aber sie wollen nicht.

DIE RENTEN

Das Rentenalter ist in der Sowjetunion verhältnismäßig niedrig und für Frauen niedriger als für Männer: 55 bzw. 60 Jahre. Um eine volle Rente zu erhalten, müssen Frauen 20, Männer 25 Jahre gearbeitet haben.

Die Renten sind staatlich, was bedeutet, daß vom Arbeitslohn keine Rentenabzüge einbehalten werden.

Die Rente wird in Prozenten vom Arbeitslohn berechnet, und zwar umgekehrt proportional: Je höher der Lohn war, desto niedriger wird die Prozentzahl (jedoch in der Regel nicht niedriger als 50 bis 55 %), je niedriger das Einkommen war, desto mehr Prozent erhält man. Die Renten werden monatlich und steuerfrei ausbezahlt.

Wer in Rente geht, verliert nicht das Recht auf Arbeit. Alle können weiterarbeiten und erhalten neben dem Lohn volle Rente oder einen Teilbetrag davon.

Gemessen an diesen doch eher theoretischen Tatsachen ist die Wirklichkeit oft recht düster. Die Durchschnittsrente kann sehr niedrig sein, und liegt häufig unter dem Existenzminimum, das auf 50 Rubel veranschlagt ist. Eine gewisse Sicherheit genießen solche alte Menschen, die bei ihren erwachsenen Kindern wohnen. In der Regel aber ist es ratsam, die Arbeit nicht aufzugeben. Die existenzielle Notwendigkeit, zur Rente dazuzuverdienen, dürfte der Grund dafür sein, daß etwa 25 % der Rentner weiterarbeiten, und zwar oft in schlechtbezahlten Berufen, als Putzhilfe, Fahrstuhlbedienung, im Wachdienst u.ä.

LJUBA

»UNGERECHTIGKEIT ERZEUGT NICHT IMMER ZORN.«

Ljuba wohnt in einem sehr baufälligen Haus. Es ist seit dem Krieg nicht mehr instandgesetzt worden und ist jetzt abbruchreif. Ljuba und ihre Familie haben jetzt aber eine neue Wohnung in einem Hochhaus bekommen. Ob sie wohl gerne aus einem Holzhaus im Stadtzentrum in einen Betonklotz im Vorort zieht? Es scheint fast so. Bei Licht betrachtet ist das alte Holzhaus auch wenig erfreulich. Es gibt natürlich kein Bad, sondern man muß sich und die Wäsche in der Küche waschen. Diese Küche hat kein Fenster, und der Abort befindet sich in einem Schuppen auf dem Hof.

Wir begrüßen Ljubas Mann, Witja, und ihren Sohn, Aljoscha. Witja ist fast sein ganzes Leben lang krank gewesen, erzählt Ljuba, und sie hat ihm mehr oder weniger das Leben gerettet. Jetzt muß sie die ganze Familie ernähren, während sich Witja endlich um einen Beruf bemühen kann.

Ljuba sitzt auf dem Doppelbett und erzählt. Ein Regal mit einigen hübschen Steinen, einige Zeichnungen an der Wand, zwei Stühle – und schon ist das Zimmer übervoll. Am offenen Fenster stehen Weidekätzchen in einem Marmeladenglas. Auf dem Tonband wird das Interview von Vogelgezwitscher begleitet.

Auch Ljubas Stimme ist hell wie die eines Vogels, und sie will nicht so recht zu ihrem ein wenig derben Aussehen passen. Sie hat helle, ein wenig schräge Augen und rotbraune Locken. Ihre Kleidung ist weich und bequem. Sie trägt einen Pullover und Cordhosen. Sie hat kräftige Hände mit kurzen, von Nikotin verfärbten Nägeln. Man sieht ihr an, daß das Leben es nicht immer gut mit ihr meinte.

Ich bin Künstlerin und 32 Jahre alt. Ich war schon einmal verheiratet und habe aus dieser Ehe einen Sohn. Als wir uns registrieren ließen, war ich 21 und hatte damals schon den Jungen. Als ich 25 war, ließen wir uns scheiden. Jetzt bin ich seit einem halben Jahr wieder verheiratet.

Warum glaubst du, lassen sich viele sehr früh scheiden?

Wir wissen viel zu wenig vom Leben, wenn wir heiraten, und wir werden viel zu spät selbständig! Fast alle jungen Leute sind auf die Hilfe ihrer Eltern angewiesen. Besonders wenn ein Kind kommt, geraten sie in Geldnot, weil dann die Frau nicht mehr berufstätig sein kann. Bei uns kann eine Familie unmöglich von nur einem Einkommen leben. Das heißt, zu zweit ginge es vielleicht noch, aber mit einem Kind ist es ganz unmöglich. Es kommt praktisch nicht vor, daß ein junger Mensch in seiner eigenen Wohnung lebt. Jungverheiratete müssen bei ihren Eltern wohnen und jahrelang auf eine eigene Wohnung warten. Wohlhabende Eltern kaufen ihren Kindern eine Genossenschaftswohnung, und dann können sich die jungen Leute selbständig machen. Es kommt aber auch vor, daß man mit seinen Eltern zehn Jahre lang oder das ganze Leben zusammenwohnt.

Besonders oft lassen sich junge Leute scheiden, nachdem sie von den Eltern weggegangen sind. Bis dahin haben sie eher wie Kinder gelebt, erst wenn sie selbständig werden, merken sie, daß sie nicht zusammen passen. Das gilt aber auch umgekehrt: Wenn die Eltern den Schwiegersohn oder die Schwiegertochter nicht mögen, bringen sie es meist fertig, daß es zur Scheidung kommt. Es gibt Streit und . . . es ist einfach schrecklich!

Der wichtigste Scheidungsgrund ist also, glaube ich, die Unselbständigkeit der jungen Leute und ihre Abhängigkeit von den Eltern. Sie sind sowohl moralisch als auch wirtschaftlich vollständig gebunden.

Wie war es denn in deinem Fall?

Ich heiratete aus reiner Dummheit! Bei uns zu Hause herrschte eine kühle, unfreundliche Atmosphäre, und als mich dann ein junger Mann freundlicher behandelte, glaubte ich, das sei die Liebe, und zwar die Liebe fürs ganze Leben. Als wir eine Weile zusammengelebt hatten, ging es allerdings nicht mehr so gut. Wir hatten damals schon den Jungen, und meinem Mann wurde eine Stelle in Kalinin* zugewiesen. Wir lebten dort drei Jahre und waren selbständig. Ich konnte mich an alles gewöhnen und war sogar glücklich. Nach drei Jahren war mein Mann nicht mehr an Kalinin gebunden, und wir zogen nach Moskau, zu meinen Eltern. Mein Mann war nicht gerne dort, es herrschte eine unangenehme Stimmung. Er kam immer seltener nach Hause und blieb dann ganz weg. Mit ihm waren wir zu fünft in der Wohnung, aber er war bei seinen Eltern gemeldet. In unserer Wohnung waren somit nur vier Personen, und weil sie 30 qm hatte, d.h. für jeden von uns mehr als fünf, konnten wir keine größere bekommen. Ich konnte nichts daran ändern, und meine Eltern wollten nicht in eine größere Wohnung ziehen. Weil ich mit ihnen nicht zusammenleben konnte, haben wir uns getrennt.

Welchen Beruf hatte dein erster Mann?

Er war auch Künstler. Wir lernten uns an der Kunsthochschule kennen. Als er fertig war, fehlten mir noch drei Ausbildungsjahre. Aber ich gab das Studium auf und ging mit ihm. Später, nach fünf Jahren, wollte ich das Studium wieder aufnehmen, aber er war dagegen. Ich glaube, weil ich begabter bin als er. Er war immer neidisch, wenn mir etwas besser gelang als ihm. Er sagte dann, eine Frau sollte zu Hause sein und ihren Haushalt machen.

Was hast du während der langen Zeit in Kalinin gemacht?

Ich war mit meinem Jungen zu Hause. Ich habe zwar versucht, ihn in ein Tagesheim zu geben, aber er wurde sehr krank. Die Kinder sind im Tagesheim so oft krank. Auch wenn eine Mutter berufstätig ist, muß sie meist die halbe Zeit zu Hause sein, weil ein Kind krank ist. Wenigstens ist das in den ersten drei Jahren so. Die Kinder sind derart oft krank, daß man sogar versucht, Frauen mit kleinen Kindern überhaupt nicht einzustellen. Das wird natürlich nicht offiziell zugegeben, und natürlich bekommt man irgendeine Arbeit, wenn man ein Kleinkind hat, aber eine verantwortungsvollere Tätigkeit geben sie einem nicht. Ich war also zu Hause. Nur manchmal kam ich weg und fuhr hinaus in die Fabrik, in der mein Mann arbeitete. Ich machte einige Schmuckstücke. Heute machen das hier in Moskau viele, aber ich war damals tatsächlich die erste!

Wie habt ihr diese Wohnung bekommen?

Es ist die Wohnung meiner Schwiegereltern. Sie wohnten hier mit meinem Mann, seiner Schwester, seinem Schwager und seinem kleinen Neffen. Die Schwester und der Schwager hatten zwar schon vorher eine Zweizimmerwohnung, aber als sie heirateten, nahmen sie lieber diese. Und dann bekamen meine Schwiegereltern ziemlich schnell eine neue Einzimmerwohnung, hier in der Nähe. Mein Schwiegervater ist Kriegsinvalide und hat gewisse Vorrechte. Dann konnten sie ihrer Tochter eine Zweizimmerwohnung kaufen, und wir blieben hier alleine wohnen.

Die Wohnung hat drei Zimmer, aber eins ist abgeschlossen. Meine Schwägerin ist ein wenig schwierig, ja ein wenig unangenehm. Ihr Mann auch. Die wollten es geschickt anstellen und ließen sich scheiden, bis sie ihre Genossenschaftswohnung erhielt. Die Wohnung wurde also ihr und dem Jungen zugeteilt, und der Mann blieb sozusagen hier in dem Zimmer zurück. D. h., das Zimmer gehört ihnen, und wenn das Haus abgerissen wird, haben sie Anspruch auf ein neues Zimmer und können vielleicht eine größere Wohnung eintauschen. Vielleicht wollen sie das Zimmer auch verkaufen. Sie werden es in irgendeiner Weise ausnützen. Das muß man verstehen, denn die Genossenschaftswohnung war furchtbar teuer. Ich weiß es nicht genau, aber 5.000 Rubel hat sie mindestens gekostet. Und außerdem müssen sie mindestens 20 Jahre lang Miete bezahlen.

Ich habe ja nichts dagegen, denn jeder richtet sich so gut ein, wie er kann. Ich würde mir vielleicht nicht so viel Mühe machen, aber es ist ja nicht meine Angelegenheit. Viele machen etwas ähnliches. Man schließt Scheinehen, man läßt sich zum Schein scheiden. Es soll in Moskau schon 2.000 Scheinehen geben, auf diese Weise kann man sich hier registrieren lassen. Es ist eben auch ein Ausweg!

Wir bekamen also die Wohnung, ohne etwas bezahlen zu müssen. Aber jetzt wird das Haus abgerissen, und wir müssen in einen Vorort ziehen. Ich war schon dort. Ich konnte zwar nicht in die Wohnung gehen, aber ich habe das Haus gefunden. Es hat zwölf Stockwerke und fünf Eingänge. Es gibt sowohl Zwei- als auch Dreizimmerwohnungen. Alle Zweizimmerwohnungen haben Fenster, die nach Süden gehen, und auch wenn sie uns eine Dreizimmerwohnung geboten hätten, hätten wir vielleicht eine Zweizimmerwohnung genommen, nur wegen der Sonne!

Wir werden in den zehnten Stock ziehen. Die Wohnung ist nicht groß, aber sie hat ein Badezimmer und ist ganz modern. Es gibt einen Elektroherd und Linoleum. Die Zimmer sind zwar nicht sehr hoch, aber wir finden alles gut. Es ist ja unsere eigene Wohnung!

Was tut dein Mann?

Er ist sehr krank gewesen. Nicht einmal seinen Wehrdienst konnte er leisten und hat auch nicht studiert. Obwohl er jetzt 28 Jahre alt ist, hat er noch keinerlei Ausbildung. Er hat aber viele verschiedene Jobs gehabt, und das macht keinen guten Eindruck. Man hat ihm geraten, mindestens ein Jahr lang auf einem Arbeitsplatz zu bleiben. Er arbeitet jetzt also als Hausmeister, und im April hat er die Stelle seit einem Jahr. Ich habe ihm gesagt, ich würde die Familie in irgendeiner Weise versorgen, bis er eine Ausbildung hat. Und jetzt überlegt er sich, was er machen soll. Die Arbeit, die er jetzt hat, ist ja denkbar schlecht. Wißt ihr, was er verdient? 67 Rubel im Monat.

Kommt ihr ohne Hilfe eurer Eltern zurecht?

Nein. Ich verdiene zwar ein wenig, aber ohne die Eltern meines Mannes könnten wir für die neue Wohnung kein einziges Möbelstück kaufen. Wir haben nicht einmal ein Bett. Jetzt haben uns die Eltern meines Mannes 500 Rubel für Möbel gegeben, und sie geben uns jeden Monat 30 bis 40 Rubel. Manchmal sind es sogar

60 Rubel. Ja, natürlich hätte ich es irgendwie geschafft. Ich hätte geputzt oder . . . Aber so konnte ich statt dessen zeichnen. Ein ganzes Jahr lang habe ich mich wieder im Zeichnen geübt. Ich habe ja drei Jahre lang weder gezeichnet noch modelliert, und in der Zeit habe ich viel vergessen. Dank der Schwiegereltern habe ich ein ganzes Jahr geschenkt bekommen und konnte wieder üben. Ich bin ihnen so dankbar. Sie sind gute Menschen.

Bist du hier in Moskau geboren?

Nein. Ich bin in einer Stadt 40 km von Moskau aufgewachsen. Dort gibt es einen Flugplatz, man hat ständig Flugzeuge über sich. Mein Vater war Polier und arbeitete für die Eisenbahn. Meine Mutter war in einem Erholungsheim Bibliothekarin. Ich war das einzige Kind.

Es war nicht sehr schön bei uns. Meine Mutter sagte immer, daß sie nur aus Anstand bei meinem Vater blieb und vielleicht auch noch meinetwegen. Sie haben sich viel gestritten, und mein Vater trank oft. Alle Bauarbeiter trinken. Damit sie gut arbeiten, werden sie »geschmiert«. Wenn du dem Polier eine Flasche gibst, tut er sein bestes. Gibst du ihm keine, ist ihm die Arbeit egal. Also hat Vater ständig bei der Arbeit getrunken. Zu Hause aber auch. Und Mutter nörgelte und schimpfte. Mich haben sie irgendwie überhaupt nicht gesehen.

Als ich 14, 15 Jahre alt war, träumte ich davon, von zu Hause wegzugehen. Ich dachte, ich werde auf die Hochschule gehen, mir eine gute Stelle verschaffen, werde arbeiten und sparen und meiner Mutter alles zurückzahlen, was sie für meine Ausbildung ausgelegt hat, und dann werde ich nichts mehr mit ihr zu tun haben. Tatsächlich ist es auch so gekommen. Nur daß ich ihr kein Geld zurückgezahlt habe. Aber . . . ich meide sie, wo ich nur kann.

Wir haben völlig verschiedene Ansichten. Sie glaubt, daß sie besser als alle anderen ist. Sie verlangt ewige Dankbarkeit für alles, was sie getan hat. Und sie denkt immer nur an sich. Ich meine aber, daß man sich nicht ohne jede Rücksicht auf sich selbst für andere einsetzen soll. Man muß zusammen leben können, ohne sich gegenseitig die Freiheit zu nehmen. Natürlich muß man Rücksichten nehmen und vor einem anderen Menschen auch zurücktreten können. Aber sie, meine Mutter, verlangt in allem, in wirklich allem, unbedingten Gehorsam.

Wie ging es dir in der Schule?

In der Schule war nichts los. Sie stellt so geringe Forderungen, daß ein normal begabtes Kind nichts arbeiten muß. Die Schule ist eine Art Formalität. Dort sind alle faul und keiner lernt. Es gibt auch keine moralische Erziehung. Die Klassen sind zu groß, und die Lehrer interessieren sich nicht für den einzelnen Schüler als Mensch. Wenn ein Schüler nur ein wenig lernt und gehorcht, ist der Lehrer schon zufrieden. Auch die Pionierorganisation* und der Komsomol spielen im Leben der Schüler nicht die geringste Rolle. Alles spielt sich nur auf der Oberfläche ab. Auch das ist eine Art Formalität. Alle gehen in den Komsomol nur, weil man sonst in keiner Hochschule aufgenommen wird. Wer nicht Mitglied ist, muß sich auf unangenehme Fragen gefaßt machen.

Bei einer solchen Versammlung waren wir einst sogar auch mal begeistert und haben prinzipielle Fragen diskutiert, z. B. »wie soll ein Komsomol-Mitglied sein?« Wir waren alle jung, und kein Erwachsener hat die Versammlung geleitet. Später mußten wir über das Treffen berichten, und da hat man uns verboten, solche Themen in Zukunft zu diskutieren!

Schon sehr früh habe ich den Unterschied zwischen Ideal und Wirklichkeit bemerkt. Ich konnte ihn zwar nicht formulieren, aber ich habe ihn stark empfunden. Als ich ungefähr 15 war, ging ich einmal zu einem Jugendführer, den ich sehr bewunderte, und fragte ihn, warum man immer das eine sagt und schreibt und das andere tut. Er sprach von der niedrigen Bildungsstufe des Volkes und von der Notwendigkeit einer Entwicklung. Es würde schon alles besser werden, meinte er. Ich beruhigte mich für eine Weile, aber jetzt bin ich der Ansicht, daß er sich vor der Wahrheit gedrückt hat. Nur eins stimmt, die Bildungsstufe ist wirklich niedrig!

Wie kam es, daß du die Künstlerlaufbahn gewählt hast?

Ich habe schon immer gerne gezeichnet und mit meinen Händen gearbeitet. Von der 4. Klasse an habe ich bei einer sehr guten Lehrerin getöpfert. Sie war Bildhauerin, und sie hat sowohl die

Arbeit als auch uns ernst genommen. Nach der Schule wußte ich überhaupt nicht, was tun. Ich konnte nichts, ich hatte nichts gesehen. Ein einziges Mal war ich in einem Pionierlager, sonst nur in den Ferien bei meiner Großmutter. Einmal war ich mit meinen Eltern am Schwarzen Meer. Aber dort war es für ein Kind zu langweilig. Ich hatte bald genug vom Meer und vom Steinesammeln. Nein, ich konnte wirklich nur eines, nämlich ein wenig töpfern. Und ich beschloß, es von Grund auf zu erlernen, weil die Fächer Zeichnen, Malerei und Bildhauerei dazugehörten. Meine Mutter wollte, daß ich Ärztin werde, und das genügte, um mir den Beruf zu verleiden. Ich wollte selbst wählen. Es gab da ein Schulfach, von dem ich einfach begeistert war – das Autofahren! Ich war die beste Fahrerin in unserer Klasse und habe jede Gelegenheit zum Üben benutzt. Meine Mutter hat mir von klein auf beigebracht, daß ein Mensch ohne Ausbildung nichts wert ist. Wer nicht studiert hat, ist nur ein Dreck. Es ist für ihre Generation ganz typisch, die Menschen so zu bewerten. Eine Ausbildung ist natürlich wichtig, aber nicht so absolut. Ich wollte doch um jeden Preis mit meinen Händen arbeiten, aber das Studium wurde als so selbstverständlich hingestellt, daß ich eigentlich keine Wahl hatte. Ich habe dann eine künstlerische Ausbildung gewählt, bei der neben der Hochschule auch praktisch gearbeitet wird. Es war ein richtiger Entschluß, denn ich habe Freude an meiner Arbeit.

Nach der Schule habe ich ein Jahr gearbeitet, und danach war ich drei Jahre auf der Kunsthochschule. Ich mußte viel aufarbeiten, um meine Kameraden einzuholen, weil ich sehr viel weniger wußte als sie. Ich hatte bis dahin z. B. niemals von den Impressionisten gehört. Das hatten sie aber in Moskau alle! Auf der Hochschule lernte ich meinen ersten Mann kennen, und ich dachte, daß ich ihn liebte. Als ich dann schwanger wurde, baten mich die Ärzte geradezu, abzutreiben, damit mein Leben nicht zerstört würde! Ich dachte aber, daß ich gar nicht erst damit anfangen wollte, ein Verhältnis, eine Abtreibung, ein neues Verhältnis, eine neue Abtreibung ... »Ich werde das Kind auf die Welt bringen«, dachte ich, »ich werde es lieben, und es wird mich lieben, und wir werden es zusammen schön haben.« Ich suchte mir also eine Stelle in einer Fabrik, weit von Moskau, fuhr hin und fing an zu arbeiten. Ich sagte niemandem, daß ich ein Kind erwartete. Während der ganzen Zeit sagte mein Freund nichts davon, daß wir heiraten sollten. Er wollte nicht. Aber dann wurde ihm die

Stelle in Kalinin zugewiesen. Dort war er allein und fing an, sich nach mir zu sehnen. Da kam er an und sagte, er könne ohne mich nicht leben. Und ich ging zu ihm. Dann wurde der Kleine geboren. Aber sobald ich zu meinem Mann gezogen war und ihn besser kennengelernt hatte, merkte ich, daß wir nicht zueinander paßten. Jetzt war aber das Kind da, und wo hätte ich mit dem Kind hingehen sollen? Meine Mutter kam und sah natürlich gleich, daß ich nicht glücklich war. Sie wollte mir helfen und mir und dem Kind ein Zimmer verschaffen. Aber sie hat ständig davon angefangen, daß keiner wissen dürfte, daß unser Kind vor der Registrierung geboren war, und deshalb blieb ich lieber bei meinem Mann. Wir hatten es ja gar nicht so schlecht. Wir haben uns nie gestritten. Er trank nicht. Es gab allerdings auch keine Nähe und keine Gemeinsamkeit. Aber damals wußte ich ja nicht, daß es so etwas überhaupt gibt.

Gab es in deiner Schule das Fach Sexualkunde?

Aber nein! Auf diesem Gebiet wird man nur durch Witze oder durch seine Freundinnen aufgeklärt. Meine Mutter benimmt sich noch heute, als ob sie nicht wüßte, wie ein Kind zustandekommt. Als ich anfing, mit Jungen zu gehen, wußte ich, daß es Kondome gab. Ich hatte auch von anderen Verhütungsmitteln gelesen, aber die sind nicht zuverlässig, und die Pillen sind geradezu schädlich. Es ist nicht einfach, besonders am Anfang einer Beziehung. Es liegt nicht allen, gleich zu Anfang von Verhütungsmitteln zu sprechen. Mädchen sind oft schüchtern, und so ist es bei den ersten Malen sehr schwierig. Teils will man keine Pillen einnehmen, und teils ist es kaum möglich, zum Freund sofort von Kondomen zu sprechen. Alle anderen Verhütungsmittel muß man vom Arzt holen, und meistens muß man den Arzt auch noch persönlich kennen, um überhaupt ein gutes Mittel zu bekommen. Deshalb versuchen die meisten, ohne jedes Mittel zurecht zu kommen, das Ergebnis hängt dann nur davon ab, wie vernünftig und anständig der Mann ist. Es wird auch unwahrscheinlich viel abgetrieben. Es gibt zwar eine Statistik über die Abtreibungen, die in Krankenhäusern vorgenommen werden. Aber außerdem treibt man heimlich ab . . .

Heimlich?

Ja. Eine »private« Abtreibung kostet 35 bis 40 Rubel. Meistens werden sie von Krankenschwestern ausgeführt, aber auch von Ärzten. Alle wissen es, aber keiner spricht davon.

Aber warum werden nicht alle Abtreibungen im Krankenhaus vorgenommen?

Weil alle wissen, daß man abgetrieben hat, wenn man drei Tage lang nicht zur Arbeit erscheint. Wenn man nicht verheiratet ist, gibt es Gerede, und auch wenn man verheiratet ist, müssen ja nicht alle von der Sache wissen. Für Krankmeldungen gibt es keine Schweigepflicht. Man versucht sie also zu vermeiden. Oft kommen Frauen ins Krankenhaus, die vergeblich versucht haben, auf eigene Faust einen Abgang herbeizuführen. Das Ungeborene ist dann schon recht groß, und das Personal wird sehr ärgerlich: »Du mußt uns sagen, was du für ein Mittel verwendet hast, sonst helfen wir dir nicht." Jeder fürchtet sich vor einer Schwangerschaft und vor der dann notwendigen Abtreibung. Die ist ja sehr schmerzhaft. Ich weiß es, weil ich einmal in einem Krankenhaus abtreiben ließ. Heute gibt man hier in Moskau eine Narkose, aber draußen auf dem Lande bekommt man nur eine Spritze, die überhaupt nicht hilft. Man glaubte, als die Pille aufkam, daß alles besser würde. Vor sieben oder acht Jahren hörte ich zum ersten Mal von der Pille, aber ich konnte sie erst vor sechs Jahren zum ersten Mal kaufen. Es gibt sie nicht immer. Jetzt habe ich z. B. seit vier Monaten keine Pillen bekommen. So ist es eben: Manchmal bekommt man sie für einige Zeit, dann sind sie ein halbes Jahr lang nicht zu haben, und dann erscheinen sie wieder. Außerdem haben sie inzwischen einen sehr schlechten Ruf. Man meint sogar, eine Abtreibung sei besser als die Pille.

Was hast du bei der Geburt deines Jungen erlebt?

Er kam in einem ganz kleinen Krankenhaus in einem Ort bei Kalinin zur Welt. Es war richtig schön, denn ich war die einzige, die an dem Tag ein Kind bekam. Die Hebamme und die Helferin haben sich die ganze Zeit um mich gekümmert. Sie haben mit mir gesprochen und haben mir geholfen, wo sie nur konnten.

Ich habe aber gehört, wie es hier in Moskau sein kann, wo niemand Zeit hat, und man ganz alleine ohne Hilfe gebären muß.

Es geschieht natürlich nicht jeden Tag, aber es kommt sicher vor. Ich kann mich aber nicht beklagen, es war schön, in dem kleinen Krankenhaus ein Kind zu bekommen. Bei Komplikationen gibt es immer einen Arzt, der sofort kommen kann. Nach mir bekam eine Zigeunerin ihr Kind. Sie war nur 40 Jahre alt, aber schon eine alte Frau, und es war ihr zehntes Kind. Sie mußten ihr drei Tage lang helfen, und das haben sie tatsächlich auch getan. Sie war völlig am Ende. Sie konnte das Kind auch nicht stillen, ich hingegen hatte Unmengen von Milch und so habe ich auch ihr Kind gestillt! Auf dem Lande ist alles viel menschlicher. Es geht nicht so formell zu. Zwischen Arzt und Patient ist keine Distanz, denn jeder kennt jeden.

Hat man dir etwas gegen Schmerzen gegeben?

Nein. Ich finde es auch richtig, denn die Mittel können sowohl der Mutter als auch dem Kind schaden. In Moskau gibt man, glaube ich, Lachgas. Aber in der Regel kennt man nur die natürliche Geburt. Nachdem ich meinen Jungen bekommen hatte, hörte ich von der sogenannten psychologischen Vorbereitung. Aber mich hat niemand vorbereitet. In den Büchern heißt es: 'Dank den Fortschritten unserer ausgezeichneten Ärzte gebären die Frauen heutzutage nahezu schmerzlos'. Als ich also ins Krankenhaus gekommen war, und die Wehen so richtig einsetzten, bekam ich Angst. Ich schrie, bis die armen Väter, die gekommen waren, um ihre Kinder zu bewundern, vor Schreck grün wurden. Ich hatte nicht erwartet, daß es so weh tun würde. Hätte ich es nur vorher gewußt! Es tat entsetzlich weh. Ich wurde beinahe wahnsinnig, war an der Grenze zur Hysterie. Zum Glück brachte mich die Hebamme zur Vernunft. Sie sagte: »Wenn du dich jetzt nicht beruhigst, bekommst du kein lebendes Kind.« Ich mußte mich also einfach beherrschen, und ich habe mich ein klein wenig beruhigt. Aber in den Büchern steht keinesfalls, wie es wirklich ist.

Wahrscheinlich kriegen nicht alle Lachgas, weil nicht für jeden Patienten eine Pflegerin da ist, die den Apparat bedient.

Das ist aber eine ganz einfache Angelegenheit. Die Patientin kann den Apparat nahezu selbst bedienen.

Ja, vielleicht. Aber jemand muß doch die Verantwortung tragen. Man hat große Angst, daß etwas passiert. Es muß außer der Krankenschwester immer ein Verantwortlicher dabei sein. Vielleicht ist es auch für die Mutter unangenehm, wenn noch jemand im Zimmer dabei ist. Und außerdem muß man bedenken, daß bei uns alle Pflege umsonst ist, und deshalb niemand Sonderwünsche haben kann. Es kommt natürlich schon vor, daß jemand für besondere Vorteile bezahlt. Aber im allgemeinen hat man Angst, daß etwas geschieht und läßt die Extras lieber bleiben.

Hast du deinen Mann nicht beneidet, als du mit dem Kind zu Hause warst, während er als Künstler Karriere machte?

Ja, vielleicht war ich neidisch. Aber ich war eher verzweifelt. Mir war, als ob etwas in mir gestorben sei, ich war wie gelähmt und wurde nachlässig. Ich habe mich weder richtig gewaschen noch gekämmt, noch ordentlich angezogen. Ich habe aber alles Notwendige für das Kind und für meinen Mann getan. Ich habe gewaschen und gekocht, doch mehr wollte ich nicht. Ich glaube, ich wäre am liebsten gestorben, wenn nicht das Kind gewesen wäre. Ich wollte einfach nicht mehr. Es war wie eine Depression. So etwas ist keinesfalls ungewöhnlich. Viele haben es, wenn sie ein Kind bekommen haben.

Aber hier in Moskau bist du jetzt berufstätig. Bist du benachteiligt worden, weil du eine Frau bist?

Nein, niemals. Ich bin niemals in dem Sinn benachteiligt worden, daß jemand einen Mann statt meiner haben wollte. Nein, ich werde durch die bloße Tatsache, daß ich Mutter bin, behindert. Selbstverständlich zieht man Männer vor, denn ... wenn das Kind krank ist, arbeitet der Mann weiter, während die Frau zu Hause bleiben muß. Aber es ist alles halb so schlimm. Eine Frau, die Karriere machen will, wird natürlich aufgehalten, denn wenn sie kleine Kinder hat, hat sie so viel zu tun, daß sie im Beruf nicht so viel leisten kann, wie ein Mann. Aber es ist trotzdem eigentlich ihre eigene Schuld. Es gibt kein echtes Hindernis für die Berufstätigkeit der Frauen. Eine tüchtige und begabte Frau kann weit kommen, und viele tun es auch. Selbstverständlich hinken die Frauen hinter den Männern her, während die Kinder klein sind.

Alle wollen aber Kinder haben, und alle sehen ein, daß man der Kinder wegen die Berufslaufbahn einige Zeit hintanstellen muß. Später, wenn die Kinder größer sind, vielleicht zwölf oder 15 Jahre, dann kann die Mutter in ihrem Beruf wieder vorankommen.

Aber Väter haben doch auch Kinder.

Nein, Väter haben keine Kinder! Der Gedanke, daß ein Mann nicht zur Arbeit geht, weil sein Kind krank ist, ist geradezu abenteuerlich. Das käme nur in Frage, wenn die Mutter sich buchstäblich nicht auf den Beinen halten könnte. Bis ein Mann die Kinder versorgen wird, während seine Frau arbeitet, müssen viele Vorurteile überwunden werden. »Haha, er wird von seiner Alten ernährt«, würde es heißen. Für diese Einstellung müssen die Frauen bezahlen. Dabei denken sie selber: »Ein Mann ist ein Mann«.

Der berufliche Erfolg ist also für einen Mann wichtiger als für eine Frau?

Darum geht es ja gar nicht. Es ist nur so schwierig, für die Kinder eine gute Lösung zu finden. Die staatlichen Institutionen erfüllen nur selten ihren Zweck. Die Kinder entwickeln sich im Tagesheim, besonders im Wochentagesheim wesentlich langsamer als zu Hause. Sie erhalten weniger Zuwendung, und sie werden öfter krank. Aber andererseits sind sie besser auf die Verhältnisse vorbereitet, unter denen sie später leben müssen!

Die Geburtenzahl ist z. B. in Rußland und im Baltikum sehr niedrig. Was sollte man deiner Ansicht nach tun, um sie zu erhöhen?

Ja, darüber habe ich oft nachgedacht. In den Zeitungen heißt es immer, die Leute würden gerne ein Kind bekommen. Aber bevor sie ein zweites in die Welt setzen, verlangen sie Sozialhilfe. Ich meine, daß die Hilfe schon beim ersten Kind notwendig ist. Es ist derart mühsam, ein Kind zu versorgen, daß man an ein zweites gar nicht denken mag. Auch wir hatten es ausgesprochen schwer, als Aljoscha klein war. Wir wohnten sehr unbequem. Ich holte das

Wasser aus einem Brunnen. Wir lebten zu dritt von dem Gehalt meines Mannes, es waren nur 100 Rubel. Es ging noch, weil wir auf dem Lande wohnten, und dort alles ein bißchen billiger war. In Moskau hätten wir hungern müssen. Drei Jahre lang haben wir fast keine Kleider gekauft. Ich hatte geradezu vergessen, wie Strümpfe aussehen. Ich hatte nur dicke, selbstgestrickte. Wir mußten unser ganzes Geld für das Essen ausgeben. Manchmal haben uns die Eltern meines Mannes ein wenig geholfen.

Ich glaube, daß Teilzeitarbeit eine Lösung wäre. Außerdem müßte das Berufsleben besser organisiert sein. Natürlich arbeiten Frauen, um Geld zu verdienen. Aber ich kenne viele, die umsonst arbeiten würden, wenn sie nur ein wenig von zu Hause fortkämen. Man wird ganz verrückt, wenn man nur zu Hause sitzt und nichts zu tun hat.

Gibt es besondere Frauenberufe?

Ja, sie entstehen sozusagen von alleine. Die Lehrer haben z. B. einen typischen Frauenberuf. Und das ist ausgesprochen schade, finde ich. Ein männlicher Lehrer wäre in den meisten Fällen besser als ein weiblicher, aber nahezu kein Mann wird Lehrer.

Warum?

Weil ein Lehrer so wenig verdient. Ein Mann will um jeden Preis wenigstens zum Schein seine Familie ernähren. Das ist bei einem Lehrergehalt vollständig unmöglich, und der Beruf hat auch kein Ansehen. Sogar ein Ingenieur ist angesehener als ein Lehrer.

Auch in den Dienstleistungsberufen arbeiten fast nur Frauen. Überhaupt wird jede nicht mechanisierte Arbeit von Frauen ausgeführt. Sie arbeiten in der U-Bahn als Kontrolleure und überall als Kassiererinnen. Bei jeder Arbeit, die Aufmerksamkeit und Ausdauer verlangt, findet man Frauen, also auch bei einförmigen Arbeiten. Ich weiß nicht, warum man in Frauenberufen so wenig verdient. Ich verstehe einfach nicht, warum Lehrer und Ärzte, Kassiererinnen und Postbeamte ein so kleines Einkommen haben. Dabei verdient ein Schweißer 200 bis 300 Rubel im Monat. Es ist unglaublich. Ich verstehe das Prinzip nicht, aber es besteht schon seit langem. Zu Stalins Zeit wurden bestimmte Berufe besser bezahlt, weil man sonst überhaupt keine Arbeitskraft mehr bekam.

Aber für die schlechteste Arbeit hat man anscheinend immer jemanden gefunden.

Was bedeutet deiner Ansicht nach die Gleichstellung der Frauen mit den Männern?

Gleichstellung? Das weiß ich nicht. Ich habe nie darüber nachgedacht.

Nach dem sowjetischen Gesetz sind Männer und Frauen gleichberechtigt. Ist das auch in der Praxis so?

Ja, fast. Manchmal gibt man einem Mann den Vorzug, manchmal einer Frau. Aber wenn sich eine Frau vorgenommen hat, ein sogenanntes männliches Ziel zu erreichen, dann kann sie es auch. Sie muß sich manchmal ein wenig mehr anstrengen als der Mann, aber sie kann das Ziel erreichen, dank des Gesetzes über Gleichberechtigung. Ich finde dieses Gesetz sehr gut, denn es schafft eine Möglichkeit, die zwar nicht immer ausgenützt wird, aber sie ist wenigstens vorhanden! Ich kann mich gar nicht so recht darüber aufregen, daß die Wirklichkeit nicht immer mit dem Gesetz übereinstimmt. Wenn man unbedingt will, gibt es einen Ausweg!

Auch in Schweden sind die Frauen dem Gesetz nach gleichberechtigt. Aber sie wollen, daß das Gesetz in der Praxis durchgeführt wird, und zwar schnell.

Ach, ihr könnt es wohl nicht abwarten! Wir haben es nicht so eilig. Wir müssen Rücksicht nehmen: auf Traditionen, auf die Rückständigkeit auf dem Lande und auf die allgemeine Trägheit. Wir müssen bei uns selbst anfangen, bei der vorherrschenden Ansicht, daß der Mann uns zu unserem Recht verhilft. Es ist bei uns also kein brennendes Problem.

Sprechen Frauen unter sich nie über die verschiedenen Bedingungen für Männer und Frauen, über die Ungerechtigkeit?

Wir jammern und schimpfen. Zu einer richtigen Diskussion kommt es aber nicht, und wir beraten uns auch nicht gegenseitig.

Jede Frau löst ihre Probleme selbst. Wir wenden uns auch an keine öffentliche Stelle, solange wir mit den Schwierigkeiten selbst fertig werden können. Man weiß nie, was dabei herauskommt, wenn man sich an eine Behörde wendet. Man hat immer ein wenig Angst. Der Staat ist für Wohnungen und Arbeitsplätze und für gute Lebensbedingungen unserer Kinder verantwortlich. Aber zu Hause muß jeder Mann und jede Frau selber mit den Schwierigkeiten fertig werden. Man kann ja nicht verlangen, daß der Staat den eigenen Mann erzieht! Und seht euch unsere Organisationen an! Es dreht sich hier nur um die Mitgliedsbeiträge und um die pflichtgemäße Teilnahme an Versammlungen. Wir glauben nicht mehr daran, daß sich irgend etwas durch Versammlungen oder Sitzungen erledigen läßt. Wir sind sozusagen immun geworden. Nein, gemeinsame Aktionen sind entweder illegal, oder sie erreichen nichts. Wir ziehen es also vor, still und ruhig unsere Schwierigkeiten selbst zu meistern.

Die Frauen sind sich also bewußt, daß sie ungerecht behandelt werden, daß z. B. die typischen Frauenberufe schlecht bezahlt werden?

Ja. Wir sehen ja sehr viel. Aber wenn man dagegen nichts machen kann, versucht man es einfach zu vergessen. Es hat allerdings Versuche gegeben, eine Änderung herbeizuführen. Nur wurde es dadurch bloß schlimmer! Es ist also besser, wenn alles beim alten bleibt. Die meisten haben Angst, etwas zu sagen oder zu tun, was unsere Situation noch verschlechtern könnte. Jeder, dem eine Möglichkeit zur Verbesserung einfällt, muß sich hundertmal fragen: »Trage ich jetzt wirklich zur Verbesserung bei? Oder tue ich das Gegenteil?« Da habt ihr in wenigen Worten unseren Respekt vor der Regierung, die ja in der Tat noch viel schlimmer sein könnte. Wir erzählen allerdings Witze und lachen heimlich über vieles. Die Hauptsache ist, daß wir es jetzt nicht so haben wie damals, zu jener Zeit. Wir sagen oft: »Es ist zwar recht mühsam, aber zum Glück haben wir es besser als damals, zu der entsetzlichen Zeit. Natürlich verdienen wir wenig, aber wir bleiben wenigstens am Leben!« Versteht ihr? Ungerechtigkeit erzeugt nicht immer Zorn. Sie erzeugt Unterwürfigkeit.

Was erhoffst du dir von der Zukunft?

Ich wünsche mir noch ein Kind. Ich kann jetzt ein kleines Kind ernähren. Und dann hoffe ich, daß mein Aljoscha sich zu einem guten Menschen entwickelt. Ich wünsche mir für meinen Mann eine gute Arbeitsstelle und keine Enttäuschungen mehr. Ich wünsche allen Menschen Gutes. Allen wünsche ich das! In Interviews heißt es hier oft, daß Frauen den Frieden wollen. Das tue ich auch. Ich hoffe, daß es einmal keine 'ideologischen Meinungsverschiedenheiten' mehr gibt. Ich wünsche, daß unser Land und euere Länder im Westen eine gemeinsame Sprache finden. Ihr könnt ja mit eueren westlichen Idealen leben, und auch wir haben es nicht so schlecht. Warum muß man um jeden Preis beweisen, daß die eigene Ideologie die einzig richtige ist? Es ist wahrscheinlich eine ganz unnötige Polarisierung. Vielleicht haben wir viel mehr miteinander gemein, als wir wissen.

Denkst du oft an die Zukunft?

Ja, oft. Ich denke viel über die Zukunft der Menschheit nach, denn ich will, daß sie auf der Erde weiterlebt, wenn ich nicht mehr da bin, und wenn meine Kinder nicht mehr da sind. Ich will, daß das Leben niemals aufhört.

Besteht für dich ein großer Unterschied zwischen deinen Wünschen und Träumen und deinem wirklichen Leben?

Wißt ihr, früher hatte ich eine Menge dummer, unbedachter Wunschträume, und das ergab ja einen enormen Unterschied! Aber jetzt finde ich, daß ich eigentlich nur ganz wenig brauche. Ich habe ja mein sogenanntes Innenleben! Und ich liebe die Welt, ich liebe, was in ihr ist. Ich habe eingesehen, daß ich so wenig begreife von dem, was um mich ist, daß ich nicht verlangen kann, daß für mich die Welt perfekt ist.

Am schwersten war für mich der Bruch mit meinen Eltern. Er hat mich sehr belastet. Auch eine schlechte Mutter bleibt doch immer die Mutter, und es gibt nichts Schlimmeres, als sich gegen seine eigene Mutter zu stellen. Ich habe es tun müssen und ich leide heute noch darunter. Aber ich glaube, ich habe richtig gehandelt.

Außerdem glaube ich an das Schicksal. Ich fühle, daß ich im Leben eine Aufgabe habe, und ich werde sie erfüllen. Ich weiß noch nicht, was es ist, aber man fühlt schon, wenn man seiner Bestimmung nach handelt. Und ich werde versuchen, meinem Schicksal zu folgen.

Welches sind zur Zeit deine Pläne?

Ich will endlich mit meiner Familie in die neue Wohnung ziehen! Dann werde ich für einen oder für zwei Monate verreisen und in einer Fabrik arbeiten, wo ich meine Keramik brennen kann. Nur wenn ich arbeite, wenn ich ständig von neuem anfange, verstehe ich, wonach ich strebe. Wenn wir erst eingerichtet sind, kommen die beiden wunderbar ohne mich aus.(Sie zeigt auf das Nebenzimmer, wo Witja und Aljoscha vor einem Schachbrett sitzen).

Sie werden sich nach mir sehnen, aber ich muß jetzt endlich arbeiten dürfen!

EHESCHEIDUNGEN

In der ersten Zeit nach der Gründung der Sowjetunion wurden sehr radikale Familiengesetze in Kraft gesetzt. Unter anderem war es z. B. leicht, eine Ehe zu lösen: Es genügte, wenn eine der Parteien die Scheidung begehrte, und wenige Minuten später waren die Formalitäten erledigt.

1936 wurde dieses Gesetz dahingehend abgeändert, daß die Anwesenheit beider Partner nötig war. 1944 trat ein Scheidungsgesetz in Kraft, das die Scheidung erschwerte und zur unangenehmen, teuren Amtshandlung machte. Dieses Gesetz wurde 1965 abgemildert, doch ist weiterhin ein Gerichtsurteil nötig, wenn die Eheleute gemeinsam Kinder haben. Das Gericht bestimmt unter anderem, wem das Sorgerecht über die Kinder zugesprochen wird, und dieses Recht erhalten beinahe ausnahmslos die Frauen. Der Vater wird zum Unterhaltsbeitrag verpflichtet. In der Regel machen die Unterhaltszahlungen für ein Kind ein Viertel des Lohnes aus, für zwei Kinder ein Drittel, für drei und mehr Kinder die Hälfte. Es ist immer noch teuer, sich scheiden zu lassen: Es kostet zwischen 50 und 200 Rubel. Zum Vergleich betragen die Kosten für eine Trauung höchstens ein Rubel und 50 Kopeken.

Scheidungen sind in der Sowjetunion sehr häufig. Die Statistik weist aus, daß ein Drittel der Ehen mit Scheidung endet. In Großstädten wie Moskau und Kiew wird die Hälfte aller Ehen geschieden, die meisten schon im ersten Ehejahr.

Welches sind die Gründe für die vielen Scheidungen? Neben den bekannten allgemeinen Ursachen – Alkoholismus, Brutalität, Untreue usw. – haben sowjetische Soziologen ermittelt, daß in etwa 20 % der Fälle auch Streitigkeiten der Neuver-

mählten mit den Eltern die Scheidungsgründe sind. 1977 hatten 79 % der Geschiedenen nach der Eheschließung keine eigene Wohnung, sie wohnten entweder bei den Eltern des einen Partners oder in einer Wohngemeinschaft.

Junge Menschen sind auf das Zusammenleben auch schlecht vorbereitet. Der Sexualunterricht in den Schulen läßt zu wünschen übrig. Das erste Eheberatungsbüro im Lande wurde erst Anfang der 70er Jahre in Leningrad eröffnet. Ein Mediziner, der in einem solchen Büro arbeitete, sagte 1976 in einem Interview: »Ich übertreibe nicht, wenn ich sage, daß 9 von 10 der Jugendlichen, die heiraten wollen, nicht die geringsten Vorstellungen haben vom Zusammenleben in einer Ehe.«

NATASCHA

»WEIBLICHKEIT IST DIE FÄHIGKEIT, ZÄRTLICH ZU SEIN UND BLUMEN ZUM BLÜHEN ZU BRINGEN.«

Natascha und ihr Mann Jura wohnen mit ihrem eineinhalb Jahre alten Sohn in einer Gemeinschaftswohnung im Stadtzentrum. In einem sehr verwohnten Haus haben sie ein kleines Zimmer mit enorm hoher Decke und einem uralten Parkettboden. Ein langer, dunkler Gang führt zu der gemeinsamen Küche mit einem kleinen Gasherd, einem altmodischen Spülstein mit Kaltwasseranschluß und vielen Wäscheleinen mit Kinderwäsche. Am anderen Ende des Ganges liegt die Toilette, ein winziger Raum mit einer WC-Schüssel ohne Sitz und einem Boden, der nur aus einigen Brettern über einem schwarzen Loch besteht. Natascha gesteht uns, daß sie oft von einer großen, sauberen Küche träumt, in der sie ganz alleine herrscht und keine Nachbarn hat.

Natascha trägt ein hellgraues Hemdblusenkleid aus dünnem Wollstoff mit weißem Kragen, Nylonstrümpfe und schwarze, gut geputzte Halbschuhe. Sie hat dunkles, kurz geschnittenes und sehr gut frisiertes Haar. Auf mehreren Platten bietet sie uns eine Menge kleiner Leckerbissen an: Kuchen und Gebäck, Käsewürfel und Knoblauchwurst, Zitronenscheiben und frischen Schnittlauch, Hering, Nüsse,

Obst und verschiedene Brotsorten. Zum Essen gießt uns Jura selbstgebrannten georgischen Wodka ein. Er ist bernsteinfarben und schmeckt wunderbar.

Während des ganzen Interviews ist Natascha lebhaft und intensiv bei der Sache. Sie spricht schnell, eifrig und ohne zu zögern.

Es scheint fast, als habe sie das Tonbandgerät vergessen, obwohl sie es selbst auf dem Schoß hat. Ab und zu kommt Jura ins Zimmer und fragt, was er dem Jungen zu essen geben solle, wo die Windeln seien und ob es nicht schon Schlafenszeit sei. Natascha gibt ihm kurze Anweisungen.

Nach dem Ende des Interviews gesellt sich Jura zu uns, und von dem Moment an dominiert er unsere Runde. Während er Konversation macht und uns Wodka anbietet, lächelt Natascha lieb aus der Sofaecke, in die sie sich sofort zurückgezogen hat. Er hat ihren Platz auf dem Stuhl uns gegenüber übernommen. Manchmal kommen wir auf Themen, zu denen sich Natascha soeben voller Interesse und Überzeugung geäußert hat. Obwohl wir wissen, daß sie völlig anderer Ansicht als Jura ist, sagt sie jetzt kein Wort. Auch wenn wir uns direkt an sie wenden, lächelt sie nur und schweigt. Dabei hat uns während des Interviews ihr starkes Selbstgefühl mit am meisten beeindruckt. Unser Bild von ihr ist also recht vielschichtig.

Ich bin 21 Jahre alt und werde im Mai 22. Vor vier Jahren bin ich aus der Stadt Swerdlowsk im Ural hierher nach Moskau gezogen. Ich kam direkt von der Schule auf die Universität. Ich studiere Jura und mache in diesem Jahr Examen. Ich habe mich auf Strafrecht spezialisiert. Anfangs interessierte ich mich vor allem für die Jugendkriminalität, aber jetzt interessiert mich die Kriminalität ganz allgemein, als soziale Frage.

Und was tut dein Mann?

Er wird gleichzeitig mit mir Examen machen. Er studiert Mathematik.

Habt ihr seit eurer Heirat hier gewohnt?

Nein. Weil keiner von uns hier in Moskau Verwandte hat, steht uns eigentlich ein Zimmer der Universität zu. Bis zu unserer Heirat wohnten wir im Studentenheim, danach hätten wir dort ohne weiteres ein Zimmer in einer Zweizimmerwohnung haben können. Da hätte man dann ein kleines Zimmer für sich und würde Dusche, Toilette und Diele mit dem Nachbarn im zweiten Zimmer teilen, und in jedem Stockwerk wäre eine große Gemeinschaftsküche. Aber wir hatten beide vom Studentenheim genug. Es kommen und gehen dort ständig Leute, und man hält es auf die Dauer nicht aus. Die Zimmer sind auch sehr klein, und in der Küche kann man nicht richtig kochen. Das Ganze ist aber auch eine Geldfrage. Weder Jura noch ich erhalten von unseren Eltern eine wesentliche Unterstützung. Seine Eltern haben vier Kinder, die alle nicht mehr zu Hause wohnen und unterstützt werden müssen. Drei von ihnen wohnen in Moskau. Sein Vater ist 75 Jahre alt und seit langem Rentner. Auch seine Mutter ist Rentnerin. Sie ist schon 58. Aber sie arbeitet natürlich noch, in einem Fleischkombinat. Sie arbeitet, um ihren Kindern helfen zu können. Aber das Geld reicht nicht für uns, weil Jura der älteste ist, und es den anderen noch schlechter geht. Meine Situation ist auch sehr kompliziert, weil meine Eltern geschieden sind. Meine Mutter sorgt allein für meinen Bruder, der jetzt genau in dem Alter ist, wo Kinder sehr viel brauchen. Und meine Großmutter ist 70 Jahre alt und hat nur ihre Rente. Deshalb kann sie mir nicht helfen. Meine Mutter ist Kinderärztin. Sie verdient also nicht sehr viel, 120 oder vielleicht 130 Rubel, wenn sie viele Überstunden macht und Nachtschichten übernimmt. Sie hilft mir zwar und schickt Geld, aber ich versuche, sie davon abzubringen und möchte allein durchkommen. Wir müssen also praktisch von dem leben, was wir selbst verdienen können. Wir haben beide ein Stipendium von 45 Rubel, aber weil wir formell ein Studentenzimmer mieten, ziehen sie uns jeden Monat die Miete ab. Wir haben also jeder 42 Rubel. Drei Personen können natürlich unmöglich von 84 Rubel im Monat leben. Wir haben aber eine Lösung gefunden, wenn auch keine sehr bequeme: Jura arbeitet als Hausmeister. Dafür muß er jeden Tag zwei Stunden und manchmal den halben Sonnabend opfern. Er verdient 80 Rubel, und dieses Zimmer hier ist seine Dienstwohnung, für die wir nichts bezahlen müssen. Es ist ja ein recht großes Zimmer, es hat 25 qm.

Ihr teilt doch sicher die Wohnung mit mehreren Parteien?

Ja, natürlich. Als wir für Jura eine Arbeit suchten, wählten wir ein Haus, in dem Freunde von uns wohnten. Juras Bruder und ein Freund von ihm machten mit, und wir wohnen jetzt alle zusammen. Das hat sowohl Vor- als auch Nachteile, weil ich die einzige Frau bin, die anderen sind nicht verheiratet. Manchmal muß ich also für uns alle kochen. Sie helfen natürlich beim Einkaufen, und ich bin dafür dankbar, aber es bleibt trotzdem noch viel zu tun. Andererseits ist es schön, die einzige Frau in der Küche zu sein. Ich kann bügeln, waschen und kochen, wann ich will und muß mich nicht ständig mit jemandem absprechen. In den Gemeinschaftswohnungen arbeiten nicht selten vier Frauen in der gleichen Küche, und da gibt es oft Streit. Ich habe es also in gewisser Hinsicht gut.

Wie lange wohnt ihr schon hier?

Noch nicht lange. Jura hatte früher eine andere Hausmeisterstelle, aber jetzt bekommt man in dem Haus dort keine Dienstwohnung mehr, und außerdem war es eine Kellerwohnung, die sich nicht besonders für kleine Kinder eignet. Als der Junge noch sehr klein war, da ging es ja, weil wir ihn auf einem kleinen Hof ins Freie stellen konnten. Aber dann ging es nicht mehr, weil das Zimmer zu klein und der Korridor derart zugig war, daß er nirgend spielen konnte. Er kann ja nicht den ganzen Tag in seinem Bett oder im Laufstall sein! Aber denkt nur, dort gab es Warmwasser! Das war für mich eine große Erleichterung.

Gibt es denn hier kein Warmwasser?

Nein, weder Warmwasser noch ein Badezimmer. Das macht die Hausarbeit sehr mühsam. Ich muß ständig Wasser zum Spülen und zum Waschen wärmen, das braucht viel Zeit. Zum Glück haben wir ganz in der Nähe ein Badehaus, aber den Kleinen müssen wir doch zu Hause baden. Das heißt, ich gehe in diese schreckliche Küche und mache Wasser warm. Manchmal fahre ich zu einem Bruder von Jura, der in einem Vorort in einem Neubau wohnt. Ich nehme den Kleinen mit und bade ihn dort. Die haben ein richtiges Bad und eine Küche. Alles ist klitzeklein, aber wunderbar sauber und hell. So richtig strahlend weiß. Und hier . . . es ist eigentlich fürchterlich.

Wo ist der Junge tagsüber?

Er ist mit uns zusammen. Er kennt es gar nicht anders. Wir lösen uns nach einem festen Plan ab. Vor seiner Geburt fuhr ich nach Hause zu meiner Mutter, und er ist dort geboren. Wir blieben dann drei Monate bei meiner Mutter. Weil er nicht sehr kräftig ist und schlecht ißt, wollen wir ihn noch nicht ins Tagesheim geben.

Aber später wollt ihr ihn dort anmelden?

Ja, vom nächsten Jahr ab.

Wie denkt man über die Tagesheime? Sind sie eine gute Lösung?

Nein, das sind sie nicht. Aber die meisten Mütter befinden sich in einer Zwangslage. Die Tagesheime, die von Fabriken oder von Institutionen eingerichtet sind, sind meist sehr gut und man kann ihnen ruhig sein Kind anvertrauen. Aber die anderen Tagesheime sind wirklich sehr schlecht. Das Personal ist meist völlig unerfahren und wechselt ständig. Häufig arbeiten in den Tagesheimen Leute ohne jede Ausbildung. Sie verdienen auch sehr wenig, und die Arbeit ist schwer, weil sie riesengroße Gruppen zu betreuen haben. Meist gehen zwölf oder 15 Kinder auf einen Erwachsenen. Deshalb laufen die Kleinen ständig mit nassen Windeln herum und sind oft erkältet. Bald wird ein einjähriger bezahlter Kinderurlaub eingeführt, und das werden die meisten sicher ausnützen.

Wie ist das jetzt geregelt?

Jetzt bekommt man den vollen Lohn zwei Monate vor und zwei Monate nach der Geburt. Eine Studentin bekommt ein Jahr Studienurlaub mit einem Teil des Stipendiums. Diese Möglichkeit wird aber nicht oft genützt, weil man mit dem Studium sehr zurückbleibt. Außerdem kann man nur schwer mit einem Teil des Stipendiums leben.

Aber wahrscheinlich springen dann die Eltern ein?

Ja, das tun sie. Als ich z. B. nach Moskau kam, hatte ich 38 Rubel im Monat, und meine Mutter schickte mir 40. Damit konnte ich mit knapper Not auskommen. Ohne die Hilfe der Eltern wäre es gar nicht zu machen.

Aber wenn die Eltern nicht helfen können, was geschieht dann?

Dann müssen die Studenten als Wachleute oder als Hausmeister arbeiten. Fast alle Hausmeister in Moskau sind Studenten. Die Arbeit ist recht gut bezahlt, und man bekommt eine Dienstwohnung. Für Mädchen ist es da wesentlich schwerer, einen Job zu finden.

Ist die Arbeit neben dem Studium nicht eine große Belastung?

Doch. Mein Mann z. B. ist sehr belastet. Er kann nie so viel schlafen, wie er eigentlich müßte. Für mich wäre eine solche Arbeit wesentlich einfacher, weil ich ein Frühaufsteher bin. Die Arbeit muß sein, weil wir Geld zurücklegen müssen. Bald sind wir keine Studenten mehr, wir ziehen von hier fort und arbeiten dann als Akademiker. Da kann man nicht angezogen sein wie ein Student. Als akademische Spezialisten müssen wir ordentlich aussehen, und Kleidung ist furchtbar teuer. Also heißt es für uns, arbeiten und sparen.

Kannst du uns deinen normalen Alltag schildern?

Ich muß aber erst über etwas sprechen, was für meinen Mann und mich spezifisch ist, und was ich sehr selten bei anderen gesehen habe: Mein Mann hilft mir sehr. Daß wir es geschafft haben, ein Kind zu haben, ohne unsere Pläne aufzugeben, daß wir beide unser Studium abschließen können, ist zum größten Teil sein Verdienst, denn er hilft mir wirklich mit allem. Er versorgt das Kind, wäscht und kocht, wenn es nötig ist. Wenn ich z. B. zu einer Prüfung in die Universität fahren muß, greift er immer ein. Ich kann völlig beruhigt weggehen, weil ich weiß, daß zu Hause alles in

Ordnung ist. Er füttert das Kind, steckt es ins Bett, und bis ich nach Hause komme, ist alles erledigt. Mein Tag sieht also nicht immer gleich aus.

Am Morgen läuft alles nach dem gleichen Muster. Ungefähr um sieben wacht der Junge auf, wir stehen auf und Jura geht sofort zur Arbeit. Ich füttere den Kleinen, d. h. ich setze ihn in sein Stühlchen, denn ich finde, er soll selber essen lernen. Und während er dort sitzt und ißt, putze ich unser Zimmer, mache die Betten und wärme Wasser für die Wäsche auf. Dann wasche ich den Kleinen, denn er ißt noch wie ein Ferkel. Wenn er dann satt und zufrieden ist, spielt er brav alleine, und ich fange mit dem Frühstück an und mache mich fertig, während die Grütze kocht. Dann wasche und bügle ich. Wenn Jura nach Hause kommt, essen wir.

Oft muß dann Jura weggehen, und ich spüle ab, spiele mit dem Jungen, gehe mit ihm an die Luft und mache meinen Haushalt.

Abends gibt es bei uns die meiste Arbeit, denn alle kommen nach Hause und wollen essen. Meist sind es acht Personen, oft sogar mehr, denn wir haben viele Gäste. Es ist recht mühsam, denn ich muß den Jungen füttern und für alle kochen. Dann kommt der Junge ins Bett, ich spüle ab und muß wieder waschen. Erst gegen 9 herrscht Ruhe und wir fangen an zu lernen. Manchmal bleibe ich die halbe Nacht auf. Teils muß ich studieren, teils will ich aber auch ein wenig Belletristik lesen. Manchmal kann ich mir ein Buch ausleihen, das ich aber nach wenigen Tagen wieder zurückgeben muß. Oft schlafe ich wochenlang nur drei Stunden pro Nacht. Ich habe eben kein großes Schlafbedürfnis. Wenn also Jura eine Prüfung hat, lasse ich ihn den ganzen Tag studieren und lerne selbst in der Nacht. Es geht, weil ich mein Studium sehr liebe.

Natascha erzählt uns von ihrer Jugend. In ihrer Familie waren alle fröhlich und freundlich zueinander, und die Eltern kümmerten sich wirklich um die Kinder. Man wanderte, las Bücher und diskutierte zusammen. Die Scheidung der Eltern war für Natascha ein schlimmes Erlebnis. Sie konnte nicht verstehen, daß der Vater, dem sie immer vertraut hatte, seine Familie verlassen konnte.

Ich bin meinem Vater immer näher gestanden als meiner Mutter.

Vater und ich hatten ein schönes Verhältnis zueinander. Wir waren offen und freundlich. Mit meiner Mutter war es schwieriger, denn sie war sehr viel strenger.

Alle meine Freunde waren Jungen, und meine Mutter, die sehr altmodisch erzogen war, sagte: »Du darfst nicht vergessen, daß du ein Mädchen bist! So kann es nicht weitergehen.« Aber ich mochte nicht die artigen Mädchen, die sie mir als Beispiel hinstellte.

Ich komme heute noch am besten mit Männern aus. Sie sind offener und machen nicht so viel Umschweife. Ich finde sie einfach interessanter als Frauen. Frauen sind mir irgendwie fremd, ich weiß nicht recht, warum. Vielleicht bin ich ernster als sie. Es heißt ja auch, gewisse weibliche Eigenschaften müsse man schon als Kind erwerben, z. B. die Koketterie und das Interesse an schöner Kleidung. Das alles habe ich nie gelernt. Ich habe mich daran gewöhnt, nur das zu haben, was ich brauche, und nicht mehr. Aber Jura findet das falsch und unweiblich und verlangt von mir, daß ich mir mehr schöne Sachen zum Anziehen kaufe. Wir haben uns tatsächlich über sowas gestritten, besonders am Anfang.

Ich weiß noch, als ich 15 Jahre alt war, überlegten sich die Mädchen in meiner Klasse, wer von uns wohl zuerst heiraten würde. Und ein Mädchen zeigte mit dem Finger auf mich und sagte: »Natascha wird sicher nie heiraten. Sie wird bei unseren Kindern den Babysitter machen.« Und dann habe ich als erste geheiratet! Alle waren sehr erstaunt darüber.

Natürlich wünschte ich mir auch ein Kind. Ich habe Kinder immer sehr gern gehabt, und ich möchte mindestens drei oder vier haben. Ich weiß zwar, es liegt mir nicht, nur Hausfrau zu sein, sowas macht mich schon nach wenigen Tagen ganz verrückt. Aber das Verhältnis zwischen Jura und mir ist so gut, daß ich eigentlich keine Angst habe. Es wird schon irgendwie werden.

Wenn in ciner Ehe beide Partner studiert haben, gibt es allerdings leicht Schwierigkeiten. Ich habe z. B. gerade ein Buch über Akademgorodok* gelesen, in dem der Autor schreibt: »Nirgends habe ich so viele schöne Männer und so viele intelligente Frauen gesehen. Genau hier liegt die Ursache für die häufigen Scheidungen!« Versteht ihr, was hier gemeint ist? Eine Frau, die wissenschaftlich arbeitet, entwickelt das gleiche Selbstgefühl wie ein Mann. Und weil die Männer gewöhnt sind, sich durchzusetzen, gibt es leicht Schwierigkeiten. Für einen Mann steht selbstverständlich der Beruf an erster Stelle. Erst kommt die Arbeit, dann die Freunde und dann die Frau. Aber bei einer Frau setzt man eine andere Reihenfolge voraus: Zuerst der Mann, dann die Kinder und zuletzt der Beruf. Ein Mann kann durch seinen Beruf an Prestige gewinnen, während man eine Frau nur danach einschätzt, ob ihre Kinder sauber und nett aussehen.

Ich glaube, man kann sagen, daß in unserer Familie Gleichberechtigung herrscht. In gewisser Weise ist Jura natürlich das Oberhaupt der Familie, weil . . . weil er es eben sein will. Und wir könnten es vielleicht so formulieren: Offiziell, nach außen hin, besonders unter fremden Leuten, ist er es ohne Zweifel. Aber im engeren Kreis, wenn wir unter uns etwas entscheiden, sind wir gleichberechtigt. Doch hierüber spreche ich nicht zu Außenstehenden. Ich bestehe auch gar nicht darauf, denn es könnte Schwierigkeiten geben, besonders, wenn es andere erfahren. Wenn die Freunde einmal sagen, daß sie die Hosen anhat, dann geht es meistens schief.

Aber hier sind fast alle Frauen berufstätig. Was geschieht, wenn für dich immer die Familie an erster Stelle steht?

Eine Frau mit Kind wird nur ungern zum Studium zugelassen. Man meint, daß sie nicht die nötige Zeit aufbringen wird. Aber das wird niemals offen zugegeben. Später, im Berufsleben, gibt es meiner Ansicht nach diese Schwierigkeiten nicht. Und wenn sie auftreten sollten, liegt es an der Frau selbst. Wenn sie sich anstrengt, und wenn sie die nötige Kraft und Energie besitzt, kann sie sowohl für die Familie da sein als auch im Beruf etwas leisten.

Sie muß also immer zwei Rollen gleichzeitig spielen?

Das schon. Aber heute versucht man wirklich, den Frauen das Leben zu erleichtern. In der Textilindustrie z. B. arbeiten fast nur Frauen. Und dort geschehen zur Zeit interessante Dinge. Man richtet auf dem Fabrikgelände z. B. Friseurläden ein, und die Frauen können vor der Arbeit oder in einer Pause hingehen und sparen Zeit und Kraft.

Meiner Ansicht nach sollten alle Frauen berufstätig sein. Es ist für sie unbedingt das Beste. Ich bin manchmal selbst in der

Situation, daß ich zwei Sachen gleichzeitig tun muß, und ich habe dann keine andere Wahl, als mich bis zum Äußersten anzustrengen, bis beides geschafft ist. Wenn ich längere Zeit nicht berufstätig sein darf, verliere ich meinen Eigenwert. Dabei will ich gar nicht unbedingt Karriere machen. Nein, für mich ist nur die geistige Anregung wichtig, und die bietet mir mein Beruf.

Du möchtest aber sicher nicht auf Kinder verzichten?

Nein, ich kann mir ein Leben ohne Kinder nicht vorstellen. Am liebsten hätte ich drei oder vier, und zwei werde ich unter allen Umständen haben.

Aber hier haben die meisten nur ein Kind. Warum?

Daran ist der niedrige Lebensstandard schuld!

Was hältst du von der ungarischen Lösung? Dort gibt es einen dreijährigen Mutterschaftsurlaub.

Ich halte nichts davon. Was soll man mit den drei Jahren anfangen? Schon ein Jahr ohne Berufsarbeit ist schlimm.

Bei uns kann nicht nur die Frau, sondern auch der Mann zu Hause bleiben.

Oh, das ist einfach wunderbar! Da muß man ja nicht alleine sein. Das ist es ja, was einem so schwerfällt . . .

Nein, das hast du falsch verstanden. Nur ein Elternteil darf zu Hause bleiben.

Ach so . . . das wäre nichts für uns. Das ginge nie, denn bei uns sind die Männer anders. Für sie existieren die Kinder gar nicht, nicht bevor sie zwei Jahre alt sind, denn vorher können die Väter nicht mit ihnen spielen, mit ihnen spazierengehen und ihnen alles mögliche beibringen. Als unser Junge drei Monate alt war, hatte mein Mann keine Ahnung, wie er ihn pflegen soll. Für die meisten Männer ist ein Säugling nur ein recht uninteressantes Wäschebündel.

Du kannst dir also kein männliches Personal in den Tagesheimen vorstellen?

Nein, unmöglich! Vielleicht denke ich aus Gewohnheit so. Aber ich halte Frauen auch für ordentlicher und sorgfältiger, und das ist bei Kindern sehr wichtig. Frauen haben auch mehr Geduld, und die ist für Kinder am allerwichtigsten. Wo Geduld gebraucht wird, ist ein Mann fehl am Platz. Das gilt z. B. auch für das Kochen. Ab und zu, bei festlichen Gelegenheiten, macht ein Mann gerne etwas Gutes. Aber das tägliche Kochen erträgt er nicht.

Wir haben beobachtet, daß die Hotels und die U-Bahn ausschließlich von Frauen geputzt werden. Wohl auch, weil sie die größere Geduld haben?

Nein, ich glaube, hier spielt eher der Snobismus der Männer eine Rolle. Auch Jura protestiert manchmal und sagt: »Warum soll ich das tun, ich bin doch ein Mann?« Und die Dienstleistungsberufe sind nun wirklich Frauensache. Der Mann spielt dafür gerne die Rolle des Jägers, der alles Notwendige ins Haus bringt.

Demnach hätten also die Eltern ganz verschiedene Aufgaben?

Ich denke schon. Eine gute Mutter braucht vor allem Geduld und muß sich selbst und das Kind sauberhalten. Reinlichkeit ist sehr wichtig und verlangt viel Kraft und Energie. Aber damit erledigen sich gleich viele andere Probleme. Eine gute Mutter braucht auch eine gewisse innere Ruhe. Sie muß sich beherrschen können, weil sie sonst sowohl sich als auch dem Kind schadet. Sie darf das Kind aber nicht verzärteln. Sie muß ruhig und geduldig sein, aber auch mutig.

Und wie ist ein guter Vater?

Jura ist ein guter Vater, er beschäftigt sich wirklich mit seinem Sohn. Und besonders für einen Jungen ist . . . das Zusammensein mit dem Vater wichtig. Es gibt eine Menge rein männlicher Eigenschaften, die ein Junge erwerben muß, und Jura ist unserem Jungen ein gutes Beispiel. Ein Junge muß z. B. etwas wagen, er muß mutig sein. Eine Mutter ist meist vorsichtig, und Jungen, die unter lauter Frauen aufwachsen, werden leicht ein wenig ängstlich.

Gelingt es dir, eine gute Mutter zu sein?

Ja, ich glaube schon. Viele sagen, daß ich eine gute Mutter geworden bin. Eins weiß ich sicher – und ich bin stolz darauf – ich bin dem Jungen gegenüber immer ruhig. Ich war noch nie hysterisch oder aufbrausend, sondern habe in allen Situationen einen Ausweg gefunden. Ich beherrsche mich immer seinetwegen.

Meinst du, Jungen und Mädchen sollten für ihre verschiedenen, spezifischen Rollen erzogen werden?

Ja, unbedingt! Es gibt Dinge, die man einem Jungen beibringen muß und andere, die ein Mädchen lernen sollte. Meiner Ansicht nach hat die Hausarbeit mit der Gleichberechtigung der Geschlechter nichts zu tun, sondern ist einfach eine praktische Frage. Deshalb finde ich, daß ein Mädchen von klein auf alle häuslichen Arbeiten lernen sollte. Sie kann dann später ihren Haushalt schnell und gut und ohne allzu großen Zeitaufwand führen. Ich hab' es nie richtig gelernt, und das Kochen z. B. dauert bei mir viel zu lange. Jetzt muß ich ja so viel kochen, und jeden Tag Fleisch. Hier sind ja lauter Männer, und sie sind recht verwöhnt. Wenn wir zu dritt wären, könnte ich einen Eintopf für mehrere Tage kochen. Aber wir sind so viele Personen, daß nicht einmal unser größter Kochtopf ausreicht.

Sollte man nicht einem Jungen beibringen, wie er sich selbst versorgt?

Doch, natürlich, aber nur gerade das Notwendigste. Mädchen müssen viel mehr können. Sie müssen z. B. nähen und stricken können, und je eher man es lernt, um so leichter fällt es einem.

Die Jungen müssen handwerklich ausgebildet werden. Sie müssen ein wenig schreinern und überhaupt praktisch zupakken können.

Du hast uns gesagt, daß du nie gelernt hast, kokett zu sein. Meinst du, man sollte das seiner Tochter beibringen?

Nein, eigentlich nicht. Viele verstehen zwar unter Weiblichkeit die Fähigkeit, sich gut anzuziehen und zu gefallen. Aber für mich bedeutet Weiblichkeit Sanftheit und Güte und eine Kultur des Herzens. Dazu gehört die angeborene Neigung zu tiefer, künstlerischer Empfindung, eine Fähigkeit, zärtlich zu sein und Blumen zum Blühen zu bringen. Daneben bedeutet Weiblichkeit auch Selbstverwirklichung, aber nicht mit den Mitteln der Koketterie. Die sind einfach ordinär. Das Gesicht einer Frau sollte ihre innere Schönheit widerspiegeln. Jede Frau sollte in ihrem Innersten romantisch sein. Man sagt bei uns, wenn eine Frau ein Kind erwartet, soll sie am Fenster sitzen und auf eine schöne Landschaft hinausschauen. Oder schöne Märchen lesen. Dann bekommt sie auch ein schönes Kind. Ich finde, das gilt für alle Frauen, denn Weiblicheit bedeutet innere Schönheit und nicht äußere.

Ich habe darüber nachgedacht, welche Eigenschaften Männer und Frauen haben sollten, und ich bin zu dem Schluß gekommen, daß es eigentlich die gleichen Eigenschaften sind: Intelligenz, Leidenschaft und Kraft. Aber sie äußern sich bei Männern und Frauen ganz verschieden, in ganz unterschiedlichen Abstufungen. Selbst die Kraft ist bei einem Mann nicht das gleiche wie bei einer Frau. Dabei meine ich natürlich nicht die körperliche Kraft, sondern die seelische. Die innere Kraft macht einen Mann entschlußfähig und beharrlich. Sie läßt ihn innerhalb der Familie Verantwortung tragen und Entscheidungen treffen. Eine Frau, die seelische Kraft besitzt, trägt ihre Familie unmerklich und gibt ihr ein gutes geistiges Klima. Weibliche Stärke bedeutet auch Geduld, und wenn es notwendig ist, die Fähigkeit, schweigen zu können.

Du sagst, Männer und Frauen müßten in verschiedener Weise stark sein. Führt das nicht zu Ungerechtigkeiten?

Ja, ich habe beobachtet, daß sich besonders bei den Frauen die Charaktereigenschaften von Eigenschaften unterscheiden, die man im Berufsleben braucht. Natürlich führt das zu persönlichen Konflikten. Ich habe z. B. eine Freundin, die sanft und gütig und empfindsam ist. Sie ist eine Träumerin. Aber als Lehrerin muß sie hart und streng sein, für sie ist das eine sehr schwierige Situation. Leider kann man sich bei der Berufswahl nur sehr selten nach dem Charakter richten. Das hat verschiedene Gründe. Die Berufswahl wird von den Eltern oder von den äußeren Umständen diktiert, oder man weiß einfach nicht, wozu man sich eignet. Man hat auch gar keine Zeit, sich umzusehen. Wenn es dann zu Schwierigkeiten kommt, ist es zu spät. Ich glaube, gerade die Tatsache, daß die innere Veranlagung der Frau oft nicht übereinstimmt mit der Einstellung, die man am Arbeitsplatz haben sollte, das ist eine der häufigsten Ursachen für Neurosen.

Wenn eine Frau entdeckt, daß sie sich für einen bestimmten Beruf nicht eignet, ist es für sie wesentlich schlimmer als für einen Mann, weil eine Frau viel schwerer etwas aufgibt und nur schwer von neuem beginnt. So ist es auch innerhalb der Familie, wo die Frau viel treuer ist und nicht so leicht weggeht. Auch wenn sie ihren Mann nicht mehr liebt, fällt es ihr schwer, ihn zu verlassen, schon einfach aus praktischen Gründen. Sie paßt sich also an.

Was verstehst du unter praktischen Gründen?

Ich dachte an die praktischen Schwierigkeiten. Es ist nicht einfach für eine Frau, vorübergehend einen Arbeitsplatz zu finden, wenn sie gleichzeitig ein Kind versorgen muß.

Bekommt nie der Vater das Sorgerecht?

Nein, das Kind wird immer der Frau zugesprochen. Es kann ihr nur genommen werden, wenn sie z. B. trinkt oder krank ist.

Findest du das richtig?

Ja, selbstverständlich. Die Mutter steht dem Kind immer am nächsten.

Wir haben gehört, daß die Frau in gewissen Situationen die Scheidung verweigern kann?

Ja, es stimmt. Aber in diesen Fällen verschwindet der Mann einfach. Er zieht in eine andere Stadt und fängt dort mit einer anderen

Frau ein neues Leben an. Und allmählich, nach einigen Jahren, setzt er die Scheidung durch. Es ist wesentlich schwieriger für eine Frau, allein zurecht zu kommen. Der Mann findet immer eine neue Frau und bekommt neue Kinder. Aber für eine Frau mit Kind ist es schwierig, noch einmal zu heiraten, besonders wenn sie älter wird.

Was verstehst du unter älter?

Ich meine, wenn die Frau 35 bis 40 Jahre alt ist, dann beginnen die Schwierigkeiten. Schon mit 30 werden die Frauen bei uns dick, sie verlieren sozusagen den Schmelz, und das ist kaum erstaunlich. Sie werden zwischen dem Beruf und der Familie hin- und hergerissen und haben niemals Zeit für sich.

Du sagtest, daß Männer leichter aus einer Ehe ausbrechen als Frauen. Kommt Untreue oft vor?

Ich kenne praktisch keinen Mann, der nicht einmal untreu war. Das gilt auch für meinen eigenen Mann. Für mich wird das aber erst dann zum Problem, wenn mein Mann sich wirklich in eine andere Frau verliebt. Wenn es für die andere Frau keine Tragödie ist, und ihm nichts als ein Abenteuer bedeutet, kann ich ihm ohne weiteres verzeihen.

Wie würde er reagieren, wenn du ihm untreu wärst?

Das wäre für ihn eine wahre Tragödie. Es ist für ihn unvorstellbar, daß ich mich für einen anderen Mann interessieren könnte.

Wir haben in letzter Zeit oft darüber diskutiert, wie eine ideale Frau sein sollte. Wir haben uns sogar darüber gestritten. Ich finde, daß die Frauen oft abgewertet werden. Man nimmt sie nicht für voll. Wenn sie nur tüchtige Hausfrauen sind und gut aussehen, spielt es keine Rolle, wenn sie dumm sind. Es ist mir völlig klar, daß eine intelligente Frau unbequem ist. Auch mein eigener Mann hat viel zu leiden. Das sage ich jetzt nicht, um anzugeben!

Die Schwierigkeit liegt also darin, daß es einem Mann nicht genügt, gut zu sein, nein, er muß besser sein. Er muß fühlen, daß er Herr im Hause ist, und daß er die Entscheidungen trifft. Er muß immer der Beste sein, außer vielleicht bei der Hausarbeit. Eine

Frau, die ihn kritisiert oder ihm Fragen stellt, macht ihrem Mann das Leben schwer.

Bei Jura und mir gibt es keine Schwierigkeiten, wenn es um die Hausarbeit oder um Ähnliches geht. Unser Problem liegt woanders. Wir haben einfach verschiedene Ansichten. Eine andere Frau würde ihrem Mann rechtgeben. Sie würde seine Überlegenheit, seinen Verstand und seine Kraft anerkennen. Sie würde auf eine eigene Meinung verzichten und würde seine politischen Ansichten und seine Lebensanschauung annehmen.

In welchen Fragen seid ihr verschiedener Ansicht?

Es geht bei uns immer um die Rolle der Frau, um ihren Platz, möchte ich sagen. Jura meint, eine Frau mit Mann und Kind müsse immer der Familie den Vorrang geben, aber ich finde eine solche Einstufung nicht richtig.

Darf ich ein Beispiel bringen: Wenn ich zu Leuten eingeladen werde, mit denen Jura nicht befreundet ist, soll ich dann seinetwegen absagen, oder soll ich auf meinem Recht bestehen und hingehen? Wenn Jura deprimiert ist, bleibe ich natürlich zu Hause, denn man muß doch auf seinen Mann Rücksicht nehmen. Er muß aber auch Rücksichten nehmen, und heute läßt er mich gehen, auch wenn wir uns vorher gestritten haben. Er sagt selbst: »Geh doch, wenn es dir Spaß macht.« In diesem Punkt kommt es bei uns immer leicht zu Reibungen. Jetzt aber ein anderes Beispiel: Wenn ich ein Buch für nur wenige Tage geliehen habe, und die Hausarbeit nicht ganz dringend ist, ist Jura völlig damit einverstanden, daß ich lese und die Arbeit stehenlasse. Manchmal nimmt er mir sogar etwas ab.

Nach meiner Meinung hat jede Frau das Recht, ja sogar die Pflicht, an ihre eigene Entwicklung zu denken. Es ist für das Glück der Familie sogar notwendig, denn eine Frau, die ihr Äußeres vernachlässigt und keine geistigen Interessen hat, kann ihren Mann nicht lange fesseln. Sie ist bald nicht mehr die Person, die er einmal geheiratet hat . . . Zur Zeit bin ich immer müde, aber es wird wohl besser werden.

Erzähl uns von deinen Träumen und Wünschen.

Wir denken jetzt immerzu an unser neues Leben in Akademgorodok*. Es ist ein Glücksfall, daß wir dorthin ziehen dürfen, und wir erhoffen uns so viel von der Zukunft. Die Stadt liegt tief im Wald und besteht meist aus kleinen, niedrigen Häusern. Es wohnen fast nur Akademiker dort, ich hätte fast gesagt, nur bessere Leute. Es gibt dort herrliche Wohngebiete und Grünanlagen, wo die Eichhörnchen über den Weg laufen. Ich sehne mich nach diesem Ort, denn ich lebe so gerne in der Natur. Sicher wird auch unsere Arbeit interessant, und unsere Arbeitsplätze sind nicht weit voneinander entfernt. Wir bekommen zuerst eine Studentenwohnung mit Gemeinschaftsküche, aber schon nach zwei bis drei Jahren haben wir eine eigene Wohnung.

Deine Träume scheinen also in Erfüllung zu gehen?

Man kann natürlich nicht sicher wissen, ob alles so schön wird, wie wir hoffen. Aber wir werden jedenfalls besser wohnen und eine Arbeit haben, die uns gefällt. Hier werden wir ständig von Leuten überlaufen, und wir haben es richtig satt. Wir möchten endlich ein eigenes Heim, in dem wir auch Gäste haben können. Dann habe ich noch für mich selbst einen kleinen Wunsch: eine eigene Küche, die ruhig und sauber ist. Eine Küche mit Warmwasser!

Natürlich haben wir noch andere Wünsche. Wir möchten einmal viel Geld haben und tun können, war wir wollen. Nicht immer nur arbeiten, sondern auch Freizeit haben! Jura würde gerne schreinern, und ich möchte viel im Wald spazierengehen. Früher habe ich auch gezeichnet, aber das kann ich schon lange nicht mehr tun. Wir hätten auch gerne gemeinsamen Urlaub, möchten zusammen reisen, zelten und paddeln . . .

Ich fürchte, ich bin passiv geworden. Vielleicht liegt es nur daran, daß ich derzeit so müde bin, oder an unseren ständigen Konflikten. Aber ich bin jetzt so weit, daß ich manchmal nur noch für mich sein und meine Ruhe haben möchte. Dabei haben wir ein gemeinsames Ideal: Wir möchten uns gegenseitig anregen. Das ist unser Traum, aber wir konnten ihn bisher nicht verwirklichen.

An unserer Ehe ist positiv, daß Jura mir so viel hilft. Negativ ist dagegen, daß wir ein erstaunliches Talent haben, uns über allerlei Kleinigkeiten aufzuregen und zu streiten. Jura ist eben Armenier und hat über Frauen unglaublich konservative Ansichten. Ich tue alles, um ihn davon abzubringen, aber er kann aus seiner Haut nicht heraus. Er will alles bestimmen, seine Interessen gehen immer vor und er möchte über mir stehen. Auch wenn wir theoretisch alles gemeinsam beschließen, verlangt er in der Praxis, daß ich mich unterordne. Aber ich glaube, es wird nicht immer so bleiben.

Wie ist das bei den Frauen im allgemeinen, herrscht in der Sowjetunion Gleichberechtigung?

Ja, es herrscht grundsätzlich Gleichberechtigung. Männer und Frauen haben prinzipiell die gleichen Rechte und Pflichten. Die Frauen dürfen z. B. ihren Beruf frei wählen. Aber das spielt sich alles sozusagen auf einer höheren Ebene ab. Auf der tieferen Ebene, innerhalb der Familie, gibt es keine Gleichberechtigung, weil sie hier nicht gesetzlich festgelegt werden kann.

Erziehung, Gewohnheit und Tradition sind fest verankert, und ich möchte sagen, es gibt nicht nur keine Gleichberechtigung, sondern sie ist nicht einmal möglich. Ich glaube, der grundlegende biologische Unterschied zwischen Mann und Frau ist so groß, daß eine vollständige Gleichstellung ganz ausgeschlossen ist. Es kann nur eine vernünftige Gleichberechtigung geben, die berücksichtigt, daß nur die Frau allein Kinder gebären kann.

Glaubst du, daß zwischen den Frauen in eurem Land und denen im Westen ein großer Unterschied besteht?

Das ist natürlich schwer zu sagen. Ich glaube . . . ich möchte behaupten . . ., daß die Frauen hier weniger vorgefaßte Meinungen über das Leben haben. Wir sind hier nicht so abhängig von dem, was 'man' tut oder denkt. Bei uns kann man besser den eigenen Impulsen folgen und sich frei entwickeln.

Man kann es schwer erklären. Ich werde ein Beispiel bringen. Nehmen wir an, es wohnen zwei Familien in der gleichen Wohnung. Die eine ist sehr gut gestellt, während die andere kaum genug zum Leben hat. Die erste Familie kann sich alles kaufen und hat einen hohen Lebensstandard, während die zweite sich nichts leisten kann. Sie würde sich über ihre Situation nicht direkt schämen, aber doch darunter leiden, und sie würde sich Dinge kaufen, die sie sich eigentlich gar nicht leisten kann. Ich glaube, es gibt im Westen viele Leute, die es so gut haben, daß sie andere neidisch machen. Man kann auch durch seine Lebensform die Mitmenschen unterdrücken und beunruhigen!

Meinst du, daß bei euch eine Frauenbewegung nötig wäre?

Nein, ich glaube nicht, daß sie notwendig ist. Sie würde auch niemals genehmigt werden. Bei uns werden die Beschlüsse von politischen Organisationen gefaßt. Ich glaube nicht, daß Probleme durch eine besondere Frauenbewegung lösbar sind, sondern nur durch örtliche Organisationen.

Kann man auf tieferer Ebene, auf Familienebene, Veränderungen erreichen?

Auch hier müßte vieles verändert werden, ich weiß bloß nicht wie. Man müßte ja die gesamte Einstellung ändern, die Einstellung, die besagt, 'du bist eine Frau, mach deinen Haushalt! Ich bin ein Mann, gib mir die Zeitung!' Ich weiß nicht, wie man eine solche Anschauung durch Maßnahmen verändern könnte. Ich werde ihnen eine Geschichte erzählen, sie stammt aus Georgien. In einem Café sitzt eine Mann mit seiner Freundin. Ein zweiter Mann kommt an den Tisch und möchte mit dem Mädchen tanzen. Er fragt nicht etwa sie, sondern den Mann: »Darf ich mit der Dame deines Herzens tanzen?« Der andere sagt: »Nein!« Ein wenig später heißt es wieder: »Darf ich die Freude deiner Seele zum Tanz auffordern?« Die Antwort lautet wieder: »Nein!« Als er sich zum dritten Mal ein Nein holt, sagt das Mädchen: »Aber Liebling, warum soll er nicht mit mir tanzen?« Und ihr Freund antwortet: »Schweig und laß die Männer reden!« Diese Geschichte trifft genau den Kern der Sache.

Ich glaube, es ist unmöglich, durch Maßnahmen etwas zu tun, um eine Veränderung herbeizuführen; die Veränderung wird auf natürlichem Wege, von alleine kommen, wenn die Frauen besser ausgebildet sind und die Probleme bewußter sehen. Dann werden sie vielleicht die Männer verändern können, und zwar durch logische Beweise und nicht durch hysterisches Schimpfen. Das sind allerdings keine Maßnahmen, und ich glaube auch nicht an Maßnahmen.

TANJA

»JEDE MUSS SICH ANPASSEN, SO GUT ES EBEN GEHT.«

Wir treffen Tanja an der vereinbarten Stelle an einem U-Bahnhof. Sie geht mit ihrem Mann Dima ohne Zögern auf uns zu, denn wir sind an unserer Kleidung sofort als Ausländer zu erkennen.

Wir fahren mit dem Bus weiter. Längst bevor wir unsere Fünf-Kopeken-Münzen gefunden haben, hat Dima für uns alle bezahlt. Wir werden völlig durchgeschüttelt und können wegen des Lärms kaum miteinander sprechen. Sie geben uns ein Zeichen, und wir drängen uns nach ihnen zum Ausgang. Dima steigt zuerst aus und hilft uns dann höflich. Dann gehen wir im Zickzack zwischen gelben und grünen Holzhäusern über Straßen und Höfe. Wir sind mitten in der Großstadt, aber in einem überraschend ländlichen Viertel. Zwischen den Häusern stehen Bäume so dicht und unregelmäßig, als ob sie schon lange vor den Häusern dagewesen wären.

An der Haustür hängt ein Anschlag, aus dem hervorgeht, daß hier musterhafte Mieter wohnen. Sie sind angeblich sorgsam und reinlich. Hiermit können sich Tanja und Dima aber kaum brüsten, denn wir gehen in eine geliehene Wohnung. Das Paar wohnt bei ihren Eltern, und dort würden wir stören.

Tanja hat noch keine Kinder, doch sie ist sich der Schwierigkeiten, die ihr noch bevorstehen, völlig bewußt. Zuerst erzählt sie aus ihrem Leben:

Ich bin in Moskau geboren und habe mein ganzes Leben hier verbracht. Ich bin jetzt 24 Jahre alt und Lehrerin der Soziologie an einer Hochschule. Meine Familie besteht aus meinem Mann und meinen Eltern. Dima studiert noch. Meine Eltern sind beide Wirtschaftswissenschaftler. Sie sind zwar Rentner, arbeiten aber beide noch. Ich habe noch eine ältere Schwester, die verheiratet ist und ein Kind hat.

Wir wohnen mit meinen Eltern in einer Zweizimmerwohnung von 40 qm. Wir haben das eine Zimmer, meine Eltern das andere. Es ist eine gute Wohnung in einem Altbau. Auch die Lage ist gut, denn wir haben es weder zum Zentrum noch zu einem Park sehr weit. Natürlich ist es nicht einfach, wenn zwei Generationen zusammen wohnen. Man muß immer auf die älteren Leute Rücksicht nehmen, weil sie mehr Ruhe brauchen. Wenn wir jemanden einladen wollen, müssen wir immer zuerst fragen, ob die Gäste auch nicht stören würden. Das ist natürlich ein wenig unerfreulich. Wir wohnen auch recht beengt. In unserem Zimmer hat nur ein Schreibtisch Platz, und es ist oft schwierig, am gleichen Tisch zu arbeiten. Aber ich finde, diese Schwierigkeiten sind nicht allzu wichtig und man darf sich von ihnen nicht unterkriegen lassen. Wir werden schon einen Ausweg finden, im Augenblick geht es halt recht schwer, denn wir sind ja zu viert, wenn auch in einer recht großen Wohnung. Nach 1980 wollen die Behörden das Wohnungsproblem lösen.

Meine Kindheit war recht typisch für die heutige Generation in unserem Land. Vieleicht ging es uns finanziell ein wenig besser als der breiten Masse. Und dann war ich auch insofern privilegiert, als meine Mutter nicht berufstätig war, während ich noch klein war. Sie hat mir ihre gesamte Zeit gewidmet und gab mir, was sie nur konnte. Ich liebe und achte sie deswegen und möchte meinen Kindern das gleiche geben können.

Ich ging in eine ganz gewöhnliche Schule. Sie war nicht gerade schlecht, aber es gibt auch bessere. Ich spielte in einem Orchester, lernte Sprachen, trieb Sport, z.B. Kunsteislauf – kurz, ich tat alles, was meine Eltern mir bieten konnten. Ich ging also nicht in eine Spezialschule, aber sie reichte für die Zulassung zur Universität aus.

In meiner Kindheit spielte mein Vater eigentlich nur eine Nebenrolle. Er hatte auf mich sehr wenig Einfluß, und es gab niemals Meinungsverschiedenheiten zwischen uns. Man kann es auch so ausdrücken: er hat mich ernährt. Er ging zur Arbeit und meine Mutter war zu Hause. Mutter und ich waren so viel zusammen, daß wir uns fast ohne Worte verständigen konnten. Wir haben uns auch nie gestritten. Heute kann ich mit ihr über alles sprechen, aber manchmal will ich nicht, und dann fragt sie mich auch nicht. Sie wartet, bis ich auf sie zukomme.

Für einen Jungen wäre es vielleicht anders gewesen. Ich habe mir nie gewünscht, ein Junge zu sein. Heute bin ich reifer und sehe natürlich, daß die Männer es in vielem leichter haben. Ich glaube aber auch, daß die Frauen selber schuld sind an den Schwierigkeiten, die sie mit den Männern haben. Wir Frauen haben doch die Männer erzogen, und wir ernten jetzt, was wir gesät haben!

Obwohl ich verheiratet bin, bin ich in mancher Hinsicht noch ein Kind. Es kommt daher, daß wir bei meinen Eltern wohnen. Was meine Mutter früher für mich tat, tut sie jetzt für uns beide. Sie ist Versicherungsvertreterin und arbeitet ganztags. Sie sucht viele Kunden zu Hause auf und muß deshalb abends oft weggehen. Es ist eine schwere Arbeit, weil sie viel herumgehen und sich intensiv unterhalten muß. Weil sie keine festen Arbeitszeiten hat, kann sie leichter als ich zum Einkaufen kommen. Sie kauft also meist ein und kocht auch noch. Der Grund ist wahrscheinlich auch der, daß sie immer zu Hause die Hausfrau war und zwei Hausfrauen nebeneinander – das geht nicht gut. Sie arbeitet also immer weiter, aber ich helfe ihr mehr als früher. Dima hilft ihr beinahe ebensosehr wie ich, mein Vater aber hilft kaum im Haushalt. Meine Eltern haben vor 40 Jahren geheiratet. Mein Vater hatte immer einen anstrengenden Beruf, und meine Mutter war zu Hause. Daraus hat sich eine feste Lebensform entwickelt.

Wir haben noch keine Kinder, weil wir finden, daß es noch Zeit hat. Wir haben erst vor einem Jahr geheiratet, und wir möchten warten, bis Dima mit dem Studium fertig ist, und wir finanziell besser dastehen. Jetzt helfen uns meine Eltern; mein Kind möchte ich aber selbst ernähren können, denn das sollte nicht die Sache der Großeltern sein. Ich möchte mein Kind genauso erziehen, wie ich von meiner Mutter erzogen wurde. Noch muß ich aber berufstätig sein und ich habe viele andere Interessen. Aber eines Tages muß man ein Kind haben! Die Beziehungen zwischen zwei Menschen dürfen nicht erstarren, sie müssen sich ständig weiterentwickeln. Und ich glaube, das geschieht zwischen Eheleuten, wenn sie ein Kind bekommen. Deshalb finde ich, sollte man mit dem

Kinderkriegen warten. Das Kind ist am Anfang einer Ehe gar nicht notwendig. Sowohl die Eltern als auch das Kind haben mehr davon, wenn man wartet. Wenn das Kind dann kommt, ist es eine große Freude und krönt die Beziehung der Eltern, ich kann mir ein Leben ohne diese Freude nicht vorstellen.

Ich möchte eigentlich drei, ich meine, ich möchte drei Kinder haben! Aber wir werden uns nur eines zulegen oder vielleicht zwei. Mehr Kindern können wir nicht das bieten, was wir gerne möchten. Mit vielen Kindern könnten wir auch unsere eigenen Pläne und Wünsche nicht erfüllen. Man sollte sich auch nicht völlig für die Kinder aufopfern, denn wirklich gute Eltern müssen auch sich selbst optimal entwickeln können. Natürlich spielt auch die Wohnungsfrage eine Rolle. In der jetzigen Wohnung könnten wir keine Kinder haben. Es wäre einfach zu eng. Wir möchten auch unseren Eltern mit unseren schlechten finanziellen Verhältnissen nicht ewig zur Last fallen, also müssen wir warten. Nach fünf bis sechs Jahren könnten wir vielleicht unser erstes Kind bekommen, und dann hoffentlich bald noch ein Geschwisterchen dazu! Im Augenblick wünsche ich mir mehr Zeit für meinen Beruf. Vielleicht bin ich ein wenig faul und teile mir meine Zeit nicht richtig ein.

Ich bin nicht ein Mensch, der von unerreichbaren Dingen träumt. Natürlich hätte ich gerne einen Monat Urlaub im warmen Süden, oder eine eigene Wohnung! Aber es liegt ja an mir, ob diese Wünsche in Erfüllung gehen. Ich habe mir angewöhnt, zu denken: Es ist schön, wenn meine Träume wahr werden, wenn nicht, werde ich es auch überleben,

Ich finde es ideal, wenn man neben einem interessanten Beruf seine Freizeit gut einteilen kann. Ich hätte gern so viel Geld, daß ich mir das Musizieren, Lesen und Reisen leisten kann. Dieses Geld kann ich mir nur durch Arbeit verschaffen, und es liegt nur an mir, wie weit ich komme.

Wir sprachen dann über die allgemeine Situation der Frau und Tanja meinte:

Eine Frau sollte einen guten Geschmack und einen eigenen Stil entwickeln – im Leben, für ihre eigene Person, in ihrer Art sich zu kleiden. Sie sollte weiblich und sanft sein. Das Aussehen spielt keine Rolle, aber sie muß gepflegt sein. Sie muß sich auch für äußere Dinge interessieren, und dabei denke ich nicht nur an ihren Beruf, sondern auch an ihr Heim und an ihre eigene Person. Sie darf das alles nicht vernachlässigen, und wenn sie will, bringt sie auch die nötige Zeit auf. Es ist sehr wichtig, nicht nur für den Eindruck, den sie auf andere macht, sondern auch für ihre eigene Persönlichkeit. Ich meine sogar, daß sich manche persönlichen Schwierigkeiten überwinden lassen, wenn man weiß, daß man nach außen hin einen guten Eindruck macht!

Eine Frau sollte recht selbständig sein und nicht in allem von ihrem Mann abhängen. Ich möchte sagen, sie sollte beides sein, sowohl abhängig als auch unabhängig. Im Idealfall hat sie viele gute Beziehungen zu anderen, ist aber gleichzeitig nicht überempfindlich.

Wenn wir eine Tochter bekommen, möchte ich sie beinahe so erziehen, wie man mich erzogen hat. Aber ich würde ihr mehr Selbständigkeit und Freiheit geben, wenigstens das Gefühl der Freiheit. Ich wünschte, sie wäre feinfühlig, aber trotzdem nicht so leicht verwundbar, wie ich es bin. Ich möchte ihr auch die moralischen Grundsätze vermitteln, nach denen ich erzogen wurde: Wie man sich verhalten muß, um niemanden zu verletzen, und wie man anderen Menschen hilft, wie man seinen Mitmenschen gegenüber hellhörig bleibt. Kurz gesagt, wie man ein guter Mensch wird.

Sollten wir einen Jungen kriegen, würde ich mich von meiner Schwiegermutter beraten lassen – ihr ist ja die Erziehung eines Sohnes gut gelungen!

Jetzt beginnt Tanja, uns auszufragen. Sie lacht dabei ein wenig, als ob sie Angst hätte, daß wir ihre Fragen dumm finden: Gibt es bei euch Tagesheimstätten? Sind es staatliche Heime? Kann man seine Kinder unbesorgt anmelden? Wieviele Kinder sind in einer Gruppe? Wir fragen zurück: Wie steht es auf diesem Gebiet bei euch? Du möchtest doch am liebsten zu Hause sein, während die Kinder klein sind?

Das schon. Aber wenn sie in einem guten Tagesheim einen Platz bekämen, wo sie z.B. Englisch lernen können, dann würde ich sie anmelden. Aber wenn sie nur in ein gewöhnliches Tagesheim kämen, dann bliebe ich lieber zu Hause. Vielleicht für die ersten fünf Jahre.

Mit meiner derzeitigen Arbeit ließe es sich auch gut vereinbaren, und eine Lösung läßt sich immer finden. Nur mit einer sogenannten Tagesmutter wäre ich nicht einverstanden. Ich meine, die Erziehung eines Kindes beginnt schon in den ersten Lebenswochen, und man baut von Anfang an die Beziehungen zum Kind auf. Wenn eine Tagesmutter auch noch so gut ist, so ist das Kind doch nicht ihr eigenes.

Wie denkst du über den Schwangerschaftsabbruch?

Ja, was ist denn schon dabei? Ich habe mit einigen Frauen über dieses Thema gesprochen, und es scheint, als ob eine Abtreibung für eine Frau, die bereits Kinder hat, seelisch viel belastender ist als für eine kinderlose Frau. Ich selbst habe noch nicht abgetrieben, unberufen! Es gibt ja die Pille, wenn auch die meisten nichts von ihr wissen wollen, sondern sich an die alten Methoden halten. Das üblichste Verhütungsmittel ist das Kondom.

Sind die Abtreibungen deiner Ansicht nach ein Ersatz für Verhütungsmittel?

Nein, ich glaube nicht. Soviel ich weiß, versuchen alle Frauen, eine Abtreibung zu vermeiden, weil sie fürchterlich schmerzhaft ist. Es müßte doch einen Weg geben, die Schmerzen zu lindern! Auf diesem Gebiet kommen wir nur langsam voran. Wir hinken hinter dem Westen her, weil sich unsere Einstellung zu den Verhütungsmitteln erst sehr viel später geändert hat. Es heißt aber auch, daß bisher niemand eine perfekte Methode erfunden hat. Die Forscher aller Länder haben hier zu wenig geleistet. Natürlich spielt bei uns die offizielle Ansicht eine Rolle. Sie läßt sich wohl ungefähr so formulieren: Es gibt zu wenig Kinder, und wenn wir es den Leuten ermöglichen, selbst zu bestimmen, ob sie Kinder haben wollen oder nicht, wenn es also keinen Zufall mehr gibt, dann . . . Wahrscheinlich wird wegen solcher Ansichten die Forschung nicht angekurbelt. Es kann aber so nicht weitergehen, es muß irgend etwas geschehen, denn die Frauen wollen nicht ewig in dieser Unsicherheit leben.

In materieller Hinsicht haben sich die Verhältnisse gebessert. Man kann ein Kind immer durchbringen. Andererseits ist der höhere Lebensstandard mit ein Grund für die niedrige Geburtenzahl. Die materiellen Ansprüche der Menschen sind gewachsen und damit auch der Wunsch, die Kinder besser erziehen zu können. Das können die meisten aber erst mit über 30 Jahren, wenn sie sich eine feste Existenz aufgebaut haben.

Die Behörden scheinen jetzt die Mütter besser unterstützen zu wollen. Man richtet z.B. immer mehr und immer bessere Tagesheimstätten ein. Man spricht auch von einem längeren bezahlten Urlaub nach der Geburt eines Kindes . . . all dies soll helfen, die Geburtenzahl zu erhöhen. Die offiziellen Stellen haben das Problem erkannt, und damit ist ein Anfang gemacht. Denn eine niedrige Geburtenzahl ist natürlich eine soziale Frage, und keine physiologische, wie manche behaupten. Sie meinen, es gäbe keine Mutterliebe mehr! Aber das stimmt ja nicht.

Könnten die Verhältnisse in den Tagesheimen durch männliches Personal verbessert werden?

Aber sicher! Auch das weibliche Personal muß aber bleiben, denn eine Frau kann besser Windeln wechseln und kleine Kinder füttern als ein Mann. Ich kann mir einen Mann gut in einer Tagesheimstätte, aber schlecht in einer Kinderkrippe vorstellen.

Du hast vorhin gesagt, Männer hätten es in mancher Weise leichter als Frauen. Was wolltest du damit sagen?

Sie haben im Berufsleben oft weniger Schwierigkeiten, weil es ihnen gelingt, ihre häuslichen Probleme für eine Weile zu vergessen, um sich auf die Arbeit zu konzentrieren. Ich denke hierbei an die geistige Arbeit, weil sie mir vertraut ist. Einer Frau fällt dieses Abschalten viel schwerer. Andererseits – wenn eine Frau wirklich den Willen hat, leistet sie mehr als ein Mann. Frauen sind zäher.

Gibt es hierzulande typische Frauenberufe?

Nein, das möchte ich nicht sagen.

Aber wie steht es mit den Ärzten, mit den Lehrern? Das sind doch meistens Frauen.

Ja, das stimmt allerdings. Aber ich halte es nicht für richtig. Aus unserer Geschichte, oder besser, aus unserer gesamten Literatur sehen wir ja, daß männliche Lehrer und Ärzte immer besser sind als weibliche. Ich weiß zwar nicht warum, aber ich habe selbst die Erfahrung gemacht, daß meine männlichen Lehrer immer wesentlich besser waren als die weiblichen.

Haben Männer und Frauen verschiedene Lebensziele?

Im Leben eines Menschen wird doch das Ziel von den Anforderungen, die man ihm stellt, mitbestimmt. Und die Anforderungen wiederum hängen mit der sozialen Rolle zusammen. Männer haben eine andere soziale Rolle als Frauen. Wenn man davon ausgeht, kann man schon sagen, daß Männer und Frauen verschiedene Lebensziele haben.

Die Rollen können aber auch ähnlich sein, wenn beide sich vornehmen, Karriere zu machen. Aber der berufliche Erfolg gehört ja bereits zur sozialen Rolle des Mannes, und deshalb könnte man sagen, daß eine Frau, die Karriere macht, wesentlich mehr leistet als ein Mann. Man stellt einfach an eine Frau ganz andere Forderungen.

Verstehst du unter »anderen Forderungen«, daß eine Frau mehr leisten muß, um voranzukommen?

Ja, das muß sie unbedingt. Sie muß zäher und tüchtiger, ja einfach besser sein! Das liegt wieder an den verschiedenen Rollen, und es ist keineswegs für unsere Gesellschaft typisch. Es gilt meiner Ansicht nach überall. Frauen müssen einfach mehr arbeiten als Männer ... Man könnte es auch so formulieren: Wenn ein Mann und eine Frau die gleiche berufliche Position und die gleiche gesellschaftliche Stellung erreicht haben, kann man davon ausgehen, daß die Frau fähiger ist als der Mann. Sie mußte ja wesentlich mehr leisten als er, um ihr Ziel zu erreichen! Eine Frau hat im Berufsleben Schwierigkeiten, eben weil sie eine Frau ist und den Männern Konkurrenz machen muß. Weil sie Kinder hat, ist sie oft unerwünscht! Ein krankes Kind bringt nur sie allein in Schwierigkeiten, denn der Mann kann immer zur Arbeit gehen und gilt als zuverlässige Arbeitskraft. Wenn also ein Arbeitgeber zwischen einem Mann und einer Frau mit den gleichen Qualifikationen wählen muß, wird er immer den Mann einstellen. Vom rein wirtschaftlichen Standpunkt aus lohnt es sich natürlich mehr, den

Mann zu beschäftigen ... Aber wie steht es mit dem moralischen Standpunkt?

Bei uns in Schweden versucht man, Abhilfe zu schaffen, indem man auch den Vätern Kinderurlaub gibt.

Das ließe sich bei uns nur schwer durchführen, weil bei uns die Männer wesentlich schneller befördert werden. Ein Mann hat fast immer einen verantwortungsvolleren Posten als eine Frau. Also läßt sich das bei uns bestimmt nicht durchführen.

Aber findest du das nicht ungerecht? Man müßte es doch irgendwie ändern!

Ändern? Ich glaube nicht, daß jetzt, zu diesem Zeitpunkt, Veränderungen möglich sind. Die sozialen Tatsachen sprechen einfach dagegen.

Glaubst du an Veränderungen in der Zukunft?

Ja, ich denke, es wird Veränderungen geben. Aber eins ist sicher, die Hausarbeit wird noch weitere 100 Jahre die Frauen behindern und lähmen. Auch wenn die soziale Vorsorge noch so gut sein sollte, wird immer die Frau die Verantwortung für den Haushalt tragen müssen, und nicht etwa der Mann. Solange es für das Problem keine echte Lösung gibt, muß sich jede Frau anpassen, so gut es eben geht, je nach ihren Fähigkeiten und Mitteln.

Wäre hier eine Frauenbewegung denkbar, wie wir sie im Westen kennen?

Wir sind ja so ganz anders als ihr. Wir sind nicht aktiv. Wir haben uns daran gewöhnt, alles dem Staat zu überlassen, und vielleicht gehen wir darin zu weit. Der Staat ist letzten Endes nicht allmächtig und kann nicht für alles sorgen. Wir sollten vielleicht ein wenig aktiver sein ... Aber wie soll man das anfangen? Wir diskutieren die Frage nicht, wie ihr es tut. Natürlich könnten wir uns an unsere Abgeordneten wenden. Man kann aber nicht gut zu seinem Abgeordneten gehen und ihm erzählen, daß man an seiner Doktorarbeit schreibt und nicht weiß, wohin mit seinen zwei Kindern. Da gibt es schwierige Fragen! Z.B. der Wohnungsmangel.

Gestehen sich die Frauen hier ein, daß die äußere Situation schwierig ist, oder haben sie ständig Schuldgefühle wegen ihrer »Unfähigkeit« oder ihrer »Mißerfolge«, sowohl als Mutter als auch im Beruf?

Natürlich geben sie sich selbst die Schuld! Sie sind sehr unbefriedigt, weil sie als Mütter versagen und im Beruf nicht leisten können, was sie gerne möchten. Ich habe das zwar noch nicht selbst erlebt, aber ich höre es immer wieder von anderen.

Unter diesen Umständen ist, glaube ich, ein fester Wille entscheidend. Wir müssen dieses Hin-und-hergerissen-sein zwischen verschiedenen Pflichten, wir müssen diesen Zwiespalt aus eigener Kraft überwinden.

NACHWORT

Die sowjetischen Frauen leben in einer Gesellschaft, in der es für selbstverständlich gilt, daß Frauen eine Ausbildung haben und berufstätig sind, und in der die Arbeitsmöglichkeit auch garantiert ist.

In der Sowjetunion werden die Frauen nicht so rücksichtslos und verfremdend kommerziell ausgebeutet, wie im Westen. Sie brauchen auch nicht zu dulden, im kommerziellen oder pornographischen Sinne als Geschlechtswesen mißbraucht zu werden.

Im Lebensbereich der sowjetischen Frau sind die menschlichen Beziehungen oft enger und stärker als im Westen. Nicht zuletzt deshalb, weil die Generationen immer noch aufeinander angewiesen sind, verhindern Familienbande die Vereinsamung und Isolierung, wie sie bei uns gang und gäbe ist.

In Interviews erwähnten die Frauen diese positiv zu bewertenden Verhältnisse wohl deshalb nur selten, weil sie ihnen so selbstverständlich sind, daß sie ihnen nicht interessant erschienen. Als wir ihnen z. B. den Mangel an Selbstvertrauen schilderten, der für Frauen im Westen so typisch ist, und den wir unter anderem als Folge kapitalistischer Mißstände deuteten, verstanden sie überhaupt nicht, wovon wir sprachen. Wir konnten die sowjetischen Frauen um ihr Selbstvertrauen nur beneiden. Warum ist trotzdem das aus den Interviews der Frauen gewonnene Bild ihrer Bedingungen in der Sowjetunion so trüb?

»Gleichstellung der Frauen mit den Männern – was beinhaltet das?« fragten wir Ljuba. Nach einigem Zögern antwortete sie: »Gleichstellung? Ich weiß nicht. Diese Frage habe ich mir nie gestellt.«

Was war der eigentliche Kernpunkt dieser Antwort? Alle Frauen, mit denen wir sprachen, auch Ljuba, hatten doch in Wirklichkeit ganz bestimmte Ansichten über Gleichstellung, Frauenprobleme und die Rollen der Geschlechter. Aber es zeigte sich, daß diese Ansichten voller Widersprüche waren – gleichsam, als ob sie sich wirklich 'niemals die Frage gestellt hätten'.

Oft waren solche Widersprüche wohl Ausdruck mangelnder Gewohnheit, über diese Probleme zu sprechen und diese zu durchdenken. Wir waren darüber verwundert, daß Frauen, die über offenbare Ungerechtigkeiten berichteten, gleichzeitig abstreiten konnten, daß diese Ungerechtigkeiten Probleme seien, die einer Diskussion mit anderen Frauen Wert sind.

Wir kamen zu der Ansicht, die Widersprüche als eine nahezu schizophrene Vorstellung der Wirklichkeit zu deuten: Einerseits versicherten die Frauen wiederholt, daß sie mit den Männern völlig gleichgestellt seien, andererseits berichteten sie nicht nur indirekt oder unbewußt, sondern auch direkt, wie sie darunter litten, in der Sowjetunion als ausgesprochenem Männerstaat zu 'dem anderen Geschlecht' zu gehören.

Diese gespaltene Wirklichkeitsvorstellung, die so beharrlich immer wieder auftauchte, schien in zwei Mythen ihre Wurzeln zu haben: dem Mythos, die sowjetische Frau sei dem Manne gleichgestellt, und dem Mythos von der Notwendigkeit, fraulich-weiblich zu sein.

Auf diese beiden Auffassungen zu stoßen, hatten wir zwar erwartet, aber speziell bei diesem Thema hatten wir mit einer Unterscheidung zwischen offizieller und privater Ideologie gerechnet. Niemals hätten wir geglaubt, daß sich Frauen als Privatpersonen und die offizielle Ideologie in etwa gleich hohem Grad zu dem Mythos der Gleichberechtigung bekennen würden. Ebensowenig hätten wir geglaubt, daß der Mythos der Fraulichkeit auch von der Gesellschaft so konsequent gefördert werden würde.

In der ersten Zeit nach der Gründung der Sowjetunion war der politische Wille erkennbar, mit allen Formen der Frauendiskriminierung Schluß zu machen. Aber trotz erheblicher ideologischer und praktischer Anstrengungen – nicht zuletzt von Alexandra Kollontaj – haben die schlechten materiellen und wirtschaftlichen Voraussetzungen die praktischen Möglichkeiten, die Freiheit der Frau durchzusetzen, eingeschränkt. Man unterschätzte auch die Bedeutung einer gut geplanten Strategie in Frauenfragen. Bezeichnend ist Lenins Antwort auf die Bitte Clara Zetkins, er möge etwas über Sexual- und Familienaufklärung schreiben: »Später – nicht jetzt! Vorerst muß ich meine ganze Kraft und Zeit für anderes einsetzen. Es gibt größere und schlimmere Sorgen.«

Dürften nicht die ungeheuren Veränderungen im materiellen Bereich der Sowjetunion diese Hindernisse längst beiseite geräumt haben? Warum geht es so schleppend vorwärts mit der Befreiung der Frau?

In den ersten Jahren der Sowjetunion glaubte man auch an die Doktrin, in einem kommunistischen Staat würde die Frau sowieso gleichgestellt sein. Entsprechend der Auslegung der Lehren von Marx und Engels würde mit der Abschaffung des Privateigentums die Frau die Gleichstellung 'wieder erhalten', die ihr in der Frühzeit der Geschichte gegeben war – und dies würde Teil eines im Gesetz verankerten historischen Prozesses sein. Also waren entsprechend der reinen marxistischen Lehre selbständige Frauenorganisationen überflüssig, da der Klassenkampf zum Sozialismus und hiermit auch zur Befreiung der Frauen führen würde. 1920 sagte Lenin zu Clara Zetkin: »Jetzt muß das Denken aller kommunistischen Frauen, aller arbeitenden Frauen auf die Revolution des Proletariats ausgerichtet sein, die auch die Voraussetzung für die notwendige Erneuerung des ehelichen und sexuellen Verhaltens schaffen wird.«

Schon Ende der 20er Jahre wurde es im Zuge des um sich greifenden Stalinismus undenkbar, die marxistische Doktrin anzuzweifeln. Auf die Frau bezogen ergab sich hieraus, daß ihre gleichsam automatische Gleichstellung in einer sozialistischen Gesellschaft allmählich als bereits realisiert betrachtet wurde. Der Staat hatte die Produktionsmittel übernommen, also war in der Sowjetunion die Frau dem Manne gleichgesetzt. Man sagte, es sei so, weil man wollte, daß es so sei. Folglich wurde 1930 Zjenotdel aufgelöst, die Abteilung innerhalb der Partei, die sich seit 1919 mit Frauenfragen beschäftigt hatte. Die Tatsache, daß den sowjetischen Frauen die Errichtung selbständiger Organisationen vorenthalten wurde, hat sicher dazu beigetragen, daß die heutigen Verhältnisse so sind, wie sie sind.

Wahr ist, daß heute in der Sowjetunion die Frauen in das Erwerbsleben stärker eingespannt sind als in irgendeinem anderen Land. Gleichzeitig sind sie aufgrund ihrer Doppelbelastung und des traditionellens Denken in Sachen der Geschlechterrollen im Arbeitsleben diskriminiert. Vor diesem Hintergrund muß man sich darüber wundern, daß trotz des Gegensatzes zwischen den gesetzlichen Rechten der Frau einerseits und ihren begrenzten Möglichkeiten, diese in Anspruch zu nehmen, andererseits der Mythos ihrer Gleichstellung noch nicht brüchig geworden ist.

Aber natürlich können Gründe hierfür angegeben werden. Einer von ihnen ist ein historischer: Im zweiten Weltkrieg starben in der Sowjetunion 25 Millionen Menschen, die meisten waren Männer. Nach dem Krieg war der Frauenüberschuß sehr hoch, und in dieser Situation mußten die Kräfte der Frauen für das eigene Überleben und das der Kinder eingesetzt werden. Außerdem mußten sie in der schweren Wiederaufarbeit Männer ersetzen. Man braucht sich nicht darüber zu wundern, daß die Frauen sich dann nach einer Normalisierung sehnten, also nach der Rückkehr in die alten Rollen ihres Geschlechts. Auch die konservative Familienpolitik der 50er Jahre hat keineswegs zur Gleichstellung der Frau oder zum Bruch mit einer Jahrhunderte alten Tradition beigetragen.

Ein anderer wichtiger Grund, weshalb der Gleichstellungsmythos sich so stark entwickeln konnte, ist die Tatsache, daß die Gleichstellungsideologie, wie man sie in der Sowjetunion pflegt, auf einem biologischen Denken basiert. Nicht nur die physischen Unterschiede der Geschlechter, sondern auch die psychischen erklärt man als biologisch begründet. Sowjetische Soziologen und Experten in Frauenfragen meinen also, die Forderung der Gleichstellung müßte den grundlegenden Unterschieden zwischen den beiden Geschlechtern angepaßt werdem, was im Klartext bedeutet, daß die Frauen nicht nur physisch schwächer sind als die Männer, sondern daß sie auch psychische Eigenschaften haben, aufgrund derer sie für gewisse 'anstrengende' Arbeitsgebiete weniger geeignet seien. Folglich behindert das biologische Denken ständig eine Verbesserung der Arbeitsbedingungen für Frauen im Erwerbsleben. Die Übernahme der Produktionsmittel in Staatseigentum hat in der Sowjetunion – wie in anderen Staaten auch – keineswegs zu einer Veränderung der ursprünglichen von Männern für Männer aufgebauten Arbeitswelt geführt. Die Arbeitsplätze, Fabriken, Maschinen – ebenso wie die innere Einstellung – sind die gleichen wie früher. Aber da Frauen nun mal 'anders' seien, nimmt man von dieser Tatsache keine Notiz. Im Gegenteil: In jedem Fall des Unvermögens einer Frau, sich einer Arbeitssituation anzupassen, liegt das Versagen an ihr, nicht an der Art und Weise, wie die Arbeit organisiert ist. Und die Folgen kennen wir ja allzu gut: Frauen und Männer wählen verschiedenartige Berufe und die Frauenberufe sind schlechter bezahlt und geringer geachtet. Das männliche Konkurrenzdenken erlaubt es, die Frauen auszuschalten. Kinder zu kriegen ist ein Handicap – für die Frauen. Konflikte der Frauen und ihre Unzufriedenheit werden als etwas Unausweichliches hingenommen. »Gerade die Tatsache, daß die innere Veranlagung der Frau oft nicht übereinstimmt mit der Einstellung, die man am Arbeitsplatz haben sollte, ist eine der häufigsten Ursachen von Neurosen, glaube ich«, sagte Natascha. Aber aus ihren Worten klingt keine Ironie, nur Resignation.

Natürlich wirkt sich das biologische Denken nicht nur innerhalb des Berufslebens aus. Die Tatsache, daß es die Frauen sind, die Kinder gebären und stillen, wird auch als Beweis dafür herangezogen, daß sie in erster Linie und ganz selbstverständlich nicht nur für die Kinder, sondern auch für die Hausarbeit verantwortlich seien. Von dieser Hausarbeit, die Lenin als 'eine barbarisch unproduktive, kleinkarierte, enervierende, verdummende, erniedrigende Arbeit' beschrieb, sollte ja gerade der sozialistische Staat die Frau befreien. Aber die Abschaffung des Privateigentums hat nicht die Familie als wirtschaftliche Einheit ausgelöscht. Die Hausarbeit ist nicht in die Verantwortung der Gemeinschaft übergegangen, wie Engels es einmal vorausgesagt hatte.

Angesichts der Tatsache, daß Lenins negative Beschreibung lange Zeit die Einstellung zur häuslichen Arbeit beeinflußt hat, erscheint es als teuflische Ironie, daß zur Befreiung der Frauen von ihrer Doppelarbeit so wenig unternommen worden ist. Hilda Scott hat natürlich recht, wenn sie in ihrem Buch »Frauen und Sozialismus: Erfahrungen aus Osteuropa« schreibt: »Es ist anzuzweifeln, daß zu Lenins Zeit jemand ausgerechnet hätte, was es kosten würde, in unserer modernen Gesellschaft aus der Hausarbeit eine wirklich funktionierende Industrie zu machen (...). Wie gut auch die Absichten sein mögen, es ist immer eine wirtschaftliche Basis nötig, die ausreichend stark und gut organisiert ist, um diese Funktionen übernehmen zu können. Außerdem braucht man eine ausgearbeitete Theorie und einen Arbeitsplatz. Bisher hat kein sozialistisches Land diese Voraussetzungen geschaffen.«

Heute spricht man in der Sowjetunion immer noch vom Ausbau eines Gemeinschaftsdienstes als der wichtigsten Lösung des Frauenproblems. Gleichzeitig kann man feststellen, daß eine ideologische Wendung den langsamen Ausbautakt rechtfertigen soll: »Eine gute Frau ist auch eine gute Hausfrau«, donnert Breschnew in den Leitartikeln der Zeitungen. »Aber eins ist sicher, die Hausarbeit wird noch in weiteren 100 Jahren die Frau behindern und lähmen«, sagt Tanja, und daß eine Veränderung noch nicht abzusehen ist, kann man nur bestätigen.

Der Mythos der Gleichstellung der Frau führt zu Passivität gegenüber den Ungerechtigkeiten, einer Passivität, die vom Mythos der Weiblichkeit verstärkt wird, dem sich anscheinend alle ergeben haben. Alle Frauen, mit denen wir sprachen, konnten ohne zu zögern ihren Begriff des Weiblichen, des Fraulichen erklären: Eine Frau ist nachgiebig, anmutig, geduldig, gepflegt, uneigennützig... Der Begriff Weiblichkeit hat für sie einen eindeutigen und positiven Inhalt. Diese positive Wertung der Weiblichkeit schien ihnen eine starke und selbstverständliche Identität zu verleihen, und dies ist bestimmt eine der Erklärungen für die Geborgenheit und Sicherheit, die sie in ihrer Rolle als Frauen ausstrahlen.

Aber Selbstgefühl allein führt nicht zur Befreiung aus Unterdrückung. Es schwingen in der sowjetischen Auffassung von Weiblichkeit kaum kulturelle oder soziale Töne mit – es bestehen keine konkreten Absichten, wieder zu einer Frauenkultur zurückzufinden oder der Gesellschaft einen neuen, weiblichen Aspekt beizugeben. Statt dessen wird in den Schulen, im kulturellen Bereich und in den Massenmedien hartnäckig das konservative Modell der weiblichen Rolle aufs

Tapet gebracht. In fast allen Bereichen herrschen beinahe ausschließlich männliche Normen und Ideale vor und hier werden die weiblichen Eigenschaften am liebsten noch in Schwächen umgedeutet, die man ausnützt. Trotz des Selbstbewußtseins, das die Frau zweifelsfrei auch durch die Berufstätigkeit erhält, gerät sie oft in einen Konflikt zwischen ihrem Frauenideal und den Möglichkeiten, es im Rahmen der sowjetischen Lebensbedingungen zu verwirklichen. Es ist nicht leicht, 'sanft, ruhig, geduldig und schön' zu sein, wenn man mit Doppelarbeit, Streß, Warteschlangen, Warenmangel, Sorge um die Kinder und schlechter Finanzlage zu kämpfen hat. Oder wie soll man z. B. die Auffassung, eine gute Mutter sei diejenige, die ihr Kind geistig zu führen versteht, mit dem Zwang vereinbaren, das Kind wöchentlich fünf Tage und fünf Nächte ins Kinderheim zu stecken?

Die Interviews beweisen, daß den Frauen durch widersprüchliche Anforderungen tatsächlich Konflikte entstehen. Wenn auch die Frauen selten eine Erklärung für das Warum ihrer ungerechten Lage abgaben, äußerten sie doch fast ausnahmslos, daß sie ungerecht sei. Aber wenn wir nach Forderungen auf Veränderungen fragten, nach Lösungsvorschlägen, Frauensolidarität und Kampfgeist – was fanden wir da? Beinahe nichts von alledem. Es kann als taktlos angesehen werden, nach Kampf und Protest in einem Lande zu fragen, wo die Möglichkeiten hierfür so weit geringer sind als bei uns. Aber wir stießen auch fast auf keine Entrüstung.

Für jede einzelne Frau war eine Lösung derzeit immer rein privater und individueller Natur. Es galt, eine der beiden Großmütter als Babysitter zu bekommen oder Geld zu haben oder 'Verbindungen'. Und vor allem galt es, die nötigen Kräfte aufzubringen. Was sie an sozialen Lösungen im Auge hatten, lag in einer unbestimmten Zukunft und war das Übliche: Die Männer müßten anfangen, mitzuhelfen, der Staat sollte seine Dienstleistungen ausbauen, man wünschte höheres Kindergeld und längeren Kinderurlaub für die Frauen.

Die Einstellung war vorgegeben: Vielleicht würde sich in einer wünschenswerten Richtung etwas tun – der Staat wäre sich ja trotz allem der Probleme bewußt. Man müßte halt abwarten.

DIE AUTOREN

KOMMENTARE UND ERLÄUTERUNGEN

LISA

Rubel – ca. drei DM. Ein Rubel – 100 Kopeken.

Alexander Blok, russischer Dichter, Symbolist, 1880 – 1921.

Gemeinschaftswohnung. Infolge des Wohnungsmangels ist es in der Sowjetunion immer noch die Regel, daß sich mehrere Familien eine Wohnung teilen. Küche, Toilette und Bad sind allen gemeinsam.

Marina Zwetajewa, Dichterin, 1892 – 1941.

Komsomol. Jugendorganisation der Kommunistischen Partei in der Sowjetunion. Das Mitgliedsalter ist 15 bis 28 Jahre. Fast alle jungen Leute sind Mitglieder der Organisation.

Fürst Myschkin. Hauptperson in Dostojewskij's Roman »Der Idiot«.

Institut: Übliche Bezeichnung verschiedener Hochschulen.

Anna Achmatowa, Dichterin, 1891 – 1940.

Michail Bulgakow, Schriftsteller, 1891 – 1940.

Reisegenehmigung. Auf russisch »putjowka«. Lisa hat hier ein sog. Erholungsheim im Auge, wie es die Gewerkschaften bereithalten und teilweise bezahlen.

Alexandr Puschkin, Rußlands Nationaldichter, 1799 – 1837.

Wladimir Solowjew, Philosoph, 1853 – 1900.

Berjoska-Laden. »Berjoska« heißen die Souvenirläden für Ausländer, die es u. a. auch in Hotels gibt, und wo man nur für ausländische Währung einkaufen kann.

Natalja Baranskaja, Schriftstellerin, geb. 1908. In ihrem Kurzroman »Eine Woche wie alle anderen« (1969) schildert sie den Alltag einer modernen sowjetischen Frau.

Bogatyr. Bezeichnung für die mit übernatürlichen Kräften begabten Helden der russischen Volksdichtungen.

ANNA

Registriert. Sich registrieren zu lassen, bedeutet, die Eintragung des Familienstandes. Zugleich die standesamtliche Trauung in der Sowjetunion.

SONJA

In Moskau gemeldet. Der Zuzug nach Moskau ist stark eingeschränkt, da der Andrang in die für viele sehr attraktive Großstadt stark ist. Eine Aufenthaltsgenehmigung erhält man in Moskau nur dann, wenn man einen festen Arbeitsplatz nachweisen kann, den man wiederum kaum erhält, wenn man eine Aufenthaltsgenehmigung hat . . . .

MASCHA

Gewickelt. In der Sowjetunion werden Säuglinge so gewickelt, daß sie weder die Arme, noch die Beine bewegen können.

NADESHDA PAWLOWNA

Urie Bronfenbrenner, amerikanischer Sozialpsychologe, veröffentlichte 1970 »Zwei Kinderwelten: die Sowjetunion und die USA«. Das Buch ist eine kritische Studie über westliche, vor allem amerikanische Kindererziehung im Vergleich zu der sowjetischen. Die Studie hat in der Sowjetunion große Verbreitung und Anerkennung gefunden.

LIDA

Wladimir Majakowskij, Dichter, bekannter Futurist, 1894 - 1930.

8. März. Internationaler Tag der Frau. In der Sowjetunion ist dieser Tag nichts anderes als ein Hausfrauen-Feiertag, an dem die Männer ihre Frauen und Arbeitskolleginnen mit Blumen, Schokolade und Parfüm beschenken. Vielleicht kochen sie auch und waschen ab.

NINA

Anton Makarenko, Pädagoge, 1888 - 1939. Seine Theorien beherrschten die sowjetische Pädagogik bis gegen Ende der fünfziger Jahre. Seine Theorien der Erziehung im Kollektiv, die er im Zusammenhang mit der Resozialisierung jugendlicher Verbrecher in den zwanziger und dreißiger Jahren veröffentlichte, sind noch heute die Grundlage für die Erziehung in sowjetischen Tagesheimen und Schulen.

Technikum. Eine Fachoberschule.

JELENA STEPANOWNA UND ALEWTINA GEORGIJEWNA

ZAGS. Abkürzung für das »Personenstandsregistrierungsbüro«. In der Umgangssprache die Bezeichnung für den sog. »Heiratspalast«.

Sowchose. Staatlicher landwirtschaftlicher Betrieb.

Paß. Sowjetische Staatsbürger haben vom 16. Lebensjahr an einen Inlandspaß, den sie in vielen Situationen vorweisen müssen, z. B. bei der Arbeitssuche, bei Hotelunterkunft usw. Bis zum Jahr 1975 verweigerte die Regierung die Ausgabe von Inlandspässen an Kolchosbauern und zwang sie praktisch dazu in der Kolchose zu bleiben.
Dies war für Alewtina Georgijewna der Anlaß für ihre Bemühungen, die Kinder von der Kolchose zur Berufsausbildung in die Stadt zu bringen. Seit 1976 erhielten auch die Kolchosebauern Pässe, 1981 wurde diese Aktion abgeschlossen.

LJUBA

Arbeitsplatz auf drei Jahre zugewiesen. Nach Beendigung des Hochschulstudiums wird den Studenten in der Regel ein Arbeitsplatz zugewiesen, auf dem sie drei Jahre verbleiben sollen, ehe sie sich selbst eine Arbeit suchen können.

Pionierorganisation. Die Jugendorganisation der sowjetischen kommunistischen Partei für Kinder vom siebten bis zum 15. Lebensjahr. Fast alle Kinder sind in dieser Organisation.

NATASCHA

Akademgorodok. Vorort von Nowosibirsk in Sibirien. Hier ist die Sibirienabteilung der sowjetischen Wissenschaftsakademie. Nahezu ausschließlich wohnen hier nur Akademiker und Studenten der Universität. Forschung und Lehre sollen auf hohem Niveau stehen.

LITERATUR

Armbruster, Ursula u.a.: Kvinnor i alla länder . . . , Stockholm 1974.

Atkinson, Dorothy u.a.: Women in Russia, Stanford 1977.

Bronfenbrenner, Urie: Two Worlds of Childhood: U.S. & U.S.S.R., New York 1970.

Carlson, Bo Kage: Vardag i Sovjet, 1978.

Haynes, Victor & Semyonova, Olga: Workers Against the Gulag: The New Opposition in the Soviet Union, London 1979.

Izmenenie položenija ženščyny i sem'ji. Akademija nauk SSSR, Moskau 1977.

Jacoby, Susan: Inside Soviet Schools, New York 1975.

Kéhayan, Nina & Jean: Rue du Prolétaire rouge, Paris 1978.

Kollontaj, Alexandra: Die Situation der Frau in der gesellschaftlichen Entwicklung, Frankfurt 1975.

Kuznecova, Larisa: Pirogi domašnie i nedomašnie, Moskau 1976.

Lapidus, Gail Warshofsky: Women in Soviet Society, London 1978.

Mandel, William M: Soviet Women, New York 1975.

Novykova u.a.: Ženščyna-trud-sem'ja, Moskau 1978.

Scott, Hilda: Women and Socialism: Experiences from Eastern Europe, London 1978.

Smith, Hedrick: Die Russen . . ., Bern 1976.

Solovjov, Nikolaj: Brak i sem'ja segodnja, Vilnius 1977.

Stern, Michail & August: Der verklemmte Genosse: Sexuelles Leben in der Sowjetunion, Berlin 1980.

Stiernlöf, Sture: Kvinnor i Sovjet, Stockholm 1970.

Ženščyny na rabote i doma, Moskau 1978.

DIE AUTOREN

Carola Hansson

geb. 1942, Dr. phil. der russischen Literatur, Übersetzerin für Russisch, unternahm Studienreisen in die Sowjetunion, Dramaturgin am schwedischen Fernsehen.

Karin Lidén

geb. 1941, Magister der russischen und französischen Sprache und Literatur, Autorin von Lehrbüchern für Russisch, unternahm Studienreisen in die Sowjetunion, arbeitete als Lehrbuchautorin und am schwedischen Schulfunk.